中公文庫

中国の神話

白川　静

中央公論新社

中国の神話目次

ＤＴＰ　ハンズ・ミケ
地図作製　Stock.

中国の神話

第一章　中国神話学の方法

一　第三の神話

わが国の神話は多元的であり、複合的であるといわれている。それはさらに遡っていえば、わが国の民族と文化とが、多元的であり、複合的な成立をもつものであることを、意味していよう。神話はいうまでもなく、その民族と文化の成立する過程において生まれ、その発展の段階に応じて展開し、何らかの統一的意思によって体系づけられるものである。はじめから統一的な民族、統一的な文化というものはなかった。統一はその最終的な段階において、ある求心的な目的に対して、その神話的表象を通じて成就されるのである。わが国の場合、それは国家成立の段階においてなされた。

わが国の神話に、国家神話としての政治的性格が著しいのは、そのためである。

わが国の神話は、いうまでもなく、天孫系の神話を中心として、出雲系、筑紫日向系神話を包摂するという形をとっている。それは国家神話として、高度の組織性をもつものであるが、そのような神話の体系は、国家形成の諸段階に対応する、時間的な層序の関係を含むということである。その神話構成のしかたは、松村武雄博士の表現によると、「横に展開した物語群でなくて、縦に進展した物語群である」ということができる。多くの文化民族における神話は、一般に「空間的に横ざまに結びつく組織様態」のものであるが、わが国の神話は「時間的な結びつきで成立する組織様態」をとるものであり、そこにわが国の神話の一特質があるとされる。他の神話体系、たとえばギリシア、ゲルマン、ケルトなどの西欧諸族の神話では、種々の物語群が平列的に、「横ざまに結びつく組織様態」であり、すなわち同時現象的なものであることを特徴としている。わが国の神話が、多元の複合として、いわばあざなわれる綱が最後に一本により合わされるような形式であるのに対して、ヨーロッパのそれは、網のように平面的な組織関係をもつものといえよう。ギリシアの神話には、わが国のそれのような求心的な複合の関係がない。

しかし中国の神話は、そのいずれにもまた属しがたいものである。それは多元的でありながら、綱や網のように組織されることのない、それぞれ孤立的、非体系的な群をなしている。孤立的なものであるならば、したがって多元的であるということもできないであろう。多元的というのは、その全体においていわば綱や網の関係を予想するものであるが、中国の神話にはそのような組織関係がない。中国の神話研究に多くのすぐれた業績を残した出石誠彦氏は、六朝期以前にみえる中国の神話には、首尾体系のあるものがなく、ただ断片を存するのみであるとして、その体系的記述を試みることはなかった。一般に中国は「神話なき国」とされ、その合理的、実利主義的な国民性が、神話の上にも不毛を招いたのであろうとされている。松村博士の『民族性と神話』『神話学原論』などにも、中国の神話を一つの神話体系としてはもとより、神話群としてとり扱われることもなかった。その神話は孤立的に、無体系のままで残されている。このような様態は、縦の時間的組織関係をもつわが国の神話をA、横の同時的組織関係をもつヨーロッパ諸族の神話をBとするとき、これらと異なる分列的な様態のものとしてCとすることができよう。それは東と西とを代表する二つの神話的世界に対して、第三の世界である。

この様態的な区別は、しかし必ずしも価値評価を含むものではない。組織性が高いことを以て、わが国の神話をすぐれたものとする国学的な理解のしかたは、いまでは退けられている。神話はその組織性の高さに比例して、むしろ神話としての原質を稀薄にする傾向があるからである。わが国の神話が、神話としてその歴史的世界に機能することがほとんどなかったのも、そのゆえに外ならない。そのような神話を、国家主義的に利用することは、はじめから無理なことである。そのためその政策的利用には、権力の介入が行なわれる。明治以後のわが国に、神話の研究が一種のタブーとされる傾向があった。明治二十五年、久米邦武が祭天の古俗を論じて天孫系の神話を批判し、大学を追われる事件があった。明治の最後の年に、森鷗外は『かのやうに』を書いて、神話と歴史を不分離とする時世を批判した。昭和十五年、津田左右吉が『記』『紀』神話の研究によって大学を追われ、起訴されたことは、よく知られていることである。津田博士の研究は、『記』『紀』神話の原型を、六世紀なかごろの朝廷貴族の述作になり、八世紀はじめに集成された虚構の神話とするものであった。

近代の合理主義的な思考からいえば、どのような神話も、もと一片の虚構にすぎない。しかし神話が生まれ機能した地盤においては、神話はむしろ現実の生活の根拠であった。多元的な神話は、もともとそのような存在態としてあるものであった。問題はそのような神話が、縦の時間的関係、あるいは横の同時的な関係に組織されてゆくなかで、どのように変改されてゆくかである。神話は高次の複合化の過程、組織化のなかで、その神話性を稀薄にしてゆくことを免れない。しかしそのことがなお神話的表象を通じてなされるかぎり、それはあくまでも神話学的な問題として扱うべきである。他の様態のものにおいても同様である。

神話の様態をA・B・Cの類型にわかつにしても、そのなかにまた要素的にa・b・cそれぞれの様態を含むことが多い。神話の展開には社会関係によって規定される一定の段階があり、展開のしかたにも法則性がある。たとえばわが国では、まず所在の原始信仰として地主神が成立し、地域的統一の時期に国つ神としての信仰が生まれ、さらに王権の支配が及ぶとともに天孫系の神話に包摂されるという形をとる。この場合、敗北者の神は多く悪神とされ、あるいは幽界の神となる。信濃の諏訪信仰は、この形態が祭神の上にも、祭儀の上にも残されている著しい例である。それはAの原型をなす地方的な形式であり、A体系のなかのaとすることができよう。

諏訪の地主神はモリヤの神といわれ、その神体は森や岩石などの自然物であった。

その原始信仰の上に、征服者としてあらわれるオホミナカタは、出雲の国譲りのときにこれを拒否して、天孫系のタケミカヅチの追迹を受け、降服した神であるとされるが、ミナカタはもと諏訪湖の精霊として「水潟《みなかた》の神」とされる国つ神であり、その祭儀の形式からみても、蛇形の神であったらしい。この国つ神が王権に服する次第を、タケミカヅチの霊威によるとして、王化の由来を説くことが、この神話の目的である。このa形式が、王朝的規模にまで拡大されたものがAである。またミナカタの神を出雲系とするのは単なる附会にすぎないが、出雲系の天孫系への服属というほとんど全国的な神話の網のなかで、この話がここに加えられているのであるから、それはもとb的な様態からの借用である。タケミカヅチの降臨も、新附の地の服属に、しばしばあらわれる形式である。

ギリシアでは、アポローンは主神の一つとされるものであるが、その原質は狼と関係のある原始神であったらしく、のち疫病や予言の神とされたという。それが主神の一つにまで高められてゆくのは、その神格の成立に、a的な展開のあったことが考えられる。ただアポローンは、ギリシアの神々との関係においては、つねに同時的なものとみなされている。それで成立の過程はa的であっても、神話の体系からいえば、それはやはりB的な様態のものである。

このようにいくらかわずらわしい類型の設定を試みるのは、中国の神話研究の上に、この方法がいくらか有効であろうと思うからである。中国には神話のみるべき体系がなく、伝承もきわめて断片的である。すなわちC的な様態の典型的なものといってよい。しかしそのなかにも、a的な要素、あるいはb的な要素がないわけではない。ただそれらは限られた形であらわれ、その全体を包む神話的時間、神話的空間というべきものがない。神話の成立するその歴史的時期において、中国は民族的にも文化的にも、十分な統一を成就する条件をもたなかった。そのため神話は、固有の存在態のままで、孤立的に伝えられていることが多い。たとえば洪水説話のような創世神話にしても、三種の異なる伝承をもつのである。

洪水神としては、共工、禹、伏羲《ふくぎ》と女媧《じょか》の説話が語られている。三つの洪水説話が並存するのは、異例のことといってよい。それはもと、異なる種族の間に成立したものであったにちがいない。しかも三者は、それぞれ闘争的な形で、すなわちb的な様態で語られている。共工はもと至上帝として、天地を治める神であったらしい。しかし禹の説話では、共工が治水に失敗したのちを承けて、禹がその洪水を治めたといい、また伏羲・女媧の説話でも、共工が天地を定めるのに失敗したのを、伏羲・女媧が補修したのであるという。

これは共工を神として奉ずる種族と、禹あるいは伏羲・女媧を神とする種族が、相接する地にあってその支配権を争ったことを示すと、解釈すべきものであろう。しかし三種の治水説話は、それぞれ別系統のものとして語られている。すなわち神話としては、あくまでもC的な様態で貫かれている。それはこの説話をもつ三種族が、ついに民族的、文化的統一に達することがなかったからであろう。共工はおそらくチベット系とみられる西方の羌《きょう》、禹はおそらく北方の夏系の奉ずる神であり、また伏羲・女媧は、古く南人とよばれた苗系の諸族の神として、苗人の間にひろくその物語が伝えられている。羌、苗の諸族は、いまもその居住地を民族自治区として、同化を拒否しつづけている種族である。

以上のきわめて大まかな神話体系の類型を通じて、一つの仮定を設けることができよう。それは政治的、文化的統一を達成した段階ではA的な体系、文化的統一の過程においてはB的な体系、その並存的な関係ではC的な体系の様態をとる傾向があるということである。中国の神話は、Cの典型として、神話学的にやはり重要な地位をもつものとしてよい。もとよりCのうちにも、時期的あるいは地域的な関係において、a・bなどの形をとるものがあることは、いうまでもない。しかし基本的には、中国の神話は、C的な特質をもつものといえよう。「神話なき国」とされる中国の神話は、実は体系なき神話であり、あるいは体系化を拒否する神話であったというべきであろう。それでもし体系化を要求するときにおいても、それは多元の包摂による統一という形でなく、のちに述べるように、神話的表象をすてた世界、すなわち経典や歴史のなかで行なわれる。そのような中国神話の特質を考える上からも、この類型規定が、その理解をたすけるところがあるように思われる。

二『楚辞』〔天問〕篇

中国の神話は、最もまとめられた形では、『楚辞《そじ》』の〔天問《てんもん》〕に歌われている。『楚辞』は、古く南方の揚子江流域に栄えた楚の祭祀的歌謡、およびその形式による巫祝者の文学である。

〔天問〕は、前三世紀初に近い楚王の陵墓祠堂の壁面に、パノラマのように画きめぐ

図1　武氏祠堂画像石

らされた古代の神話に取材したものとされている。壁画の形式は、おそらく漢代に多くみられる、たとえば山東の武梁祠堂の画像石のようなものであろう。古代の神話よりはじめて、天地山川神霊の奇異、古聖賢の物語などにも及んでいる。楚の地にそのような伝承が残されたのは、楚には巫祝の俗がのちまでもさかんであって、諸国の巫の伝承がこの地に流れこんでいたからであろう。作者とされる屈原は、王族の一人として、これらの巫祝を率いていたものと思われるが、この作品は、そのような巫祝者の中から生まれたものである。

〔天問〕はすべて九十四章、一章は概ね四句よりなり、1「曰く、遂《すゐ》古《こ》（大昔）の初　たれかこれを伝へ道《い》ふ　上下未だ形《あら》はれざるに　何に由りてこれを考へむ」のように、二句ごとに疑問詞をつけ、壁面に画かれた事実を問う形式のものである。それはすでに崩壊に近い危機的な情況のなかで、楚の巫祝者たちが、みずからの存在の根拠とする神話的古伝承に対する根本的な懐疑を、哀惜の念を以てもらしたものであろう。

　神話はまず、天地未発のはじめから明暗が分れ、陰陽の相変化することを述べたのち、4「圜《えん》にして九重なるは　たれかこれを営度《えいたく》する」、5「八柱は何れにか当り東南に何ぞ虧《か》けたる」という。天は九層のドーム形、地下には八本の支柱がその水平を支えると考えられた。東南が低く傾いているというのは、西北に高く東南に低い大陸の地勢を、神話的に説明しようとしたものであろう。

　天は木星の所在によって十二の分野に区分され、そこに日月がめぐり、列星がつらなる。太陽には8「湯谷《やうこく》より出でて　蒙《もう》（水名）の汜《ほとり》に次《やど》る　明より晦に及ぶまで行くところ幾里ぞ」と問うが、同じく『楚辞』の〔離騒《りぞう》〕にみえる太陽の天路歴程のみごとな神話的描写は、ここではただその距離が問われているだけである。画面は単純な、動きのないものであったのであろう。

　人類のはじめは独り神であり、女神女岐《じよき》であった。10「女岐は夫に合ふことなくして　いづくにか九子を取れる」というが、女神が九子をえたという説話は明らかでない。はじめて人を作ったものとしては、また女媧の説話があり、50「女媧の体あるは、たれかこれを制匠する」という。はじめて人を作ったという女媧のからだは、誰が作ったのかと疑うのであるが、女媧は図像によると竜形の女神である。

ついで洪水説話が歌われている。はじめ鯀《こん》が帝の命によって洪水を治めたが成功せず、羽山に流された。14「永く遏《とど》まりて羽山に在り　それ何ぞ三年にして施《ころ》さざる　伯禹、鯀に腹《いだ》かる　それ何を以て変化する」というのは、魚形の神である鯀から、どうして聖人禹が生まれたかと問うものであろう。しかしこの禹もまた、人面魚身の神であったと思われる。黄河中流の最古の土器文化である彩陶に、人面魚身の図が多く描かれているが、それが禹の神像であったと、私は考えている。禹が洪水を治めていると、応竜があらわれて河海を導き、その功をたすけたという。

洪水神である共工は、〔天問〕には康回《こうかい》という名でみえる。しかもその神は天地の破壊者であり、18「康回《かうくわい》、馮《おほ》いに怒り　墜《ち》（地）何の故を以て東南に傾ける」という。共工は顓頊《せんぎよく》と帝たることを争うて敗れ、怒って頭を不周の山に触れて、天柱は折れ、地が東南に傾いた。5にすでにみえる、地形説明の神話である。

こうして水はみな東に流れて海に注ぐが、西方には崑崙《こんろん》の山があり、そこは百神の住む世界であった。その山頂にある県圃《けんぽ》は、天に通ずるところである。21「崑崙、県

圃　その尻《はて》は安《いづ》くにか在る　増《そう》（層）城九重　その高さ幾里ぞ」。この九層の城には四方に門があり、西北だけが開かれている。その西北のところには不断に燭竜《しょくりゅう》がかがやき、太陽の没する若木《じゃくぼく》はいつでも明るく光る。そこは冬も暖く、夏は寒く、石の林、ものいう獣、熊を負うて遊ぶ竜、九首の蛇、不死の人、長人の住む国があり、象を呑む霊蛇がいる。黒水のほとり、三危《さんき》の山に住めば、不死の生命がえられるという。それはおそらく、西方のジグラットのような世界であろう。

次には神々の物語が登場する。

陵魚《りょうぎょ》は人面にして手足魚身、その横には白首にして鼠足虎爪という異形の鶏の図がある。また次に、空にかがやく十個の太陽のうち、九個を射ちおとそうとする羿《げい》の姿がかかれている。日中の烏の羽は射ち抜かれて、この神殿の山に舞い落ちてきた。この弓の名手羿は、また夏王朝に対する反逆者でもあった。それで次に、禹にはじまる夏王朝の物語がつづく。

禹は治水の途中、塗山《とざん》氏の女《むすめ》をめとり、これと台桑《だいそう》の野に通じた。台桑というのは、聖地であるらしい。ここでわずか数日を過ごしたのみで、かれはまた治水の旅に出かける。このとき益《えき》というものがその位を奪おうとするが、禹の子である啓がこれを殺して、夏の王朝を建てた。啓の出生については、その母を殺して生まれたという説話がある。漢初の百科辞書的な書である『淮南子《えなんじ》』によったという唐の顔師古の『漢書《かんじょ》』〈武帝紀〉の注によってその話を補うと、禹は治水のとき熊の姿となって山下をめぐっていたが、塗山の女はそれを見ておそれ、石となった。女はすでに禹の子をはらんでいたので、禹はその石の前に立ち「わが子を返せ」と叫ぶと、石が北がわから破れて、啓が生まれた。その石は、河南の嵩《すう》山にあり、漢の武帝が、嵩山に登ってその啓母石をみたという。禹の父とされる鯀にも黄熊となる話があって、巫の呪力で復形する。鯀は崇《すう》伯ともよばれるが、それは嵩山と関係があるかも知れない。嵩山は河南登封《とうほう》の、黄河に臨む聖山である。

　夏の王朝には、まもなく東方の君である羿の反乱が起った。35「帝、夷羿《いげい》を降し　孽《わざはひ》を夏の民に革《あらた》めしむ　胡《なん》ぞかの河伯を射て　かの雒嬪《らくひん》を妻《めと》れる」と歌われているものであるが、この革命が、黄河の神である河伯を殺し、洛水の女神を奪うという形で行なわれているのは、河水の祭祀権をめぐる異種族間の闘争を示す神話であろう。しかし羿はその成功におごって神意にそむく行ないが多く、その臣である寒浞《かんさく》のために滅ぼされ、その妻の純狐を奪われる。この寒浞の子である澆《ぎょう》は、早世した兄の妻を奪うて不倫をはたらき、夏の王である少康《しょうこう》に殺される。この夏王朝の物語は、全体としてははなはだ神話的に描かれている。その物語の間に、〔天問〕には、雨を起す萍《へい》号《ごう》という神、山を背に乗せて舞う鼇《ごう》という神亀などの話を加えているが、壁画の構成がそのようになっているのであろう。

殷王朝の物語は、舜《しゅん》からはじまる。舜は帝堯《ぎょう》の二女をえて、帝となった。堯には太陽神と思われるところがあり、舜にもそういう性格がある。舜の父は、瞽叟《こそう》とよばれる盲目者、すなわち暗黒神である。殷の始祖としては、帝嚳《ていこく》を上帝の子であるとする感生帝説話が歌われている。その母の簡狄《かんてき》が玄鳥（燕）の卵を呑んで嚳を生んだという卵生説話であり、この系統に属する説話は、中・南支より満鮮に及んで分布する。そののち季とよばれるものの子に、王亥《おうがい》、王恒《おうこう》があり、殷の甲骨文にもその名がみえる。この二人は、北方に赴いて牛を牧して殺され、王亥の子である上甲微が、河伯や雨師を率いてその報復を試みたという。北方とは狄《てき》人の国であるらしい。そうするとこれらの物語は、夏殷の闘争にまつわる伝承を、神話的に示しているものと解されよう。

殷の祖王である湯《とう》は、有莘《ゆうしん》の国の聖者である伊尹《いいん》をえて、国をおこした。62「成湯、

東に巡り　有莘にここに極《いた》る」、63「水浜の木に　かの小子を得たり」というように、伊尹は水浜の木、空桑の中から生まれたという神話をもつ。空桑説話は、ノアの箱舟のような洪水説話を背景とするもので、伊尹はその洪水を免れた神の子である。王朝のはじめには、必ずこのような聖者の協力を必要とした。殷は最後の王である紂《ちゅう》に至って、賢者である王子比干《ひかん》の心《むね》を剖《さ》き、梅伯《ばいはく》を塩づけにし、箕子《きし》は狂者を装うて朝鮮に走り、王は暴虐の末に滅んだ。王朝の終りに必ず暴君をおくのは、古い王朝物語の一つの形式である。

周の始祖后稷《こうしょく》にも感生帝説話があり、その母姜嫄《きょうげん》は、巨人の足迹をふんではらみ、生まれた子を不祥として棄てたので、名を棄という。76「稷はこれ元子（長男）なるに　帝なんぞこれを竺《にく》める　これを氷上に投ずるに　鳥なんぞこれを燠《あたた》むる」、氷上に棄てても鳥があたため、路巷におけば牛羊がこれを避け、林中に棄てると樵人《きこり》に発見されて、ついに養われて王位に即く。ローマの始祖ロムルスのような話である。

殷周の革命は武王によって行なわれた。これをたすけた太公望呂尚《りょしょう》は姜姓、すなわち岳神の子孫とされる姜姓四国のうちの、呂の代表者であった。すでに歴史時代に入ってのことであるが、その革命はなおかなり説話的な形態で伝えられている。呂尚が武王の父である文王昌《しょう》に見出だされたという説話を、〔天問〕には81「師望（呂尚）肆《まち》に在り　昌なんぞ識れる　刀を鼓《なら》して声を揚ぐ　后《きみ》なんぞ喜《め》（饎）したまふ」というのは、呂尚が帝に犠牲をささげ、帝がこれを享《う》けたことを歌うのである。釣り糸を垂れながら、東海より西方の聖王を求めて旅したという太公望の話は、のち呂尚が山東の斉に封ぜられたことから作られたものにすぎない。

周の王朝の物語には、昭王の南征を、69「昭后、遊を成し　南土にここに底《いた》る　その利はこれ何ぞ　かの白雉《はくち》に逢へり」と、漢水に没して帰らなかったことを歌う。白雉があらわれたというのは、この方面に住む勇武なる異族である苗人が、戦士として頭に鳥羽を飾る俗のあったことからいえば、かれらとの遭遇に敗れた事実をさすのではないかと思う。苗人の戦士が鳥羽を飾る姿は、古い銅鼓の文様にみえている。次に穆《ぼく》王の天下周遊のことを歌うが、それはのちに詳しく述べるように、『穆天子伝』の説話をさすものであろう。周の滅亡は、最後の幽王が褒姒《ほうじ》という愛姫におぼれたからであるとされるが、それはある神がかりのものの予言するところであった。71「妖夫曳衒《えいげん》し　何ぞ市《まち》に号《さけ》べる」というのが、その神がかりである。褒姒は夫なくして生まれた竜の女《むすめ》であった。

〔天問〕は、天地の生成、人類の初生、洪水説話をはじめ、神霊怪異のことや、夏殷周三代の古代王朝の物語、さらには春秋戦国の英賢のことにも及んでいるが、それらはすべて問う形で述べられている。作者は画面の間をめぐりたたずみ、薄暮雷電のうちに、楚国の運命を思いながら、91「帰らんとして何をか憂ふ」と歎く。その神話の意味を改めて問うことによって、巫祝者としての新しい道を求めようとしたのであろうが、しかし神話はこのとき、すでに壁面に描かれた画にすぎなかった。巫祝者の意識の中にも、生きつづけることのできない、滅びたる神話であった。

これらの壁画は、『楚辞』にはじめて注を加えた後漢末の王逸の序によると、楚の先王の廟及び公卿の祠堂に描かれていたものであるという。漢の武氏石室の画像石（図1参照）と似たものであろう。おそらく画面は、上下数層、あるいは左右にも区画されたもので、絵巻物式のものではなかったようである。〔天問〕の次序にかなり前後するところがあるのも、そのためであろう。かつその壁画は、その最後の部分に、前五〇六年、呉との抗争に敗れたことを述べ、遠く楚の文王（前六八九～六七七）や堵《と》敖《ごう》（前六七六～六七一）の盛時を回想している。自国の歴史と運命について深い関心を示しながらも、その神話は楚の歴史と連なるところのない、分列的な形のままである。〔天問〕の神話は、十分な意味では楚に所有されていない。すなわちA類型のものではない。また神々は、時間の中で区切られていて、同時関係をもつB類型のものでもない。それはかつて各地に伝えられていた神話を、おそらく画面の構成に従って分列するもの、すなわちC類型に属する。〔天問〕篇の神話は、そのC類型にふさわしい形態で述べられている。そのような神話が、巫祝者の伝統が危機に直面したときに、懐疑的な態度で問いなおされるのは、むしろ当然であったということができよう。

三　文化領域

神話の研究に、比較神話学の方法が重要であることはいうまでもない。ことにわが国の神話のように、多元的、複合的な構造をもつものについては、それは欠くことのできない方法である。わが国の神話が、チェンバレーンやアストンなどの外国人によって、はじめて神話学的な意味のものとしてとりあげられ、また最初の神話研究書が高木敏雄氏の『比較神話学』であったということもはなはだ示唆的である。そしていまでは、石田英一郎、岡正雄、大林太良氏らの汎世界的な類型学的研究が、従来にない広大な視野を提供している。水神と馬、牛、猿の比較民族学的な研究を試みた石田英一郎氏の新版『河童駒引考』には、ほとんど全世界にわたるその信仰と習俗の事例が集められている。しかし神話を、すでにあるものとしてでなく、その成立の基盤に遡って、その原質を明らかにしてゆくためには、それらを文化集合的な関係の中でとらえることが、あわせて重要であろう。文化を集合体的なものとみる立場からは、それぞれの地域性のうちに、問題をより具体化してゆくのでなければならない。その地域性を、ここにはかりに文化領域とよぶことにしよう。

それぞれの文化領域には、そこに機能するとみられる構造的な法則性ともいうべきものがある。はじめにあげた神話構成上の三類型などもそれであるが、個々の信仰や祭儀については、風土的、社会的関係も多様であるので、文化領域といっても、そのうちにまた種々の文化の流れがある。それは別に文化圏をなしており、文化領域と重なり、あるいはそれを超える。たとえば支配神が天上より降るという降臨系の説話は、主として北アジアやアフリカの牧畜族にみられるものであり、農作物などが特定のからだから生まれるという屍体化生説話の形態は、小アジア、インド、東南アジアから太平洋圏の南北アメリカなど、古い農耕民族の全体に及んでいる。それらはいずれも、いくつもの文化領域にわたって行なわれているものである。

近年、吉田敦彦氏によって紹介されたデュメジルの「三機能体系」とよばれる神話理論は、古代社会を構成するものを祭司、戦士、生産者の三層とし、神話をそれぞれの身分関係に対応するものとして把握しようとするもので、インド・ヨーロッパ系の原始神話は、すべてその理論を以て説くことができるという。そしてわが国の三種の神器についても、鏡を宗教、剣を軍事、玉は農業を示し、この三者の結合は三機能体系によって説明しうるものとされ、なお多くの事例の解釈が試みられている。しかし祭司、戦士、生産者という社会構成は、一般に征服族の社会にみられるものであって、古代東アジアの農耕社会においては、必ずしも顕著なものではない。それでそのような理論を適用するとしても、それには地域的な限定を加えること、すなわち文化領域的に考えることが必要である。比較神話学の方法としては、何よりもまず、近接の諸族との関係からはじめなければならない。

近接諸族の原始宗教を比較の対象として論じた初期のものには、鳥居龍蔵博士の『日本周囲民族の原始宗教』（一九二四年）がある。博士にはその前後に、北東アジア及び西南アジア諸族、特に苗族などの調査報告があり、大陸とわが国先史文化との関係を論じた先駆的な業績といえよう。それらの書において、シベリアとアイヌ文化との関係や、シャーマニズムの波動、苗族やロロ族など南支那諸族に関する論説や資料には、いまもなお問題提起としての意味をもち、参考とすべきものがある。いわゆる騎馬族征服国家説なども、そのような用意のもとに、改めて検討すべきものがあるように思われる。

騎馬族征服説に近い考えかたは、必ずしも新しいものではない。すでに大正期に喜田貞吉博士の『日鮮民族同源論』があり、昭和初年に金沢庄三郎博士の『日鮮同祖論』が発表されている。金沢博士の書は、朝鮮が古く神国であり、その民族がのちわが国に移動してきたとするもので、そのことを神話中の地名や人名、また高千穂の降臨説話などによって論証しようとしたものである。しかしここには、文化の波動がそのまま民族の移動に外ならないとする大きな前提があって、騎馬民族征服説と同じような問題があることを感じさせる。わが国における降臨説話の成立の時期は、古墳時代より遠く遡りうるものではないとされている。その時期に海を越えて移動が行なわれ、彼我の分岐があったとしても、そののちのわずかな期間に、両者のことばや文化の全体が、それほど異なるものとなることは、考えようもないことである。

　地理的にみて、わが国の神話が、満鮮より南下した北方系、また南鮮を経て、あるいは直接九州に渡来した江南系など、その源を大陸に発する古代文化の強い影響のもとにあったことは、疑問の余地のないことである。図式的にいえば、江南系は母権的な農耕文化と大地母神的信仰をもつ出雲系の神話に、また北方系のそれは、父権的な遊牧族文化と上天神的信仰をもち、天孫系の神話がその系列のものとされている。筑紫・日向系の神話は南方系とされるが、江南系とも無縁でないように思われる。しかしなお遡っていえば、北支系、江南系といわれるものも、それほど異質のものではなく、殷の文化にはその両者に通ずるところがある。北方騎馬族の直接的な進入をいう前に、文化領域的な問題がなお検討されるべきであろう。

　満鮮との関係では、主として三品彰英博士の研究に、すぐれた成果が示されている。『日鮮神話伝説の研究』では、『紀』の降臨説話の異伝研究を通じて説話の展開をあとづけ、韓族の伝承を考えながら、三種の神器や神勅が説話の最終段階の成立のものであることを論証する。また対馬に遺存する天童説話、すなわち聖所への天神降臨の説話によって、わが国の降臨系説話の原型を追迹するなど、注目すべき見解が多い。戦後に出された『神話と文化境域』には文化領域の問題がとりあげられており、南方系として卵生説話、満蒙系として太陽崇拝と王権儀礼をあげ、獣祖説話には南北の二系があるとする。これらはいずれも、そのままではわが国に行なわれることのなかったものであり、文化にも境域のあることを示す例である。太陽崇拝と王権儀礼も、わが国の降臨説話と必ずしも直接に結びつくものではない。神話が異なった文化領域にはたらくのには、一定の条件があり、すでに体系として存し、儀礼的慣行として固有の文化領域をなすものは、容易にそこから遊離し移行するものではない。文化は一般に集合体としてあるからである。

江南系の古代農耕文化が、わが国の先史文化の母胎をなすものであったことは、いまでは確かなこととされている。中南支との関係については、早くすでに鳥居博士の調査があり、のち松本信広氏の『印度支那の民族と文化』に、民族誌的な研究のほか、特にことばや古代文化の系統について、精審な研究が試みられた。イネの語源も、その地にあることが明らかにされている。稲作の最も古いものは、苗族の故郷とみられる河南西南部の先史遺迹から発見されており、稲作はその地から東して江南に波及したものとみられる。その地には古く銅鼓の文化があり、それはわが国の銅鐸と関係があるかも知れない。鋳作法が似ているのみならず、いずれも農耕儀礼に用いる楽器として、季節的に地下に埋められていたらしいことも共通している。

わが国にみられる江南系の文化は、集合体的な様態をもっている。農作に関する儀礼や技術と器具、鵜飼の俗や潜水漁法、住居の形式、文身の俗、頭衣や鉢巻、褌に至るまでそのままである。神話としてはイザナギ・イザナミ二尊、アマテラス、その他出雲系の神話にも、江南の文化との関係を考えうるものがあって、その類似はきわめて集合体的である。

いわゆる騎馬族との間には、そのような関係はない。騎馬族征服説は、江南系によってすでに形成されている民族と文化の上に、北方の騎馬族が征服支配を行なったとするもので、柳田国男氏はこれを「横取り説」と評した。国家の形成にはそのような形態もありうるが、わが国にローマ的、あるいはノルマン的征服が行なわれたとみるべき徴証は、何もない。文化領域的にみても、文化集合体としても、北方騎馬族との関係は何ら本質的なものではない。騎馬の俗が伝来したことは、たしかに重要な事実であったとしても、論者の主張するような社会構造や氏族の編成、王権の継承とその儀礼というような主軸的な問題については、そう容易に移植しうるものではない。またそれらの継承関係は、みだりに断絶し、変更しうるものでもない。

文化領域的な紐帯は、その統一の表象として、一般にきわめて堅固である。特に異種族の文化は、容易に領域化しうるものではなかった。そのことはたとえば、わが国のアイヌ文化についてもいうことができよう。東北の亀が岡式に代表される特殊な土偶を含むその土器文化は、古くは関東から中部にまで及ぶものであったとみられるが、その地は久しく大和政権の支配下に入らず、神話的にもその地はほとんど交渉をもつことはなかった。その文化は、おそらく北方沿海の系統のものであったと思われる。『常陸風土記』にみえる古い説話は、かれらとの境界を画することのみを語っている。諏訪信仰のごときも、その境界設定の意味をもつものであるかも知れない。

中国の神話においても、種族的な対立はきわめて顕著であった。北方の狄、南方の苗、西北の羌は、殷王朝と政治的、文化的に対立し、神話の上でも融合を拒んでいる。そのためその神話類型は、基本的にC的であった。神話の複合は、その基礎事実として、民族的、文化的統一を前提としているのである。

四　古代の王朝

神話は史前のながい時期にわたって形成されるが、神話が民族と文化の統一の表象であるとすれば、それは文化領域の伝統の上にはじめて成立するものであろう。わが国の先史文化は、前二千五百年を上限とする縄文初期にはじまり、その後にも東アジアからの絶えることのない文化の波動を受けて、展開している。稲作は前三世紀末の板付遺址にその痕迹がみられ、まもなく弥生式文化、銅剣、銅鉾や銅鐸の文化が、その分布圏の文化的、政治的統一のあとを示している。三世紀のはじめには女王の使者が魏に赴き、そのころから古墳時代がはじまる。五世紀初頭の倭の五王時代には、その壮大な古墳の造営からみても、わが国はすでに古代王朝的規模に達していたであろう。こうして七世紀初に『天皇記』『国記』など第一次の神話や古記の結集が試みられ、のちまた百年にして『記』『紀』の撰録をみるに至った。稲作文化のはじめよりいえば、すでに九百年に及んでいる。神話成立の条件として、すでに十分な歴史的時間であるといえよう。

農耕段階に進んだのち、これほど持続的に安定してその文化を保有し、発展させた文化民族は、他に多く例をみないが、東アジアの農耕文化圏のなかで、そのような成立をもつ古代王朝の典型としては、殷をあげることができよう。殷は前二千五百年ころ、河南に起った竜山文化をもち、前十七世紀ころに王朝を樹立したようである。そして前十一世紀の中ごろに、西方の周の進出によって滅んだ。この古代王朝の絶対年代はあまりにも古く、その意味でわが古代王朝との比較対象として、十分なものとはいえない。しかし安定した農耕的社会の上に、どのような文化や国家が形成されるかという、一つの典型として考えることができよう。その文化は、のち江南に及び、北東にも波及して、わが国にもたらされた古代の文化には、その源流をここに発するものが多いとみられる。殷は種族的には夷系に属し、古く夷系の文化圏があった。すなわち東アジアの農耕文化圏がそれであり、わが国もその圏内にある。殷の王朝的規模は、倭の五王期とあまり異なるものではない。殷の旧都安陽、すなわち殷虚に残されている十三基の地下王陵は、わが国の仁徳、応神の諸陵にほぼ匹敵するものであろう。殷が直接に支配した地域も、西日本の全域程度のものであろう。絶対年代の異なることを除けば、両者の条件はきわめて似ているのである。そこにどのような古代王朝があったのか、しばらくそのことを考えてみよう。

　殷の王朝は、王が巫祝王として、みずから祭祀や占卜を主宰する神聖王朝であった。かれらはゆたかな神話的伝承をもつものであったと考えられるが、のちその国は滅んで、その伝承も多く失われた。しかしその王陵や文化遺址に残された豊富な出土資料、祭祀や儀器として用いられた青銅器、占卜のことをしるした甲骨文などによって、その様相を知ることができる。

　このような神聖王朝にとって、自然は神話的な世界として把握された。自然を支配するものは、すべての主宰者である上帝であった。王はその直系の子孫として、帝を祀った。甲骨文にはその祭祀の禘《てい》を啻という字で示すが、それは嫡の旁《つくり》に残されている形である。上帝の嫡子たる王のみが、帝を祀ることができた。上帝の子孫である王が地上を治めることによって、上下のあらゆる秩序が成り立つのである。特に自然の現象は、帝の支配に属した。農耕に関係の深い雨も風も、すべて帝に祈ることによって秩序がえられた。

　風は鳳形の鳥であらわされ、それは神の使者であった。上帝の命をあまねく伝えるために、地方にある神々も、みな鳥を使者としたが、その往来は風のそよぎとして感

図２　鳳（風）

図３　竜形・虫形の文字

図４　陟降

知された。風土、風気、風俗は、みなその地の神々の意思によって形成される。わが国の神がら、国がらというのにひとしい。風が荒れるとき、王は風を寧《やす》んずる祭を行なった。竜田の風神の祭のようなものであろう。雨を祈り、年穀を祈ることも、王によって行なわれた。すなわち祈年の祭である。わが国のように、祝詞を奏することもあったであろう。天上の神々を祀るときには、多く火祭、すなわち燎《りよう》祀《し》が行なわれた。

自然が霊的な世界とみなされていたことは、たとえば雲や虹などが、みな竜形の字であることからも知られる。甲骨文には、雲を面母のように女性神の名でよぶ例があり、またその雲に乗じて虹があらわれ、黄河の水を飲みに降りる異変をしるしている。星にも妖祥とされるものがあった。神はもと申とかかれ、電光の象である。わが国の「神なり」というのと同じく、雷神の信仰は農耕の儀礼とも関係があるようである。

帝の嫡子である王は、死後には天に昇って、帝の左右に侍した。神霊は垂直式に往来するので、これを陟降《ちょくこう》という。それは聖梯を上下するもので、降臨形とよんでよい。陟降の字形にみえる聖梯は、柱に足がかりを刳《く》りこんだものであろう。伊勢の内宮にも、その柱があるという。高木の神とは、その神格化されたものであろう。神の降臨するところが社であり、社は古くは土とかかれた。土の横に聖梯があり、そこに犠牲をそなえると墜《ち》となる。地の古い字形である。土は土主の形で示されるが、木を植えこむこともあり、それが神の降臨を迎えるひもろきである。聖石でかこんだものは、いわゆる磐境《いわさか》であろう。満蒙のオボとよばれる社の形式も、この系統に属する。わが国では、天孫降臨ののち、タカミムスビをいつき祭ったという「天つひもろき」、「天ついはさか」は、もと降臨の聖所をいう語である。対馬の天童説話では、山上のひもろきに神が降臨すると伝えている。

殷の始祖である舜は、もと太陽神であったらしい形迹がある。アマテラスの信仰と似ているといえよう。しかし殷では、のち両者が分離して、王は朝の日を迎え、夕の日を送る朝《ちょう》日・夕《せき》日の礼を行なった。朝・夕は東母・西母という女性神で示され、のち東王父・西王母という対偶神となる。太陽は十個あり、交替で空をめぐる。それぞれの太陽に、甲乙丙丁など十干の名があり、それを司る十人の神巫がいる。日は東方の扶桑《ふそう》の木の枝から空にのぼり、また西方の若木《じゃくぼく》を経て、地下の虞淵《ぐえん》にほとぼりをさます。祖王の名は、祭祀のとき大乙、中丁のようにすべて十干の名でよばれるが、それは太陽と神巫という組み合わせと関係があるかも知れない。

王権はもと、聖と俗との結合という二元的な形をとるものではなかったかと思われる。それは太陽と神巫という関係の、地上的な表象である。殷の最初の王である湯、すなわち大乙は、伊尹《いいん》の輔佐をうけて、王業を成した。伊尹は、人類の死滅するような大洪水ののちに、空桑から生まれたという神話をもつ聖者である。歴代の王には、そのような聖者があり、王位の継承権をもつ複数の王族集団と、またこれに組み合わされる聖者があったのであろう。干名はその集団を区別する名であるという説がある。少なくとも、王が代るごとに聖者も交替したらしいことは、占卜を司る貞人《ていじん》とよばれるものの集団が、一代ごとに総員入れかえになっている事実からも知られる。わが国では、祭祀を司るものに斎部《いむべ》と中臣、軍事には物部と大伴というような双分的な組織のあったことが考えられるが、それは起原的には、王位継承の方法と関係をもつものであったかも知れない。

王権はもと聖なる神権者であったであろうが、しかし王朝的な規模では、聖俗の合体あるいは連合という形をとる。それは王権儀礼としての、即位式に典型的にあらわれ、聖者は授霊の式の司会者となる。湯をたすけた伊尹の系列に、また保衡《ほこう》とよばれるものがある。保は人が生子を負う形で、下には衾《ふすま》をまとい、子の上には玉をそえる形が多い。玉は受霊の呪器であり、衾もその意味をもつものであろう。周王朝の即位儀礼にも古代王朝としての殷の儀礼が継承されたらしく、その式次第をしるした『書』の〔顧命《こめい》〕では、金文に皇天尹大保《こうてんいんたいほ》とよばれている召公が、その儀礼の執行者であった。保は王権の神授儀礼を行なう聖者である。〔顧命〕によると、授霊は綴衣《ていい》という、先王の用いていた衾によって行なわれる。わが国の真床覆衾《まとこおふふすま》にあたるものであろう。ひもろきや真床覆衾は、殷の王権儀礼、即位儀礼に、すでにみられるものである。

図5　保

殷王朝では、軍事は王族、特に王子あるいは王孫である小臣《しょうしん》とよばれる親王家のものがこれに当った。別に師某と称する将軍職のものがあった。またまれには、王子の妃であるものの名で軍事が行なわれ、婦好（妃の名）が数万の軍を率いることをしるしている例もある。これはおそらく、婿入婚形式をとる母方氏族の、氏族軍であるらしい。殷には、族外婚を示す姫《き》、姜《きよう》のような姓の組織はなかったらしく、王位継承権をもつ特定集団の間にも、通婚が行なわれていたのではないかと思われる。

この族形態は、王室のみでなく、王朝を構成する氏族の全般に及んでいたようである。殷の青銅器にみえる作器者たる氏族は、すべて干名を以てその父祖をよんでいるからである。また甲骨文によると、各氏族の小子、小臣を国都に集めて教戒訓練を施すための、年齢階級的なメンズ・ハウスのことがしるされている。小子とは相続順位の低い王子である。この制度は、各氏族の服属を保証する一つの方法であったとみられ、いわば舎人《とねり》制度的なものと考えてよい。

戦争には、なお呪術的な方法が用いられた。まず雲気をみる望という儀礼があり、わが国の山見、国見に近い。敵方に対して、ときには眼のふちに文身をした媚人《びじん》三千人をしてこれを行なわせているのは、圧服の呪的儀礼であろう。陣頭にあって軍鼓をうつものも、媚とよばれる巫女であった。それで敗軍の巫はまず殺されるが、軽蔑の蔑がその字である。進出した地では、践土《せんど》という地霊鎮撫の儀式をする。わが国の反《へん》閇《ばい》というものであろう。敗者の祀る神の社には、覆《おおい》をかける。冥界にかくれる意味であるらしく、国譲りした出雲の神々が「隠《かく》りて侍《さも》らふ」というのと同じである。

王朝の支配は祭祀権の掌握という形をとる。河南西部の原住族によって行なわれていた河神の祭祀、岳神の祭祀は、殷の進出と支配によってこの王朝に帰属し、殷がその祭祀を行なった。殷ではその河・岳の神を、自己の神話的系譜に加えようとした痕迹が、甲骨文のうちにみられる。そのような祭政的支配は、わが国の出雲系の信仰の天孫系への帰属という形で、最も典型的にみられるものである。殷は河・岳の聖地や服属の諸氏族に、しばしば祭の使者を派遣している。そのような「まつり」を行なうことが、「まつりごと」であった。服属の氏族からも、種々の奉献がなされたことと思われる。殷が滅んだのち、殷の子孫は、周王朝の祭神に客神として参加した。客神は白馬《あおうま》に乗り、降服の儀礼を再演し、白鷺の舞を献じたことが、周の廟歌である『詩』の周頌諸篇に歌われている。同様のことは、殷の時代の服属氏族によっても、行なわれていたであろう。わが国の国栖《くず》、隼人《はやと》、海人部《あまべ》たちの服属儀礼と同様である。

王朝に対する諸氏族の服属のしかたに、職能的な関係のものがある。殷の青銅器の銘文には、父甲、祖乙など父祖の廟号の外に、文字とは

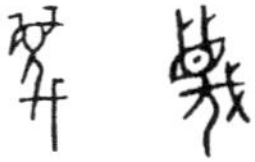

図6　蔑

図７　亜字形図象

異なる図象的な標識を加えているものが多い。この金文の図象標識には、王子、王族など身分的な表示のほか、鳥獣、器具、武器、家屋、墓室などの類も多く、それらに関する儀礼や制作などの職能を示すものとみられる。それは必ずしも部的組織を示すものとはしがたいであろうが、それぞれの職能関係を通じて、王朝の秩序に服することを意味するものであろう。わが国の連《むらじ》や臣《おみ》、あるいは部の組織などは、朝鮮半島を通じて伝えられたものとしても、その原型をなすものは、この古代王朝の構造のうちに、王朝形成の基本的な形態として、すでに存するものであることに注意すべきであろう。

祖先の霊には、文祖、文考のように文をつけていう。それは屍体の胸部に朱を塗って聖化する、文身の儀礼から出ており、文はその儀礼を示す字である。文身は加入、通過の儀礼として一般に行なわれ、出生のときの産、成人式の彦、顔の旧字体は、みな額《ひたい》を示す厂の上に文を加えた形である。婦人には両乳のところに加え、明らか、美しさを示す爽《そう》、奭《せき》はその形を示す字である。わが国にも古くその俗があり、長江下流の呉にもその俗があるので、呉の太伯の子孫であるともいわれた。文身俗は太平洋の沿海諸族にひろく行なわれたもので、それは古い文化圏の一つである。

文身は沿海の文化であるが、貝の文化、ことに子安貝の信仰もこれと重なり、さらに内陸にまで及んでいる。甲骨文の貝及び貝に属する字はみな子安貝の形にかかれ、それは呪具であり、また宝器であった。わが国にも子安貝の信仰があって、柳田国男氏の晩年の書である『海上の道』には、われわれの祖先が南島の子安貝を求めて、南方から北上してきたのであろうという提説がある。しかしわが国の民族や文化を、北方の騎馬族や南方など、特定のところに求めるのは、わが国の先史文化の多元性からみても、慎重でなければならない。

図8　文

図9　爽

図10　貝

玉は神事的な儀礼に、特に重要であった。国語では、玉と霊・魂とは同源の語である。保の古い字形に玉を含むことはさきに述べたが、玉は魂振り、魂鎮めに用いた。霊のあらわれることを顕という。その字形は、日の形の部分が玉、その下は麻などを垂らした「ゆふしで」、右の頁はそれを拝

図11　顕

する人の形である。そこに祖霊があらわれるので、顕とは「面かげに顕《た》つ」ことを示す。玉を三機能体系説で農作を象徴するという解釈は、東方の伝統の上に立つものではない。

神事では、特にけがれを避ける。みそぎは、わが国の神事の基本をなしており、いまも祭祀にその行事を伴うことが多い。みそぎとは身を清めることで南方の俗とされるが、殷代にも行なわれていたことである。漢字では、修の字がそれをあらわす。攸は人の背後から水で清める形で、文のところは攴《ぼく》、草の葉などを束ねて手にもち、洗う意を示す。修は清められたしるしに、彦と同じように美しさをあらわす彡《さん》を加える。葉のついた枝、さかきなどで祓うのは滌《でき》である。もし熱湯を用いれば、それは「湯かぐら」となるであろう。殷人が「ゆふしで」や「玉ぐし」を用いていたことは、これらの字形からも察することができよう。

罪科を祓う方法は、わが国では、スサノヲに千座《ちくら》の置戸《おきど》を負わせ、また大祓詞《おおはらえ》に述べられているように、けがれを海に流して、八重潮のはるかに流し放ったものである。「負わせ」を贖罪《しょくざい》の品を科する意とする『紀』の記述のしかたは、おそらくその原意でなく、これは中国に古く「伝棄」と称する方法であろう。伝の旧字は傳、人が東《ふくろ》（槖）に入れたものを背負う形で、「大きな袋」を負う大国主も、もとは追放を受けたものの姿である。大祓のように、水に廃棄するのを法といった。もとの字形は灋であるが、廌《たい》は神判に用いられる解廌《かいたい》とよばれる神羊である。敗訴者は、その汚れを負う神羊とともに、水に流される。去は敗訴者を示す人の形である大と、神に自己詛盟をしたのりとの箱の蓋をとりさったムの形で、去とは人を廃棄することを意味する。のち神羊の廌を省いて法となるが、金文では灋を廃棄の意に用いている。わが国では六月と十二月に、大祓が行なわれている。

シャーマンはツングース族の固有のものとされるが、巫祝が神がかりの状態となって神託や医療を行なうのは広く一般的に行なわれているので、シャーマニズムという語は、広狭の二義に用いられている。しかし殷代のシャーマニズムは、むしろ固有の、狭義のそれと解してよいのではないかと思われる。甲骨文では、神がシャーマンの祈りにこたえることを若（諾）といい、「帝は若《よし》とするか」、「帝は若《さいはひ》を降すか」のようにいう。若の字は、若い巫女が、両手を上にあげ、髪をふり乱して、神がかりの状態にあることを示す字である。病を治すとき

図12　攸

図13　法

図14　若

には、小鈴を多くつけた、ガラガラ系の鈴を用いる。楽はそのガラガラ系の鈴の形である。医療の療は、古くは疒に楽を加えた字である。シャーマンは、衣服に小鈴を多くつけて身を振ってならすが、楽を手にもって舞うのがもとの形であろう。すなわち、神楽の「採物《とりもの》」、手にもつ呪器であった。笑という字はもと芺とかかれ、上部の艸は若と同じく、ふり乱した髪であり、下部の夭は頭を傾けて「かぶく」形で、髪を乱してはげしく舞い、狂態を演ずることであった。神を楽しませ、神を笑わせるのが、笑の原義である。天の窟戸《いわと》の前で、狂痴の態を以て舞いおどるウズメの姿であるとみてよい。このようなシャーマニズムは、騎馬族のもたらしたものではなく、それよりもはるかに古い時代に、朝鮮半島から伝えられていたものらしく、半島の巫俗には、わが国の巫俗と深い関係をもつものがある。そして以上にあげたような古代王朝の文化も、ながい時の流れのなかで、この東海の国にも及んでいたと考えてよい。

五　隠された神話

古代王朝としての殷は、その古代的な文化の様相からも知られるように、多くの神話をもっていたはずである。しかし殷の神話は、殷周の革命による殷の滅亡のために、挫折する。西北系の周は、すでに農耕的段階に達するものであったが、本来は牧畜族であった。滅び去った殷の子孫である宋の国は、周的な天下の中では異質のものとして、つねに軽侮の対象となった。戦国期の文献に「宋の人」といえば、たとえば切株に兎がふれて死ぬのを待つ待ちぼうけの話のように、間の抜けたものばかりである。かれらの神話は、継承されなかった。大体神話は、継承される性質のものではない。国が滅びると、神話は滅びるのである。神話を失った宋の地では、のち荘子の哲学が起った。神話的な思惟の方法は、その寓話のなかに生かされる。神話は思想のなかに隠されるのである。

殷にかわった周は、もと西方の国である。それは古く、夏といわれる地であった。中国の古代文化は、東方の夷と、西方の夏の対立としてとらえることができる。周が都を東の洛陽に遷した春秋期以後には、秦がその地を占めた。この周、秦は、西域とすでに交通をもっていたと思われる。西域の遊牧者、あるいは騎馬族によって、遠い西方の文化が次第にもたらされていた。東アジアの文化が不断に東海のわが国に波及していたように、その文化は草原と沙漠とを越えて、中国に影響を与えた。こうして西方に対する神秘な想念が、やがて西王母説話を発展させた。神々の世界が、西王母の住むという崑崙《こんろん》を中心に展開される。古い山岳信仰を伝えるとされる『山海経《せんがいきよう》』の神話は、この崑崙に集中されている。殷の神話がa的であるとすると、それはb的な平面的、同時的な世界である。

しかし中華の伝統をもつかれらは、このb的な世界にみずからをおくことはできなかった。殷族の太陽神舜や、夏系の洪水神禹の話は、周王朝とは特にかかわることのない、古い帝王の説話にすぎなかった。それはむしろ古帝王の治績として、政治的な、また道徳的な規範を示すものと考えられた。戦国期に入ると、これら古帝王の治績は、列国の並立する天下的世界の歴史的な支柱、すなわち過去の帝王の物語として、経典の形に編述された。神話としての表象は失われ、道統を示す典範として、それは新しい統一を求める原理を含むものとされる。一篇ごとに独立の形式をもつ『書』の諸篇は、〔天問〕篇にみえる区画された壁画と同じである。それはC類型の神話が、経書という形に姿をかえたものとみてよい。神話はこうして、経書のなかに隠されるのである。

中国は神話なき国といわれるが、はじめから神話がなかったのではない。殷王朝にはa的な体系として、また戦国期にはb的な体系のものとして、それぞれの神話があった。ただこれを統一する主体を欠くものであった。それでのちに、古帝王の説話が、五行思想が黄を中央の色とすることから、黄帝を中心として系譜化されたが、その神統譜は、何らの神話的な意味をもつものではなかった。中国の神話はまた、このような古帝王の系譜のなかに隠されているのである。

中国の神話の研究には、その祭儀の実修形式から神話の意味を追求しようとする解釈学的方法などは、あまり有力なものでない。それは祭儀の形式も、説話の具体的な内容さえもほとんど伝えられることのない、隠された神話であるからである。何よりもまず、その隠された神話を発掘すること、神話の原形態を復原することから、はじめなければならない。そのことをはじめて試みたのは、わが国の場合と同じく、外国の学者であった。すぐれたエジプト学者を父とする古代史家マスペロの『書経中の神話』（一九二四年）は、その意味で画期的なものであったといってよい。マスペロはそこで、『書』のなかから、太陽神の御者としての羲和《ぎか》の説話、禹の洪水説話、また天地の開闢《かいびやく》を説く重黎《ちようれい》の説話などを、発掘してみせた。中国の神話がなおほとんど未開拓であった当時としては、それはおどろくべき創獲であった。しかし甲骨文や金文の研究、また考古学的な資料がはるかに豊富を加えたいまでは、古文献のうちから、なお多くの神話の発掘を期待することができる。この書のうちでも、四方風神や河岳の神などについて、その事例をあげておいた。

中国神話の要素的な諸問題について、詳しい研究を試みた出石誠彦氏も、中国神話の全体についてはほとんどふれるところがなかった。そしてその体系性において、はるかにわが国の神話に及ばぬものとした。森三樹三郎氏の『中国古代神話』は、神々の列伝をはじめ、自然神話、人文神話などを整理して叙述されているが、その体系化は試みられていない。袁珂《えんか》氏の『中国古代神話』は、神話の体系性を回復するのに努めたものであるが、やはり構造的な問題にふれることはなかった。その意味では、徐旭生氏の『中国古史的伝説時代』が、たとえば三種の洪水説話について、華夏、東夷、苗蛮の三種族集団の存在を想定するなど、すぐれた方法をとっている。しかしわが国の神話研究の多彩さに比べると、中国の神話学は、寂寥を極めているというほかない。ただ台湾の民族学研究所が、かつての満鉄調査部、フランスの遠東学院を思わせるような活潑な研究活動をつづけ、民族学的な視野から多くの収穫を提供している。

わが国の神話研究にとっても、比較神話学的な研究の対象として、中国の神話が重要であることはいうまでもない。しかしそれがあまりにも等閑に付されているのは、不幸なことである。東アジアの古代について、より全般的な視野が用意されるならば、性急な結論に走ろうとする騎馬族征服説なども、より慎重に扱われるであろう。またわが国の神話を、あたかも民族のおかした原罪であるかのように、その虚構性を主張してやまない人々も、神話が体系性をもつことの意味について、より寛容な態度をとりうるのではないかと思う。

神話は、それぞれの民族がもつ固有の構想力の、最初の所産である。それは三木清氏によると、ロゴスとパトスとの内的統一の世界であるといわれる。民族はその神話において、はじめて成立するともいえよう。しかも神話の時代は、その幼年期のように一回きりのものであり、民族の歴史的生命はここにはじまる。中国の文学を通じて、その精神史的理解に達しようとする私の目的からいっても、このような神話のもつ意味は重要である。民族のもつ可能性が、すべてここに含まれ、ここに発するともいえるからである。

第二章　創世の神話

一　文化の黎明

中国は古い大陸である。その周辺部には、人類の始祖とみられる原人の蹤迹が、いくつか残されている。それは地質年代において第四紀洪積世とよばれる時期にあたる。それよりも古い原人たちは、おそらく第三紀鮮新世の岩層の中に、なお深く眠りつづけていることであろう。

中国の大陸は、チベット山塊を中心とする数ブロックの山塊の褶曲と剪断《せんだん》とによって形成された。そして北方の沙漠地帯と、その南辺をなす西北地区に集積された厚い黄土層が、数次におよぶ地殻の変動などによって、この地域の山谷を覆い、次第に現在の景観を定着させる。河北、河南の大平原は、この黄土地帯を曲折しながら走る黄河の運ぶ黄土によって形成された沖積層である。東部にはただ山東の山塊のみが、海に臨んで横たわっていた。黄河はおそらく、有史時代に入ってからもそうであるように、この山塊を避けて北流し、あるいは南流していたであろう。

華北の洪積世累層は三段よりなり、堆積土と古生物化石によってその時期と特徴を知ることができる。最古の原人が発見されるのは、その下層と中層との間、すなわち中部洪積世の地層である。西部の山地、陝西藍田《せんせいらんでん》から出土した藍田人が最も古い原人であり、約六十万年以前のものと推定される。はじめ下顎骨のみが発見され、のち近くからまた完全な頭蓋骨が出て、中国最古の原人であることが確かめられた。

東北では、北京西南の周口店から発見された北京原人が、よく知られている。当時はおそらく、渤海《ぼっかい》湾が深く入りこんだ入江のようなところであろう。戦後の大規模な調査をも含めて、四十体に及ぶ人骨と遺物が出土し、時期的に異なる各層の原人が、この地に生活していたことが知られた。

はるか華南の広西にも、原人の生活のあとがある。はじめ洞穴からえられた三本の歯は、いまのゴリラの二倍も大きい巨猿のものであったが、のち多数の洞穴から採集された五十本の歯のうち、北京原人に近い数本が発見され、裂片の旧石器をも伴出した。雲南の元謀からも、元謀人とよばれる原人の出土が報告されている。

　これらの原人は、その地域もそれぞれ遠く隔たり、地の一隅を占めている。かれらは概ね、その地を遠くはなれることなく、生活していたであろう。周口店からは、後期洪積世の文化遺址、またいまの人類の直接の祖先とされる新人である山頂洞人が発見されている。その人種的特徴はモンゴルのそれに近いといわれる。他の地域の原人たちも、久しくその地の生活者であったであろうが、のちの種族との関係はもとより不明である。

　地質的な位層や出土遺物によって、同じく早期の旧石器時代に属するとみられる遺址には、山西南端の河曲部に近い匼《えん》河の遺址があり、またそれに近接する陝西潼関《どうかん》、河南陝《せん》県、山西垣曲《えんきょく》の遺址がある。それにつづく中期旧石器が、山西北部の寧武や朔《さく》県からも出ている。また匼河文化の系統に属する後期旧石器が、汾《ふん》水下流に近い山西襄汾《じょうふん》の丁村から発見された。黄河の河曲部や汾水流域は、旧石器文化の密度の高いところである。それは最古の土器文化である彩陶を主とする仰韶《ぎょうしょう》文化の中心となった地域である。

中期旧石器時代には、この地域のみでなく、内蒙古のオルドス人、揚子江流域の湖北趙家堰《ちようかえん》洞穴の長陽人、また南方では広東韶関《しようかん》の馬壩《ばは》郷洞穴の馬壩人などがある。いずれもネアンデルタールとホモ・サピエンスの過渡的特徴をもつホモ・ネアンデルターレンシスに属するものとされている。

後期の旧石器人は、さきの山西丁村人のほか、山西南部湯城の固隆や河南安陽小南洋洞窟からも発見されており、いずれも細石器の文化をもつ。内蒙古やチベットからも、同期の旧石器文化の遺存が報告されている。これら各期の石器は、共通して礫石《れきせき》の面をうち欠いて裂片としたもの、すなわちチョッパーである。その工法はアジア独自のものであるから、すでに旧石器の時代にアジア的な地域性があるといえよう。オルドス南辺の河套《オルドス》人は極度に小さな細石器を用いるが、この種の細石器は、華北を東西に走る南山、賀蘭《がらん》山、陰山など相連なる山脈の南麓に分布し、その東端は満州に及んでいる。すなわちアジア的特質のうちにも、またその地域性がある。この細石器文化を中石器時代に属する人もあるが、後期の地域的文化とみてよいようである。

中期、後期の旧石器使用者は、早期の旧石器人を原人とよぶのに対して古人とよばれ、中石器、新石器以後を新人、すなわちホモ・サピエンスとして区別する。この新人は現人類の直接の先祖であり、その文化は史前の文化にひきつがれる。新人としては四川資陽の資陽人、周口店山頂洞の山頂洞人、また広西通天岩洞穴の柳江人などがある。資陽人の子孫と考えられる四川の森林人には、のちに広汎な分布を示す有肩石斧に近いものがみられ、広西の洞穴遺址には、インドシナの貝塚や洞窟堆積物と近似するものを含むという。地域文化の成立とその接触という関係が考えられる。

　われわれの関心事からいえば、新石器時代の最も重要な事実は、東方の沖積層地帯の急速な発達である。旧石器時代の文化は、東方では安徽《あんき》東北境の泗洪《しこう》に晩期の文化遺址が知られているのみであるが、新石器の文化は、それぞれの土器文化とともに、山東、江蘇、浙江北部、また河北の平原地帯にも多くの遺址がある。それらの文化には、混合文化的な特質が認められる。江蘇の青蓮崗《せいれんこう》文化、浙江北部の良渚《りょうしょ》文化が、この方面の土器文化を代表する。その文化はかなり古く、放射性炭素の測定値によると、江蘇邳《はい》県の青蓮崗文化は紀元前三千八百年前後（絶対年 5785 ± 105）、同じく上海青浦の遺址は前三千四百年前後（5360 ± 105）、呉興《ごこう》銭山の良渚文化は前二千七百五十年前後（4715 ± 100）である。この地はのちの呉越にあたるが、わが国の縄文土器の上限よりもはるかに古い。

(モンゴル)
(内蒙古)
(遼寧)
(河北)
北京
周口店
オルドス
(甘粛)
(寧夏)
滹沱河
(山西)
汾水
臨淄
(山東)
泰山
曲阜
(青海)
涇水
仰韶文化
安陽
鄭州
洮河
黄河
洛陽
半坡
竜山文化
(江蘇)
渭水
西安
藍田
嵩山
(安徽)
(河南)
南陽
(陝西)
屈家嶺文化
淮水
青蓮崗文化
襄陽
漢水
良渚文化
(四川)
大渓文化
成都
武漢
江
巫山
(湖北)
揚子
会稽山
資陽
重慶
(雲夢)
洞庭湖
(彭蠡)
鄱陽湖
(浙江)
(湖南)
長沙
元謀
衡山
(江西)
湘水
(貴州)
(福建)
九嶷山
昆明
(雲南)
石寨山
柳江
(広東)
(広西)
(ベトナム)
(ラオス)

図 15　考古地図

稲作の文化をもつ屈家嶺《くつかれい》文化は、揚子江を遠く遡った武漢から漢水の域にわたり、河南淅川《せきせん》の遺址では前二千二百七十年前後（4235 ± 95）が測定されている。この文化が東方に波及し、江南系の文化とともにわが国にもたらされたのは、それから約二千年後のことであった。

揚子江の流れに沿うて、東方の青蓮崗・良渚文化と、西方の屈家嶺文化と、この両者を底辺とする三角形の頂点に近い部分に、殷王朝成立の基礎をなしたとみられる竜山文化がある。そしてその西北には、黄河河曲部の黄土地帯に、最古の土器文化とみられる仰韶文化があった。この土器文化がもし王朝的形態をとっていたとすれば、それはおそらく洪水神禹を始祖とする夏王朝にあたるものであろう。夏殷の革命によって滅んだとされるこの古代王朝のことは、文献資料を欠くこともあって、いまもなお明らかでない。しかしその初期文様にみられる人面魚身の神は、おそらく洪水神禹をあらわしたものであろうと私は考えている。

二　夷夏東西説

中国の先史文化は、西方の彩陶と、東方の黒陶とによって代表される。彩陶は、一九二二年、スエーデン人の考古学者アンダーソンが、河南澠池《めんち》の仰韶の先史遺址を発見し、その土器文化を仰韶文化と名づけた。また黒陶は、一九三〇年から翌年にわたり、中央研究院の歴史語言研究所によって発掘された山東歴城の竜山鎮城子崖《じょうしがい》遺址の調査の結果えられたもので、竜山文化とよばれている。この両文化は、黄河流域の東西に相ついで起り、その接触の上に歴史の時代を開いた。

アンダーソンは、そののち調査した各地の彩陶遺址の知見に基づいて、その編年を試みた。そしてその文化を、甘粛に発して河南に及んだものとし、西方よりの伝来を予想する説を立てた。しかしその後の調査によると、陝西西安の半坡《はんば》村遺址の炭素測定値は6081 ± 110から5600 ± 105を示していて最も古く、その文化が源をこの地域に発するものであることが確かめられた。その中心は、山西、河南、陝西の相接する黄河の河曲部であり、汾《ふん》水、渭《い》水の流域を含む河岸段丘上に位置するものが多い。それより西は甘粛、青海、ことに洮河《とうか》の流域、東は河南、南は湖北漢水の流域、北はオルドスに及んでいるが、それらはその地域化した後期の文化と考えられる。

西安東郊の半坡村の遺址については、『西安半坡』に詳しい報告がなされている。そこには七万平方メートルに及ぶ住居址があり、聚落の集会所をはじめ、その周囲に円形に配置された住居址と、約二百に及ぶ貯蔵穴群、これをめぐる幅六〜八メートルの防禦用の周溝、その外がわに設けられた共同墓地や窯跡がある。調査された住居址四十六戸のうち、二十二戸が前期、二十四戸が後期のもので、半地下式から次第に地上式となり、いずれも炉をもつ。戸数は最大二百戸、人口は五、六百人の村落であったと考えられる。用具には農具、漁撈具、日用のものなど約八千点、土器片は五万以上を数え、千個はほぼ完好な形で存する。土器の彩飾は多様であるが、前期に動物文、後期には幾何文様が多い。その幾何文様は、前期の魚文のモチーフから展開したとみられるところがある。前期の動物文のうち、魚文が主要モチーフとして用いられていることについて、鄭徳坤《ていとくこん》氏の『中国考古学大系』に、それを古代のトーテム崇拝の遺存であろうとしている。魚文が支配的に多く、かつ幾何文様もその演化したものであるとすれば、これは明らかに単なる文様とはしがたいものである。そこから原初の信仰の手がかりを求めることができるかも知れない。鄭氏はこのような動物文から文字への展開を予想しているが、文字の使用は、確実には殷王朝の安陽期、すなわち前十四世紀以後であり、文字構造の基調は夷系の文化のうちにある。

半坡村遺址でなお注意されるのは、二百五十に及ぶ墓葬である。小児は甕棺《かめかん》に収めて居住地内に埋め、七十六個のうち一個は装身具をつけ、四方に木版をめぐらした矩形の坑に納められていた。成人はすべて性別に居住地の溝をへだてた北方の共同墓地に葬られている。頭を西に向けた仰臥伸展葬のほか伏臥葬、屈葬の例もあり、また二次的に集団改葬されているものが五例ある。頭蓋骨などの調査によって、これらの埋葬者がモンゴロイドに属するものであることが知られた。現代人との比較からいえば、華南系、インドネシア系が最も近く、華北系がこれにつぐという。華南系に近いということが、特に注意される。

半坡出土の遺器には鍬、鋤、石刀、斧などの農具があり、すでに農作が重要な生産の手段とされており、粟が主穀であったらしい。共同墓地があることからみても、かれらが定着的な農耕の段階にあったことが知られる。豚や犬が家畜とされている。また軟玉や蛇紋石を伴出するのは、交易によって他からその原材料をえていたのであろう。同型の文化層は陝西西部の宝鶏に及んでおり、さらに遠く洮河地域に達している。

彩陶後期の文化層をもつ廟底溝《びょうていこう》は、陝《せん》県南方の青竜澗とよばれる小河南岸の、二十四万平方メートルに及ぶ黄土台地上の遺址である。一九五六年から翌年にかけて調査され、その文化層は下層に仰韶後期、その上に竜山文化、さらに上部に東周文化の三層よりなる。仰韶文化層から二戸の住居址、百六十八の貯蔵穴と多くの器物が出土し、六百九十個の土器が復原された。住居は南向きの長方形地下式で、半坡のものより若干ひろく、時期もおくれるものであろう。

廟底溝第二層は竜山文化であるが、放射性炭素の測定値は4295±95、紀元前二千三百年前後である。殷が都した安陽の殷虚後崗《こうこう》の竜山文化は前二千年前後とされており、それよりも古い。それで竜山文化は、この地において仰韶文化を継承しながら成立したとする考えかたもあるが、一般に先行文化を継承しながら同時に異質の文化が成立するということは、あまり例のないことである。竜山文化はそれよりやや東方の地区に起原するものであるらしく、そのように想定することによって、東南の青蓮崗文化との関係や、また河曲部における仰韶文化との重層関係を、より自然に理解することができよう。この両文化を夷夏両系のものとする傅斯年《ふしねん》氏の夷夏東西説は、いまのところなお動かしがたいものと考えられる。

竜山文化が河南から西して河曲部に達し、さらに陝西に進入するに及んで、その文化を基盤とする殷王朝が成立したのであろう。この系統に属する山東西部の寧陽堡頭《ほとう》村文化には、高度の制作技術をもつ白陶を含むが、そこで発見された共同墓地には、長方形墓壙に木棺をおき、多くの副葬品を伴う一体があり、共同体内に階級の分化が生じていることを示している。この文化の中心地は、おそらく河南の東部よりの地域であろう。殷が滅んだのち、その子孫が河南東南の宋に封ぜられていることも、参考とされよう。

湖北の屈家嶺文化は、時期的に廟底溝の竜山文化とほぼ並行するものであるが、その系統の文化遺址は、河南西南部の南陽から湖北の地にわたっている。そのうちの大寺遺址では、最下層に後期仰韶文化があり、第二層に屈家嶺文化、そしてその上に竜山文化が及んでいる。屈家嶺文化が漢水の流域に独自の様式を以て展開していることからいえば、この層序関係は、この地域における三者の勢力の交替を示すものといえよう。屈家嶺文化層において最も注意されることは、そこから稲作農耕の行なわれていたあとが発見されていることである。その住居床面の赤土の上に、多くの籾殻の圧痕が認められた。その上に竜山文化が及んでいることは、殷がおそらくこの方面から稲作文化を受容したことを示すものであろう。もっともこの地の竜山文化は、黄河流域のそれよりも後期のものであるが、のちの稲作地帯が江淮以南であることから考えると、稲作はまずこの方面から東に伝えられたものであろう。

農耕文化の関係からいえば、さらに西南の四川の大渓《たいけい》文化も逸しがたいものである。巫山の大渓と長江との合流点に位置するこの文化は、四川の東部から湖北にかけて分布し、新石器の遺存もみられる停滞的なものであるが、住居址や共同墓地もあり、農作が行なわれていたことが知られる。作物はおそらく粟、きびの類であろう。死者には魚形の含玉のほか、象牙、玉、貝などの装飾具を加え、ときに犬を犠牲としていることがある。

土器時代に入って、中原の文化はにわかに濃密の度を加える。黄河の河曲部を中心にまず仰韶文化が栄え、またおそらく河南の東部に起った竜山文化が、それと重なるように西進をつづける。その背後には、安徽、江蘇に青蓮崗文化、浙江には良渚文化があり、のちに江南の文化に展開する。漢水の域には屈家嶺文化が湖北にわたって広がり、その西南に大渓文化が四川の峡谷に連なる。このような各地域の文化は、それぞれ相異なる種族によって担持されたものであり、各文化の層序的関係や混合の度合いは、種族間の闘争や接触のあとを示すものであろう。

すでにかれらがそれぞれ独自の文化を形成し、その共同体的生活をもつものであったとすれば、そこに原初の信仰と儀礼、またそれに伴う神話的思惟をもちはじめていたであろう。それぞれの種族がその種族神を奉じて接触するところに、神話的葛藤がよび起される。その最も近接する関係は、河南西部において生ずる可能性がある。黄河の河曲部と汾《ふん》水、渭水、洛水、また東南して長江に合する漢水の流域は、最も古い洪水地帯である。いわばメソポタミアの、両河流域にあたるところである。そこにおそらく、まず洪水説話が形成されたであろうと思われる。

三　洪水神の葛藤

洪水説話は、創世の神話の最初の形態としてあらわれる。すでに定着的な農耕の段階にある地域で、最もおそれられたのは洪水であろう。かれらはそのおそるべき記憶を、『書』の〔尭典《ぎようてん》〕に、「湯湯《しやうしやう》たる洪水、方《あまね》く割《そこな》ひ、蕩蕩《たうたう》として山を懐《か》ね、陵《をか》に襄《のぼ》り、浩々《かうかう》として天に滔《はびこ》る」と表現している。それはその生活の根柢を奪い、荒廃をもたらすのみでなく、ときには種族を滅亡の危機にも瀕せしめる。洪水説話が、概ね遺民説話、人類初生の説話を伴って語られるのは、そのためであろう。

中国には数種の洪水説話がある。洪水神としては禹、共工や伏羲《ふくぎ》と女媧《じよか》、また伊尹《いいん》の説話がある。それらはいずれも河南西部の古い洪水地帯に起ったものであり、それぞれ異なる種族の間に伝えられたものであろう。禹は夏王朝の始祖ともされるもので、それは夏系の神話である。共工は姜姓の神であるらしく、羌人の伝えたものと思われる。伏羲・女媧は、その説話がのちまでもひろく苗系の間に行なわれていることからみても、南方の苗人のもつ神話であった。この男女の二神は、また人類の創造者ともされている。伊尹は殷の湯《とう》王をたすけた聖者とされ、伏羲・女媧と同じく箱舟型の説話をもつ。おそらく殷人の伝承したものであろう。これを土器文化との関係においていえば、禹と共工とはおそらく仰韶文化、伏羲・女媧は屈家嶺の文化、伊尹は竜山文化系に属することになる。

これらの神々の葛藤は、共工の治水の失敗のあとを承けて、夏系の禹がこれを治めたとし、苗系では伏羲・女媧がこれを修理補成したという。そのような闘争の過程からいえば、共工が最も古い神ということになる。しかしそれは種族間の闘争として語られているものであるから、必ずしも時間的な関係を示すものではなく、むしろ勢力関係、あるいは敵対関係を反映するとみるべきである。ただ話の順序としては、やはりその闘争の過程を追うことが便宜であろう。

共工は、その神を奉ずるものにとっては、かつて天下を支配した神であり、九州の覇者であった。古い語部的伝承をしるしたとされる『国語』の〔魯語上〕に、「共工氏の九有（九州）に伯（覇）たるや、その子を后土《こうど》といふ。能く九土を平ぐ。故に祀りて以て社と為す」とみえ、その子の后土は土地神として祀られたものであるとされる。『左伝』〔昭公二十九年〕にも、神事的な物語を多く伝えた蔡墨《さいぼく》のことばとして、共工の子であり社の神である后土は、句竜とよばれる竜形の神であるという。共工は姜姓であるが、顓頊《せんぎょく》と帝となることを争うて敗れ、天柱地維を折ってこれを傾けたものである。〔天問〕に「康回《かうくわい》、馮《おほ》いに怒り　墜《ち》（地）何の故を以て東南に傾ける」と歌われている康回は、この共工に外ならない。

共工の子句竜は、土地の神である社神、すなわち大地の造成者とされている。竜は洪水を起すものであり、またこれを治めるものも竜形の神として表象された。神怪異物のことをしるす六朝期の『神異経』に、「西北荒に人あり。人面にして朱髪、蛇身にして人の手足あり」としるされている共工の神像は、伏羲・女媧の姿に似ている。共工の臣に相柳《そうりゆう》というものがあって、それも『山海経』によると、「九首、人面蛇身にして青し」〔海外北経〕、また「九首蛇身、みづから環《めぐ》る」〔大荒北経〕というとぐろを巻いた蛇形の神である。後者は相繇《そうよう》という名とされるが、相柳と同じ神であろう。共工系の神は、すべて竜形として伝えられる。天地の秩序を破壊した悪神とされる共工は、おそらくもと羌人の治水の神であり、大地の造成者として祀られていたものであろう。

羌人はいまのチベット系の種族とされるが、その原住地はおそらく河南の西部であり、淮《わい》水の上流もその勢力の範囲であったと思われる。黄河南岸の嵩《すう》岳がその聖地であり、姜姓の諸族はその岳神の子孫であると称している。淮水の神もまた、共工の臣であった。むかし共工の臣である浮遊というものが、顓頊《せんぎよく》との戦に敗れて淮水に沈み、その神となったという話が、戦国期の魏《ぎ》王の墓から出た木簡を整理したらしい『汲《きゆう》冢瑣語《ちようさご》』という書にしるされている。共工が顓頊と帝たることを争うて敗れたというのと、同型のものである。この浮遊は、また相繇のことであろう。共工の共も、河南の共首という山名と関係があるという説があり、羌人が古く河南西部の先住民であったことはほぼ確かである。その敗退が、共工や浮遊の説話として語られるが、これと争ったものは顓頊であった。顓頊は、鯀《こん》や禹の先祖とされている神である。

禹もまた洪水神であるが、それは共工の敵対者としてあらわれる。『淮南子』〔本経訓〕に、「舜の時、共工、洪水を振滔《しんたう》し、以て空桑（地名）に薄《せま》る。竜門（黄河の水門）未だ開かず、呂梁《りよりやう》（山名）未だ発《ひら》かず」、そのため水が横流して、人はみな丘陵樹木に赴いて難を避けた。その洪水を救うために、禹は共工を攻めてこれを滅ぼしたという。『山海経』に「禹の攻めたる共工国の山」〔大荒西経〕という山名がみえるが、神話的な山々の一つとして、そういう名が与えられているのであろう。

禹は夏王朝の始祖であり、古聖王の一人とされている。周初の成立とみられる『書』の〔周書〕の諸篇や、西周後期の『詩』の大雅、また春秋期の金文にも、禹が洪水を治め、夏王朝の始祖となったことがしるされているが、禹の説話はそれらよりもなおはるかに古くから存したもので、夏王朝の歴史性はいまもなお明らかではない。禹の説話の原形は、おそらく最古の土器文化である仰韶前期に発していよう。その画文として多くみえる人魚のモチーフは、洪水神禹の最初の姿であろうと思われる。

図16　彩陶人面魚身文

禹はもと魚形の神であった。古代の神話に詳しかった荘子は、「禹は偏枯《へんこ》なり」（〔盗跖〕篇）としるしている。『山海経』に「魚あり、偏枯、名を魚婦といふ」（〔大荒西経〕）ともみえ、魚形の神であったことが知られる。しかしこの偏枯が、もとの禹の神像を示す語であったことは早く忘れられて、それは治水のために山川の間を跋渉し、病みつかれた禹の姿をいうものと解され、『列子』には、禹の治水の労苦をしるして「身体偏枯、手足胼胝《へいち》（たこ）」（〔楊朱〕篇）、からだがすりへり、手足はたこだらけであったという。

洪水神を魚形であらわすことは、夏系の仰韶文化の伝統であったらしく、さきに引いた『山海経』の「魚あり、偏枯、名を魚婦といふ」の文につづいて、「顓頊、死して即ちまた蘇る。風道、北より来たるときは、天すなはち大いに水泉あり。蛇すなはち化して魚となる。これを魚婦となす」とみえる。それは水をよぶ神であったらしい。

これは氐《てい》人国の話としてしるされているのであるが、『山海経』〈海内南経〉にはまた「氐人国は建木の西に在り。その人たるや、人面にして魚身、足なし」という。これが仰韶前期の文様にみえる人面魚身、足のないあの神像をさすものであることは、疑う余地がない。それは顓頊の死してまた蘇る姿とされているが、それならば禹もまた死して蘇る神であったのであろう。

顓頊が「死して即ちまた蘇る神」であったということは、洪水神としての基本的な性格に関している。季節的におそうてくる洪水へのおそれ、またその克服が農耕の豊穣を約束するということからいえば、神もまた死して蘇り、時期によって姿をかえなければならないはずである。それで顓頊のみならず、禹の父である鯀《こん》も、また禹もときによっては変化する神であった。のちに作られた古帝王の系譜では、鯀、禹は顓頊の子孫ということになっている。

鯀はその字の示すように、本態は魚であった。しかしかれが治水のことに従うときには、姿をかえて黄熊《こうゆう》となった。むかし晋の平公が、夢に黄熊があらわれるのをみて、そのことを博学の子産にたずねた話が、『国語』〈晋語八〉にみえている。子産はそのとき、「むかし鯀が帝の命にたごうたのでこれを羽山《うざん》に追放したところ、化して黄熊となり、羽淵に沈んだ。これが夏王朝が天神を祀る郊祭のときに祀られているもので、その祭祀は三代以来絶えることなく行なわれている」と答えた。

禹にも、熊に変形して治水に奔走したという話があることは、すでに述べた。すなわち禹が塗山《とざん》氏の女をめとり、数日をすごしてまた治水のために出かけたが、塗山氏の女があとを追うてその姿を求めると、禹は熊の姿であった。女はおそれて石となったという。熊は治水や生産のための、聖獣とされていたのであろう。

禹が鯀の治水失敗のあとをうけて、それに成功したという話は、本来は死と復活の儀礼に関するものであろう。しかしその話が、禹が洪水神共工を滅ぼしたという話と混同されて、鯀はすなわち共工であるという解釈が、かなり多くの研究者の間に行なわれている。共工の音をつづめると鯀になるというのがその論拠であるが、共工は明らかに異なる系統の洪水神であり、また説話の意味がちがう。死と復活というモチーフと、神話的葛藤とは決して同じでない。顓頊にしても鯀、禹にしても、みな死してまた蘇る神であり、変形する神として伝えられているのである。そしてその本態は魚であり、偏枯、魚婦などとよばれるものであった。

羌系の共工およびその臣などが、みな竜形の神であるのに対して、夏系の洪水神は魚の形を本態として考えられている。禹の字形は、両竜を組み合わせた形であるが、この字が作られたころには、羌系の共工と同じく、竜形の神として考えられるようになっていたのであろう。あるいは、文字が殷人によって作られていることからいえば、殷人は、これを洪水神の一般の形態として、竜形の神と解したのであろう。両竜が組み合わされたその形は、南方の苗人の伏羲・女媧の図像そのままである。この図像を殷人が早くから知っていたことは、殷虚の侯家荘《こうかそう》の一〇〇一号大墓の木室に、伏羲・女媧の図像を描いた痕迹が認められることからも、知ることができる。

　洪水神としての禹を、治水に成功した古代の聖王として伝えたのは、周王朝であった。禹の治績をしるした『書』の〔周書〕や『詩』の大雅諸篇は、みな周人の伝承である。周は陝西から興った種族であるが、その地は夏系の仰韶文化圏にある。周が夏系の文化を継承するものであることは、疑問のないところである。夏殷の革命、殷周の革命は、すなわち夷系と夏系の闘争であり、交替である。それは土器文化の上でいえば、はじめ河南にまでひろく及んでいた夏系の仰韶文化の上に、殷系の竜山文化がそれと重なりながら西進し、その殷をまた夏系の周が滅ぼしたということである。そして殷がその河南西部に進出し

図17　禹

たとき、やはり何らかの形の洪水神話を必要とし、それを受容したであろう。そのときかれらは、洛水とともに黄河に東北流して注ぐ伊水の洪水神話をもつ、伊尹の説話をとり入れたものと思われる。

伊尹の説話は、『呂氏春秋』〔本味〕篇にみえている。むかし有侁氏《ゆうしん》の女子が桑つみをしていたところ、空洞のある桑、すなわち空桑の中に生まれたばかりの嬰児がいるのをみつけ、君に献上した。その君はこれを養育することにしたが、素性をしらべてみると、それはふしぎな話をもつ子であった。その子の母は伊水のほとりに住んでいたが、ある夜、夢に神があらわれて、伊水の流れに臼が流れてくるのをみたら、東の方にひたすら走って、後をふり向いてはならぬと教えた。あくる朝、お告げのように川に臼が流れてくるのをみて、その近隣の人にも危急を知らせ、東に十里走りつづけたところでふりかえってみると、村はすでに大水の中に没していた。女はそのまま空桑の木となり、その中で生まれていたのが伊尹であった。生長するにつれて世にも稀な賢者であったので、湯はこれを有侁氏に乞い求めたが、有侁氏はきき入れない。しかし伊尹も湯につかえたいと思っていたので、湯は有侁氏から妻をめとることにし、伊尹はその妻のつけ人として殷に赴いた。これがその説話であるが、伊尹の生誕説話は、明らかに箱舟型の洪水説話である。ただ人類の祖という類型をとらず、有侁氏の女に従うて殷に赴いたという話となっているのは、有侁氏と殷との結合を示す説話とされているからであろう。

この説話にみえる空桑は、さきの共工が洪水を振滔したという説話のなかにもみえ、空桑というその名に意味があるようである。『礼記』〔明堂位〕に「女媧の笙簧《しやうくわう》」というのがあり、のち葫蘆笙ともいわれるが、それは伏羲・女媧の洪水説話に用いられる葫蘆《ふくべ》から名をえている。また『周礼《しゆらい》』〔大司楽〕に「空桑の琴瑟《きんしつ》」というものがあり、いずれも神事に用いる楽器である。これによると空桑は、葫蘆と同じくその洪水説話にみえる箱舟の意味をもつものであろう。大司楽にいうところは夏至の日に沢中の丘で行なう咸池の舞、すなわち神事的楽舞であったが、他にも神話的な伝承に由来する名をもつ楽器が用いられている。

〔天問〕篇に「成湯、東に巡り　有莘《いうしん》にここに極《いた》る　何ぞかの小臣を乞へるに　吉妃をこれ得たる」、「水浜の木に　かの小子を得たり　それ何ぞこれを悪《にく》みて　有莘の婦に媵《よう》とする」と歌われていることはすでに引いたが、有莘は有侁であり、伊尹の説話をさす。小臣は甲骨文の例でいうと、貴族出身の聖職者である。春秋期に斉の国で作られた叔夷鐘の銘文にも、叔夷の遠祖である湯のことを述べて、「伊小臣これたすく」としるしており、湯の王業は伊尹のたすけによって成就されたことが知られる。

おそらくこの説話は、伊尹とよばれる聖職者が、湯の創業に参加するに至った事情を説くものであろう。その聖職は世襲されたらしく、甲骨文には伊尹五示《じ》（五柱の神）、伊五示、伊二十示又三のような例がみえ、その妃であるらしい伊奭《いせき》も祭祀の対象とされている。古代の王朝には、このような異族の聖職者を参加させることが、必要な条件とされたのであろう。周の創業のときにも、周とは異姓である召公奭が、皇天尹大保という聖者の資格で参加している。

有莘氏の地がどこであるのかは、明らかでない。陳槃《ちんばん》氏の『春秋大事表譔異』〔冊七〕に、「いま考ふべきもの凡そ八」として陝西一、河南五、山東二をあげ、おそらくもと西方の国で、のち河南の伊水のほとりに遷ったものであろうとしているが、説話の内容からみても、もと伊水の洪水説話であり、その洪水神を祀るものから生まれた話であろう。周の文王がこの有莘に娶ったことは『詩』の大雅〔大明〕にみえる。莘は夏と同じく姒《じ》姓であるとする説もあり、夏、周と関係の深い古族である。早くから洪水説話形式の創世神話をもっていたのであろう。伊尹が湯の創業をたすけ、伊尹の後が王と並んでその聖職をつぎ、歴代の祭祀をうけていることは、古代王朝の性格を考える上に参考となる。古代にあっては、王業は聖俗の合体、あるいは聖俗双分の体制を必要としたのであろう。もとより湯王自身も巫祝王の性格をもつものであったことは、王が桑林の社に身を以て旱《ひでり》を祈ったという説話からも知られる。しかしフレーザーのいう「殺される王」のような原始の王から、王朝的規模の時代になると、両者の双分制がとられ、その王権儀礼にあたっては、王が神聖な霊を獲得するのに、授霊者として神に代位する聖職者が必要であった。そしてそのような聖職者には、その地位にふさわしい神話を必要とした。それがこの伊尹の空桑説話であった。

四　伏羲と女媧

河南西部の洪水地帯には、共工をはじめ、鯀、禹や伊尹の説話などが生まれたが、その南方の漢水流域には屈家嶺文化があり、そこには伏羲・女媧の洪水神話があった。伏羲・女媧が中国の文献にあらわれるのはかなり新しく、戦国期以後の『易』や『荘子』、『荀子』など諸子の文に、また女媧は、『楚辞』〔天問〕篇や『山海経』などにみえる。のちの古帝王の説話に、伏羲を上古の三皇のはじめにおくのは、後人が古い帝王を上に重ねてゆく、いわゆる架上説による作為であるが、神話としては、さきに述べた洪水神とともに、古い成立をもつものであった。ただその神話をもつ苗人が、のち次第に追われて南下し、中原との接触が失われて、古い文献に記録されることがなかっただけである。

伏羲・女媧の説話は、のちまでも民間に語り伝えられた、ほとんど唯一のものであろう。それらの諸伝承は、聞一多《ぶんいった》、芮良夫《ぜいりようふ》、常任俠氏らによって採集されており、湘西、川南、貴州、広西、雲南の苗族、傜《よう》族、ロロ族など、古い時代の南人系の諸族の間に残されているものを主として、五十四例が集められている。その共通とするテーマは、太古の大洪水のときに、兄妹あるいは姉弟の二人だけが助かって夫婦となり、人類の始祖となることを骨子とする。兄の名は伏羲、妹の名は Kueh とよばれることが多い。Kueh は媧にあたるものであろう。人類の初生の説話として、洪水遺民の説話形態をもつものである。

洪水神は概ね竜形の神とされ、共工もその臣属とともに、みな竜形とされている。伏羲・女媧の図像も、二竜の組み合わされた形である。漢代の画像石などもみなその形に描かれているが、殷虚侯家荘の大墓木室に、すでにその図像が残されているのであるから、それが本来の形に近いものであろう。中国の神話研究に先駆的な業績をあげた聞一多の「伏羲考」に、古く竜トーテムをもつ部族があったとして、夏、共工をも合わせてあげている。しかし夏系の洪水神は人面魚身であり、もと別系統のものであろう。羌人の神である共工と、苗族の神である伏羲・女媧は、いずれも竜形の神である。そしてこの羌人と苗人とは、また相容れぬ敵対者であった。羌人の故郷である河南西部は、苗人の原住地である漢水の流域と相接している。そこに種族間の闘争が起る。共工は、夏系の説話では禹に殺された神であるが、苗族か

図18　伏羲と女媧

らいえば、共工は天地を傾けた秩序の破壊者であった。

伏羲・女媧の説話が、最も完成された形でしるされているのは『淮南子』〔覧冥訓〕であろう。その文は、古帝王の第一とされる黄帝の治績を述べたのち、「然れどもなほいまだ虙戯《ふくぎ》氏の道に及ばざるなり」として、伏羲・女媧のことに及んでいる。むかし天を支える四極の柱がかたむき、九州は裂け、天はあまねく覆わず、地もすべてを載せることができず、火はいよいよ燃えさかり、水は浩洋として流れてやまず、猛獣や鷙鳥《しちよう》が人を食らうという破滅的な状態となった。そこで女媧は五色の石で蒼天の欠けたところを補修し、鼇《ごう》（大亀）の足を断ってこれで四極を支え、黒竜を殺して冀《き》州（いまの山西、河北）を定め、蘆草を焚いた灰で洪水をうずめふさぎ、天地の秩序ははじめて回復されたという。それはすべて女媧氏の功に帰せられている。

女媧氏はまた、人類の始祖ともされている。女媧がはじめて人を作ったという話は、すでに〔天問〕篇に「女媧の体あるは、たれかこれを制匠する」と歌うように、女媧以前には人がなかったとされているのである。後漢の応劭《おうしょう》の『風俗通』にその話をのせ、はじめ女媧は黄土をまるめて一人ずつ人を作ったが、間に合わないので、のちには縄を泥中に曳いて、はね上げた土をそのまま人にしたという。丁寧に作られたものが富貴の人、泥縄のしぶきになるものは凡庸の人だというのは、もちろん後世の作り話であろう。伏羲・女媧のような対偶神とされているのも、人類初生の説話と関連していよう。それでまた、女媧が禖神《ばいしん》とされていたともいう。

女媧は竜形の神であるが、夏系の人面魚身の洪水神のように、形を変えるという伝承がある。『山海経』に「神十人あり、名を女媧の腸といふ。化して神と為り、栗広《りつくわう》の野に処《を》る」（「大荒西経」）とみえており、これは屍体化生の説話を思わせる話である。また『淮南子』に、女媧は七十たび化するという話（「説林訓」）がみえ、死してまた蘇る神の性格をもっている。おそらく農業神としての一面をもつものであろう。すなわち大地母神的な神であった。

伏羲はまた庖羲《ほうぎ》ともかかれているが、庖はおそらく匏瓜《ほうか》の匏、すなわちひさごであろう。女媧は洪水をふせぐのに葫蘆の灰を用いたが、葫蘆もまたひさごで、壺蘆ともいう。大洪水を免れた女媧は、このひさごの中にいたのであった。おそらく伏羲の原型はこのひさごであり、それは箱舟型の洪水説話であったとみられる。その点では伊尹の空桑説話と関係をもっている。

女媧が竜形神であることは、羌人の共工系の洪水神と同じであり、それとも関係があろう。しかし南方では、越人をはじめ、九嶷《きゅうぎ》山の南に住む哀牢《あいろう》種など、文身に竜を加えるものもあって、竜トーテムが行なわれたのではないかとする説もあり、南方固有のものであろう。共工系の竜形神は、むしろ羌人と苗族との接触を示すものとみられる。共工が治水に失敗し、天地の秩序が失われたとき、女媧がそれを補修したというのは、羌・苗両種族の葛藤を、苗人の立場から説く説話である。羌人はこれに対して、苗族が暴虐であるため帝の怒りを受け、神と人とを分つために天地を開闢したという重黎《ちょうれい》説話、悪虐を制するため岳神伯夷が刑法を制定したという伯夷典刑の説話を以て、苗人に報いた。その二つの説話は、主として『書』の〔呂刑〕にしるされている。〔呂刑〕は呂侯、すなわち姜姓の呂国の伝承を経典化したものである。

竜トーテム的な信仰は、殷人にも深い影響を与えた。天上の神とされる雲や虹はみな竜形であらわされ、たたりをなす精霊も祟《たたり》や䴡《たたり》のようにみな竜形である。自然神を祀ることを祀というが、祀も蛇神、すなわち夜刀《やと》の神をまつるのが原義であった。女媧が「七十たび化す」というのも、蛇の脱皮と生物の蘇生、その農耕儀礼との関係が考えられるかも知れない。殷人がもし竜トーテム的信仰をとり入れていたとすれば、それはおそらく屈家嶺文化の稲作農業と関係があろう。こうして殷もまた、女媧神を奉ずる苗族と深い交渉をもつのである。しかもそのころ、すでに伏羲・女媧を対偶神とし、二竜交合の図像で示すことが行なわれていたようである。侯家荘大墓中の伏羲・女媧像は、そのことを示す明証である。

第三章　南人の異郷

一　南方の楽

中国の古代における南方の文化が、古い起原をもつものであることは、たとえば屈家嶺系統の文化遺址の時期がかなり早く、廟底溝第二層の竜山文化早期の文化に匹敵するものであることからも知られよう。屈家嶺文化に属する河南淅川《せきせん》の黄楝樹《こうとうじゅ》遺址は、放射性炭素の測定値によって4235±95と算定されており、廟底溝の竜山早期文化4275±95と相並ぶ時期のものである。またその系統に属する武昌《ぶしょう》附近の遺址からは、屈家嶺と同じ紅焼土中に多くの稲殻が含まれており、それは水稲種の粳《うるち》であることが知られている。河南の西南部から武漢の一帯にわたって、そこにはすでに水稲耕作が行なわれていたのである。そしてそのような農耕文化の上に、伏羲・女媧の説話が生まれていたのであった。その農耕文化が殷に伝えられるとともに、伏羲・女媧の説話も、殷人に知られるに至ったのであろう。殷の聖職者とされる伊尹の空桑説話も、あるいは南人との接触の上に生まれたものかも知れない。

伊尹の空桑、女媧の葫蘆は、いずれも箱舟型の説話であるが、それは知られているように、ノアの洪水をはじめ、小アジア、ペルシア、インドなどにその類型をみることができる。おそらくその古い世界に行なわれたものが、稲作文化とともに華南の地にも伝えられたものとみられるが、それならば南人の文化は、この先進的な文化を背景とし、河南の中原にまで及んだものと考えてよい。南方を苗蛮の住む未開の地とするのは、中原の文化が高度に達したのちの、中華意識の反映にすぎない。その文化の担持者は、当時南人とよばれる苗族であった。

苗族は古くは南《なん》、あるいは南人とよばれた。南というのは、もと楽器の名であり、それをのち南方の意に借用したのである。その字形は、鼓形の器の上部両端につけた鐶《かん》に紐《ひも》をかけ、上につるしたもので、その上部の鼓面をたたくのである。それで南を鼓《う》つことを示す殸《なん》という字もある。武丁期の甲骨文に、占卜を行なう貞《てい》人に殸という

図 19　南と㲃

ものがあり、またその字を図象標識としてしるす青銅器もあって、この南方の楽を司る職掌のものがあったことも知られる。それは『礼記』〔明堂位〕にみえる「女媧の笙簧」のように、神事の際に用いられたのであろう。『詩』の小雅〔鼓《こ》鍾《しょう》〕に南や磬《けい》（三角形の石の楽器）を鼓することが歌われており、その詩は貴族の死者を弔う葬礼を歌うものであった。また周の貴族の儀礼には、楽器としての南を陳設することも記録されている。南、磬、鼓はみな上から懸けて用いる楽器であり、字の上部はその懸繫する形を示している。苗族が古く南とよばれるのは、この楽器がかれら特有のものであったからである。

南人と殷人との関係は、さきに述べたように、洪水説話や稲作文化の上からも、密接なものがあったと考えられるが、しかし両者の関係は、甲骨文にみえる資料からいえば、必ずしも平和的なものではなかった。殷人は、共工の説話をもつ羌人、伏羲・女媧の説話をもつ苗人とは、むしろはげしい対立関係にあった。対立関係にあるというよりは、それぞれの異族神の間には、宥和という関係がありえなかったのであろう。異族神は識られざる神であり、邪悪をもたらすとする観念が、古代人には支配的であった。それでそのような異種族は、自己の奉ずる守護神の霊を安んずるために、動物犠牲と同じく、神にささげるべきものであった。甲骨文によると、羌人を犠牲に用いることがきわめて多い。ときには数百人、数十人が犠牲とされている。南人ももとより犠牲とされた。しかしその数は、羌人にくらべるとはるかに少ない。それはおそらく、南人がきわめて勇武慓悍な種族であって、牧羊人である羌人のようにたやすく捕獲しえないものであったためか、あるいは甲骨文があらわれる前十四世紀ころには、かれらが殷人と直接に接触する地域をいくらか、退いて、南下していたからであろう。しかしそれでも「祖辛（祖王の名）に八南を侑《すす》めんか」、「九南を祖辛に侑めんか」、「王亥に十南を燎《や》き、十牛三南を卯《さ》かんか」のような例がある。燎は火祭で、犠牲を焚いてその煙を以て天上の諸神を祀るのに用いる祭儀である。また「燎《れう》するに百羊百牛百豕、南五十を沓《きよ》めんか」というのは、南人五十人を犠牲として用意するために、あらかじめ清めの儀式をすることを卜するものである。しかし人身犠牲としては羌人の例がほとんどであり、南人五十人というのは一例のみで、例外的なものとみてよい。

南人をよぶときは単に南というが、楽器としての南は南任《なんじん》というのがその本名である。いまも苗族たちは、その聖器として用いる銅鼓を、南任 Nan-yen とよんでいる。

『礼記《らいき》』に「任は南蛮の楽なり」〔明堂位〕というのは、南任の任をきり放して解したものである。文字の形態学的研究を大成した後漢の許慎《きよしん》の『説文解字《せつもんかいじ》』六下に、南について「草木、南方に至りて、枝任有るなり」というのは、日当りのよい南方に枝が伸びて垂れる意とするもので、これは南と任とを関係づけて説くものである。南任ということばはあったが、その原義はすでに知られていなかったのであろう。

図20　銅鼓

南任すなわち銅鼓は、わが国の銅鐸のように、その用途もあまり明らかでない、特殊な楽器である。この銅鼓と銅鐸の間に、直接の関係があるとは思われないが、その制作、器制、文様の上にいくらか通ずるところがあると考えられるので、しばらくこの特殊な楽器のことを追迹してみよう。わが国の銅鐸がある時期の文化領域を示す象徴的器物であったように、銅鼓は南人の文化領域を象徴するものであった。銅鼓の分布が、伏羲・女媧の説話分布圏と重なり合う関係をもつことも、興味ある課題を含んでいるようである。

苗人の銅鼓については、最も早くは『後漢書《ごかんじょ》』〔馬援《ばえん》伝〕にみえる。馬援が伏波将軍として遠く交阯《こうし》（今のベトナム）を征したとき、交阯において銅鼓を得て、これを以て馬式を作り、相馬の法を論じたとされているもので、おそらく多数の銅鼓を改鋳して馬形の器を作ったのであろう。のちそのことが誤り伝えられて、銅鼓を馬援の作るところとし、馬援が南征したときに、その制作を南人に教えたとする俗伝を生じた。またさらには、三国のとき蜀の諸葛孔明が、深く南蛮不毛の地に入るときに、これを作ってその軍行に用いたとする俗伝などもあるが、これは南人が孔明を尊んで、その祠を作ってこれを祀り、銅鼓を鼓《う》って祭を行なうことから、誤り伝えられたものであろう。

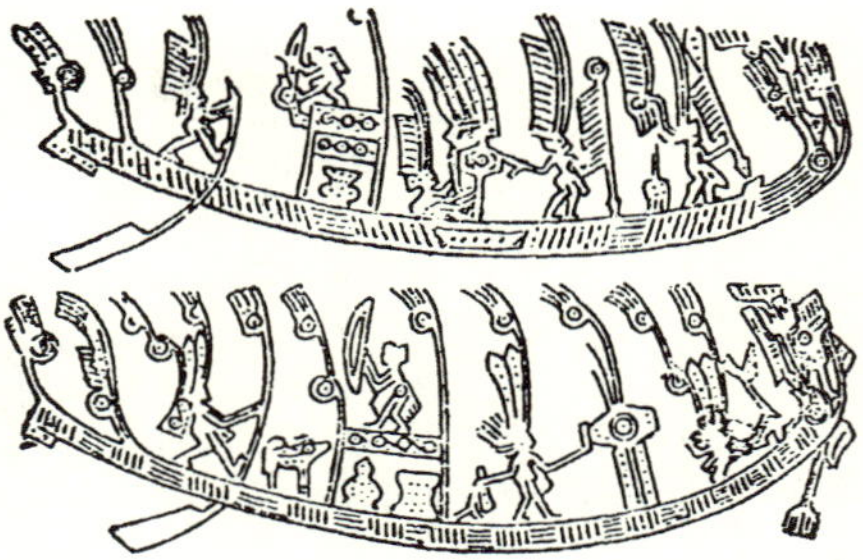

図21　銅鼓文様

銅鼓の制作が、いつのころまで遡りうるのかは明らかでない。しかしその制作、文様などから考えると、それはかなり古い時期のことであろう。古式の銅鼓の文様には、湖上に舟を浮かべ、美しい鳥毛を頭に飾り、剣戈を携え、ときには斬首をさげ、舟上に銅鼓をおき、その上に強弩《きようど》を張る勇ましい姿を鋳こんだものがある。これが苗人の当時の生活を写しているものとすれば、それはかれらがなお江漢の域、雲夢《うんぼう》の大沢のあたりに住んでいたときのこととしなければならない。あるいはそれよりのちとしても、湖南の洞庭湖など、湖水のある地域に、その勇武な生活をつづけていたころのものとみるべきであろう。

銅鼓が神聖な楽器として、祭式などに用いられるものであることは疑いないが、その器制の系統が知られず、殷周の楽器との関係も明らかにされていない。殷には銅鐸があり、その遺品も多く残されているが、それは中に舌をつけた小型のもので、柄を持って上に向けてふり鳴らす形式のものである。わが国の銅鐸とも、その形式は同じでない。わが国の銅鐸は、つり下げて鳴らすものであるが、これも器中に舌があり、ゆり動かしたものである。鋼鼓はその薄手の鋳作や、細い凸線の文様など、わが国の銅鐸に似たところが多いが、舌はなく、つり下げた器の鼓面を上からたたくのである。わが国の銅鐸と関係があるとすれば、それはどこかで両者が分岐して、異制のものとなったのであろう。わが国の銅鐸は、ほぼ前二世紀末以来のものとされている。しかし苗人の銅鼓は、少なくとも戦国期まで遡ることができよう。ピルソンは、春秋期に主として呉楚の地で行なわれた淮《わい》式青銅器の影響を受けたものであろうとしているが、楽器としては、青銅の鋳作が行なわれるはるか以前から、この器制のものがあったことは、甲骨文の南、㱿の字形からも明らかなことである。

殷、周の楽器としては、殷鐸、周鐘が代表的なものである。鐸と鐘とは器制がはなはだ異なるから、直接の関係はないであろうが、鐸から鍾への移行のしかたに問題がある。上に向けてふり鳴らす鐸と、つりさげて横の鼓面、すなわち鉦《しょう》の部分をたたく鐘とは、器制の上で連絡がつかないからである。しかしもしその間に銅鼓を加えると、上向けから下向け、そしてその大型化による器制の展開が、いちおう説明される。狭い廟屋の中で、神をよびおろすのに用いた鐸とちがって、銅鼓は湖上をわたるときのような広闊な場所で用いられた。したがってその器は大型となり、鼓《う》つ形式をもつものとなり、底のない空洞式によって音響も大となる。のちかれらが山谷の間に住むようになってからも、この銅鼓を連絡のために用いたが、その音響は山谷の間にひびきわたって、遠くにまで達するものであったという。

殷鐸と周鐘とを媒介するものが、この南人の銅鼓形の楽器であったという想定は、なお大胆すぎるものであるかも知れない。しかしその想定の理由がないわけではない。

周鐘の最も時期の古いものは、昭王の南征のことをしるしている宗周鐘《そうしゅうしょう》で、おそらく前十世紀の前期、穆《ぼく》王初期のものであろう。器の作者は甫侯《ほこう》、すなわち姜姓の呂《りょ》の国の君である。呂は『書』の〔呂刑〕にみえる神話をもつ国で、〔呂刑〕はまた〔甫刑〕ともよばれる。〔呂刑〕には、苗人の暴虐のため神人が分離し、帝は重黎《ちょうれい》に命じて天地をへだてさせ、姜姓の始祖伯夷に刑法を作らせたという神話的伝承が、経典の形式でのべられている。苗族のもつ伏羲・女媧の説話が、羌人の神である共工を天地の破壊者としているのに対して、羌人は笛を、天地開闢の因をなした暴虐者とみなしている。両者は相容れぬ敵対関係にあった。

周はこの姜姓の諸国と、通婚の関係にある国であった。周が殷を滅ぼして河南に進出したころ、漢水の域には、なお南人の勢力が強く残されており、この方面に有力な征討軍が送られている。武漢に近い安州の孝感から、このときの武将とみられる中氏の一群の銅器が出土し、その南征を記念するものであることが銘文にみえる。この征討の結果、かつて南人に奪われていた姜姓諸族の地が回復され、姜姓の四国がおかれたが、呂はそのうちの一国である。しかしそののちも南人の反攻がつづいたらしく、周の昭王はこの四国を保護するため、漢水の域に親征を試み、その戦いに没した。〔天問〕に王が白雉に逢うて没したとしているのは、おそらく鳥毛をつけた南人と戦ったことを意味していよう。宗周鐘は、その昭王を祀るための祭器として作られたものである。作器者の呂は、つねに苗人の進攻に苦しんでいたのであろう。苗人の暴虐を説く『書』の〔呂刑〕にみえる神話は、このような背景の中で文献化されたものである。

この宗周鐘が周鐘のはじめのものであるとすれば、その器制は、南人と直接に相対する姜姓の呂国にはじまるものとなる。かりにこの器よりさきに鐘形式の楽器が起っていたとしても、それは銅鼓の知識をもつ姜姓国を介して、周に伝えられたものであろう。かれらがそのすぐれた青銅器制作の技術を以て、上からつり下げるための甬《よう》部を含む廟中の楽器を作るとすれば、当然鼓面は横に移されて鉦部となる。こうして鐘の器制は容易にえられるのである。

周鍾はのちに、大林、林鍾《りんしょう》のように、林をつけてよぶことが多い。『国語』〔周語下〕に、周の景王が大林を鋳た話がしるされている。林は苗人が銅鼓をよぶ南任 Nan-yen の任の中国音 ren と同系の音で、周人は銅鼓のことを単に任とよぶこともあったから、銅鼓の任と周鐘の林とは同源の語である。ただ南人たちが、いつごろからこの銅鼓形の楽器を青銅化したかは、よく知られない。かれらの文化には、他に特にいうべき青銅器文化がみられないからである。おそらく古くは木や皮で作っていたものと思われ、いまも雲南には木鼓を社の祭に用いているところがある。しかしこのように、殷周文化とかれらとの接触がすでに早くからあったことからいえば、その時期は意外に古いかも知れない。少なくともそれは、かれらがなお江漢の域、あるいは雲夢・洞庭の湖上に、舟を走らせて闊達な活躍を示していた時代のことであろう。

二　銅鼓文化圏

銅鼓の研究は早くわが国人によってはじめられ、松崎慊堂《こうどう》の『銅鼓考』は文久二（一八六二）年に成り、諸葛武侯制作説をしりぞけて、それは西南蛮夷固有の楽器であることを論じている。明治に入って大給恒《おぎゅうこう》の『古銅鼓考』（一八八五年）があり、銅版の美しい図を添えている。のち鳥居龍蔵が『苗族調査報告』（一九〇二年）を書いて、実地の見聞をしるし、文献の捜集をも試みた。それはホロート（一八九八年）、ヘーゲル（一九〇二年）など西洋の学者の研究よりも早く、あるいはそれと前後している。銅鼓はわが国の銅鐸との関係ということもあって、その文化はわれわれの深い関心をよぶのである。

ヘーゲルは銅鼓の形式を四種五式に分ち、その時期編年を論じたが、その後の出土も多く、形式と時期との関係も次第に明らかとなった。すなわちヘーゲルが第一式甲類とする大型古式のものは、湖北、湖南、江西、四川に多く、それより広東、広西、また貴州、雲南に及んで次第に後期の形式となる。それは銅鼓文化の移動のあとを示すものとしてよく、同時に苗系諸族の南下、その敗退の記録でもある。第一式のものは、出土地の伴出物によって、春秋末期にまで遡りうるとする人もあり、少なくとも戦国期には大いに行なわれたとしてよいであろう。『戦国策』〔魏策〕によると、そのころ苗系の諸族は洞庭・彭蠡《ほうれい》の両湖の間にあったという。わが国の銅鐸文化は前二世紀末にはじまるのであるから、それより三、四百年前には、江南に銅鼓の文化があったわけである。

湖北、江西などから出土する第一式の古式銅器は、概ね鄭重に地下に埋蔵されており、何らかの理由によって秘匿されたものか、あるいはその地を放棄して去るに当って、一時埋匿したものであろうとされている。わが国の銅鐸も同じような出土事情をもつものであるから、両者の間には共通した理由があるかも知れない。苗族の場合、それはかれらが早くからもっていた稲作農耕と関係があると思われる。わが国の銅鐸文化が、稲作の行なわれはじめた前三世紀末に、すぐひきつづいて起っていることも、その関連性を示唆するところがあろう。

このことを考えるのには、銅鐸の場合と同じく、銅鼓の文様に注意する必要がある。そこに何らかの手がかりがあるかも知れない。第一式をはじめ、第三式に至る銅鼓の文様の特色は、その鼓面の周辺近く、四個の蛙の飾をつけていることである。ときには同数の小鳥をその間に配することもあるが、この蛙がまず最も重要なものとされている。その蛙が鼓面にあるということは、埋蔵から掘り出されるときに、まずその蛙形が地上にあらわれるということである。蛙は冬には地下に眠り、春とともにめざめる。春耕のさきぶれともみられるものである。おそらく鼓面に蛙を飾る意匠は、その春耕の儀礼に関係があるのであろう。すなわちすべてのものが、死から新たに蘇るという意味をもつものであろう。それで鼓面の中央には、星形の太陽とそれから放射する十数条の光を加えている。新しく掘り出された銅鼓は、大地の生成力の蘇りを示す蛙が、その放射状の太陽の光の中で跳ねおどる形であらわれる。おそらくはそのとき、伏羲・女媧による大地の新たな造成、七十たび化すといわれる女媧の復活の儀式なども、行なわれたことであろう。銅鼓は、南人の稲作耕作の儀礼に用いられる聖器であり、その鼓音は、あらゆるものの生命を蘇らせ、発動させるものであったと思われる。

地中に埋められていた銅鼓は、春の生命力を蘇らせるものであった。おそらくわが国の銅鐸も、その機能において、銅鼓と同じ意味をもつものであろう。両者の間には、類似というよりも、もっと深い親縁の関係があるかも知れない。両者はいずれも稲作儀礼に関する聖器であるということ、出土状態からみても、地中にあることが器の機能に関する方法であるらしいことなど、器のありかたに共通するところがみられるからである。わが国の古代文化は、稲作文化をはじめ、住居、衣服、習俗などにおいて、集合文化的に最も江南系に近いとされているが、それは具体的には苗系の諸族にはなはだ似ているのである。それでわれわれとしては、その銅鼓文化圏について、やはり深い関心をもたざるをえない。

銅鼓の文化の行方は、その後の南人の消息を示している。いま苗人は四川、湖南、広西、広東、雲南、貴州の各省に分布し、その人口は約三百二十万、なお境外のビルマ東北、タイ北部、ラオス東北、ベトナムの山地などに十余万を数える。湖南、貴州、広西、雲南にそれぞれ苗族自治県があり、広西では僮《どう》族自治区の一部をなしている。

他にも同系諸族の自治区がある。銅鼓はそれらの各地にわたっている。境外ではベトナム、カンボジア、タイより東インド諸島などに及んでいるが、それらは後の退化形式のもので、南人のものではない。南人の子孫たちは、いま中国西南部の山深い地域に、その銅鼓文化とともに退くことを余儀なくされている。

しかし南人たちは、もと勇武な種族であった。古式の銅鼓文様に、武装した戦士たちの姿がみられ、また馘首《かくしゆ》を携えている武人を描くものがある。それでこれを、北ボルネオのダヤク族が、死者の霊を冥界に運ぶときの舟の図と比較して、その類似を説く人もある。また武人が頭につけている羽飾を、鳥トーテムを示すものとする人もあるが、その図はやはり戦う武人の姿とみられる。それで凌純声《りようじゆんせい》は、これを『楚辞』の祭祀歌謡である九歌のうち、戦死者を弔う〔国殤《こくしよう》〕、送神の曲である〔礼魂《れいこん》〕の二篇と関連させて、馘首を携えている武人の姿は、異族の首によって悪邪をはらう馘首祭梟《さいきよう》の俗を示すものであって、〔国殤〕と〔礼魂〕はその舞踏歌であると解している。

苗系の種族のうちには、のちまでも生苗として馘首祭梟の俗をもちつづけたものもあるが、しかし馘首祭梟は特定の目的のために若干の犠牲を求めるもので、文様の図にみられるように各人が馘首をもつことは一般でなく、これは戦闘の場合を示すとすべきであろう。殷人は多く羌人を犠牲とし、その宮廟や陵墓に多数の断首葬を行なっている。しかし苗族にはそのような習俗はなく、この銅鼓文様のごときも、かれらが雲夢の大沢によって、湖上を自在に作戦していた当時の武勇のさまを伝えるものであろう。もとより銅鼓は祭器であり、聖器であった。それでこのような文様に鎮魂的な意味を含みうることはいうまでもないが、それが祭梟のためのものでないことは明らかである。

舟上の武人が長い羽飾を用いているのは、鳥トーテムというよりも、この地に多い鳳系の鳥羽を、武装として用いたものであろう。南人系のトーテムとしては、のちにいうように、かれらが犬首の神槃瓠《ばんこ》の子孫として、犬をトーテムとしていたことが知られている。さきにあげた周初の中氏諸器は、宋のとき湖北の安州から出土して安州六器とよばれるものであるが、このとき中氏はその功によって、生鳳を賜うたことが銘文にしるされている。その字形には、鳳尾のところに孔雀の羽の眼飾を加えており、生鳳とは孔雀の類であるかも知れない。鳥は神霊を示すものとして、殷周の青銅器にも早くから文様として用いられており、特に西周の中期、昭王・穆王期の青銅器には、器の全体に華麗な鳳文を加え、ときには鳥尾に眼飾を加えたものもある。南征の行なわれた時期であるから、青銅器の文様の上にも、南方的な要素がゆたかとなっているのであろう。

宋のころ、また湖南の麻陽《まよう》で水中から銅鼓が発見された。それも舟上に武人を配した文様のものであったらしい。麻陽は武陵山脈の南部に近く、苗系の渓《けい》族の住む地で、いまも湘《しょう》西苗族自治区として、漢人の支配を免れている地域である。晋の陶淵明の曾祖父とされる陶侃《とうがん》は、晋の大将軍の地位にまでのぼり、一時は晋室を奪う野望をもつといわれた人であるが、世人からは渓狗《けいく》という蔭口を受けていた。渓族は槃瓠の裔であり、犬首の神を祀るもので、その家系には渓族の血が流れているとされたのであろう。淵明が「桃花源記」に描写した世界は、決して無何有のユートピアではない。そこには古い神話の生活が、なお生きていたのであろう。

苗族はいま東南の深山幽谷の間に、古い時代の生活をそのままつづけている。かれらはかつて江南の地にあって、北方の諸族に果敢な抵抗を試みていた南人の裔であるが、のち逐われて次第に南下し、その故地には聖器としての銅鼓が地下に残されたままであった。江南の文化は、かつてかれらが伏羲・女媧の創世神話をもち、稲作農業を行ない、銅鼓を聖器とする多彩なものであった。中国の古代文化、神話形成の上に、かれらは大きな足迹を残している。

苗系の諸族が去ったあとにこの地に進出してきたものは、おそらく青蓮崗文化をもつ楚であろう。淮水の下流、安徽・江蘇の地に栄えたこの土器文化は、殷の竜山文化とならぶほどの古い文化であるが、楚は中原の周王朝に対して、みずから「我は蛮夷なり」（『史記』〈楚世家〉）としてその規制を拒否した、独自の文化と伝統とをもっている。したがってこの異種族は、苗族の犬首の神とともに、悪神の住む国、饕餮《とうてつ》の国とされた。江南の神話とその古代文化を考えるとき、かれらの消息を除外することはできない。

三　饕餮の国

中国の神話が、その形をかえて多く経書の中にかくされていることは、すでにマスペロの指摘するところであった。『書』の中には、マスペロが指摘したほかにも、なおいくつかの神話を見出だすことができるが、そのためには、失われた神話がどのようなものであったか、それを回復し、その性格を考えておくことが必要である。それでなくては、そのかくされている神話を見出だすことはできないからである。

古聖王とされる尭《ぎよう》・舜《しゆん》の治績として述べられている『書』の〔尭典〕には、特に神話に取材したものが多い。尭をついだ舜が天下を治めるに当って、まず悪神を四方に放ち、これをいわば「塞《さや》ります神」として四極を守らせたという四凶放竄《ほうざん》の説話なども、異民族の奉ずる神に対する、中原の統治者の態度を示したものであろう。舜は位に即くと共工を幽州に流し、驩兜《かんとう》を崇《すう》山に放ち、三苗を三危（山名）に竄《ざん》し、鯀《こん》を羽山に殛《ころ》し、この四凶を放竄することによって、天下がことごとく服したという。悪神は内にあっては邪悪の神であるが、外に対しては四境の守護神となるという考えかたである。このような四極観は『左伝』〔文公十八年〕にもみえ、その方が古伝であるかも知れない。『左伝』にはその神名を渾敦《こんとん》、窮奇《きゆうき》、檮杌《とうごつ》、饕餮《とうてつ》としている。みな動物的な形像をもつ怪神である。これらの神名については、漢代の注釈家以来、多くの説があるが、それらが四方の異種族の神々であることは明らかである。

〔尭典〕にしるされている悪神のうち、鯀《こん》は夏系の奉ずる洪水神、共工は西方の羌人の奉ずる洪水神であり、いずれも治水に失敗した神であることは、すでに洪水説話のところで述べた。また三苗は、苗系の諸族をそのまま悪神としている。ただ驩兜とよばれる神は、南蛮の神とされるのみで、実態が知られない。それは『書』の〔尭典〕によると、共工を推挙した人の名とされている。南方の神としては、『左伝』にいう檮杌、饕餮の方が、ふさわしいのではないかと思われる。檮杌、饕餮という語は、いずれも楚の方言から出ていると考えられるからである。檮杌というのは、楚の国の歴史をいう語である。魯の国で春秋、晋の国では乗《じょう》とよばれているその国の記録を、楚では檮杌とよんでいた。檮杌は虎形の怪神で、『神異経』〔西荒経〕には虎に似て毛の長さ二尺、人面虎足にして猪牙、尾の長さは丈六尺、闘うことを好んで退くことを知らぬものであるという。これを歴史書の名に用いるのは、その呪霊によって邪悪を祓うというような意味が、あるのかも知れない。

饕餮は、檮杌という語と似たところがある。『荀子』〔栄辱〕篇に陶《とう》誕《たん》というのも、檮杌のことである。饕餮も獣の名で、身は牛の如くにして人面、目は腋の下にあり、人を食うものであるとされている。『山海経』〔北山経〕にもその獣のことをしるして、羊身にして人面、その目は腋の下にあり、虎歯にして人爪、その音は嬰児のようであり、人を食らうという。いずれも虎に似た獣であることが注目される。殷周の古銅器に多く用いられる文様に、饕餮文とよばれるものがあって、その形は虎をモチーフと

図22　乳虎卣

するものであると思われる。

住友の泉屋博古館に乳虎卣《にゅうこゆう》とよばれる青銅器があり、酒を入れる器であるが、器の全体は虎の形をしためずらしい制作のものである。その胸には、一人の異族人らしい男をかかえている。この器が乳虎卣とよばれるのは、虎が嬰児に乳を与えている形であるとされるからであり、楚の国の古い伝説を背景としている。『左伝』〔定公四年〕に、楚の国の子文が、むかし虎に養われたというロムルスのような話がある。子文の母は、子文が私通の子であることを恥じて、これを雲夢の沢中に棄てたところ、虎があらわれて乳を与えるのをみて、その子が非常の子であることをさとり、収めてこれを養うことにした。のち果たして楚の宰相である令尹《れいいん》となった。それで楚の人は子文のことを乳穀《にゅうこく》といい、また闘穀於兎《とうこくおと》と名づけたという。博古館の乳虎卣は、その器形が子文の故事をあらわすものとして名づけられたものであるが、しかしこの子文は春秋中期の人であり、その卣は殷代の器と考えられるものである。子文の話が、殷器の制作のモチーフにあらわれることはありえない。

　於兎は楚の語で虎を意味する。わが国で寅《とら》年の生まれの人に、於兎という名をつけることがあるのも、虎の異名であるからである。於兎はまた於択《おたく》とされることもあり、兎や択は楚の語で虎をあらわすのであろう。前漢の揚雄《ようゆう》が、当時の方言を集めた『方言』によると、江淮南楚の間では、虎のことを䖘《と》というとしるしている。その実際の音は、『方言』に注した晋の郭璞《かくはく》の説によると、狗竇《くとく》であるとしるしている。その語はいまもなお残されていて、苗族ではt'ou、苗系とみられる広西、広東の僮《どう》族はku-tailahとよぶ。松本信広氏によると、kuというのは一種の冠詞、その語根はtaiであるから、於兎や䖘はその語根をうつし、狗竇は冠詞をふくめてその語を写したものである。

　また松本氏の説によると、ベトナム北部のカス・コン族は、虎をtihelaとよび、その語は国語のトラの語源であろうという。苗族も楚人も、虎を同じ語でよんだとすれば、この両族の間には、ことばの上にも深い関係があるとしなければならない。またこの語が、苗系のイネとともにわが国語となっているとすれば、わが国とこの江南系の古文化との間にも、やはり親縁の関係があるのであろう。

子文の話は、ロムルスのそれのように、その養い親である虎をトーテムとするような観念の反映であろう。饕餮がそのトーテム的形象であったと考えられる。饕餮は青銅器の文様として、殷より周初におよぶ殷周期に、最もさかんに行なわれていたものである。おそらく殷周においてもそれを霊獣とする観念があって、その呪能を以て祭器の神聖性を護り、祭式を厳かにしようとすることから、この饕餮文が、祭器の文様として多く用いられたのであろう。四凶放竄の説話にみえる檮杌や饕餮は、楚において虎をいう語であり、その保護霊と考えられているものであって、殷周においては、それはこの南方異族の文様的な表現であったのであろう。そのような殷周以来の異族神饕餮という観念の上に、『書』の〔舜典〕の四凶放竄のような説話として、これを四極に放つ修祓の儀礼が経典化されるのである。

楚が饕餮の国として、殷周の王朝人に意識されていたとすれば、楚はきわめて古い時代から、南方の異族として、また虎トーテムをもつものとして知られていたはずである。おそらくそのような楚の文化の基盤をなしたものは、早く殷の竜山文化の東南に位置していた青蓮崗の文化であろう。その文化は、殷の竜山文化とならぶほどの、古い時期のものである。

　楚と苗族とがどのような関係にあったか、また楚がこれに代る勢力として擡頭した事情などはよく知られないが、おそらく苗から楚に伝えられた稲作農業が、楚においてより好適な条件をえたであろうことは、容易に推測される。しかし楚と苗とは、必ずしも親しい関係ではなく、楚が苗系と羌系との確執に乗じて、西方に進出したらしいことが推測される。羌人と苗人との闘争は、共工と伏羲・女媧の説話という形ですでにあらわれているが、天地の開闢ということも、両者の対立のために起ったとされている。『書』の〔呂刑〕には、苗民が暴虐にして天帝の命を用いないので、帝は怒って神と人との世界を隔絶することとし、重黎《ちようれい》に命じて天地をへだてさせたという、いわゆる重黎説話がしるされている。この重黎は、『史記』の〔楚世家〕の系譜によると、重と黎という二人の祖神の名とされている。それがもし楚の古い伝承であるとすると、天帝に命ぜられて天地をへだてたのは、楚の祖神である重と黎であるということになる。このような説話は必ずしも史実を反映するものではないとしても、天地の開闢が同時に羌、苗の隔絶であり、それが楚の祖神によって行なわれたとするのは、両者をへだてるものが楚の勢力の進出であり、介在であったと解することができよう。すなわち東方の青蓮崗文化をもつ楚族が西進して、やがて雲夢のほとりに達するころ、苗人は南下を余儀なくされたであろう。そしてその後に、新しく楚があらわれ、漢水の域にまで及んだ。西周の後期以後には、周はその勢力に脅かされるようになる。

重黎の開闢説話とならんで、もう一つの開闢説話がある。それは長人盤古の説話である。『日本書紀』の冒頭に天地開闢をしるす文は、よく知られているように『三五暦記』を引いたものである。『紀』にはその天地陰陽のわかれる以前が「鶏《とり》の子」のごとくであるというところだけを引いているが、その原文にはつづいて盤古の説話がしるされている。盤古は、その卵のような状態の中に生まれた。そして一日に九たび変じ、日に一丈ずつ生長した。天も地も、一日に一丈ずつその高さと深さとを加えた。そして一万八千歳ののち、いずれもその極点に達したとするのである。この長人盤古の説話は、重黎説話よりも古色を存しており、この方が古い伝承であるかも知れない。わが国では大地の造成を島生み、国引き形式で説いている。

盤古説話には、開闢説話とともに、また屍体化生説話がある。長人盤古が死するや、その気は風雲となり、声は雷霆《らいてい》となり、左眼は日、右眼は月となった。四肢五体は四極五岳、血液は江河、筋脈は地理に、肌肉《きにく》は田土となり、髪は星と乱れ、皮毛は草木と化し、歯骨は金玉に、精髄《せいずい》は珠石に、汗は雨となって散ったという。このような屍体化生の説話は、南方の諸島にひろく行なわれているもので、この盤古化生の説話もその系統のものであろう。わが国にもオホゲツヒメの屍体から、さまざまの穀物が生ずる話がみえるが、それはおそらく朝鮮半島の同種の説話と関係があるらしく、半島を経由してきたものであろう。たとえば金沢庄三郎博士によると、オホゲツヒメの「陰《ほと》に麦生《な》り」というのは、韓語で陰 pochi と麦 pori との音の類似から出ているという。そしてその原型は、おそらくこの江南に発するものと思われる。松村武雄博士のように、わが国の化生説話をわが国の自生のものとする人もあるが、この説話の形態はもともと稲作文化的なものであり、外来のものである。

盤古ということばは、苗族が祖神とする犬首の神である槃瓠の名と、関係があるかも知れない。すなわち盤古の説話は、もと苗族によって伝えられていた開闢説話であり、化生説話であったかも知れない。また盤古・槃瓠は、伏羲と同じ語源ではないかという説もあり、これもまた捨てがたいところがある。それはいずれも、早い稲作地帯に生まれたものと思われるからである。苗族の地にやがて楚が進出し、苗族が次第に西南の山地に退いたのち、その伝承が楚国に残されたものとみることもできよう。楚は神話的な諸伝承の流れこんだ、淵叢の地であった。楚に多くの神話伝承が伝えられたことは、『楚辞』の〔天問〕篇によっても知ることができる。また春秋戦国より秦漢にわたって、楚地の古墓からは、怪獣の姿をした墓鎮や、帛画、漆棺に画かれた霊界の生活など、神話を背景とする遺物が多く残されている。饕餮の国とされた楚は、古代の神話が最後まで生き残った地である。

四　石寨山の文化

楚に追われた苗族は次第に南下し、また秦漢帝国の時代にはその統一政策の犠牲となって、遠く西南の山地に退いた。その西南の果ては雲南である。そこにはまた、古い時代に湖北、四川の地にあった氐《てい》人が、同じく秦漢のころから南下し、そこに両者の習合したふしぎな文化が生まれた。銅鼓文化が流れついたこの地に、銅鼓文化をとり入れて作られた貯貝器を生んだ青銅器文化がある。北方からも、スキタイ系かと思われる文化が、ここに流入している。中国文化の西のふきだまりのようなこの地が、漢のときには滇《てん》王の支配する国として、一つの文化圏をなしていた。その遺址が、昆《こん》明《めい》の南にひらける滇池の南岸、晋寧《しんねい》城西の石寨山《せきさいざん》の古墓から発見されている。そこが滇王の古国であったことは、墓中から出土した「滇王之印」と刻する金印によって明らかにされた。この金印は、わが国の倭奴王に、後漢の光武帝が与えたという金印と同じく、つまみの鈕《ちゆう》が蛇のわだかまる形に作られており、いわゆる蛇鈕印《だちゆういん》で、漢が蛮夷の国に対して与えたものである。記録によると、前漢の武帝の元封二（前一〇九）年、滇王蒙羌《もうきよう》が漢に降ったとき、「滇王之印」の四字を刻した金印を与えたとしるされており、それとは印刻の文が異なるから、あるいはその後のものであるかも知れない。東と西と、同じくアジアの古代文化のふきだまりのようなところに、同じ蛇鈕金印が残されているというのも、ふしぎな話である。

図 23　貯貝器蓋飾

ふしぎなことといえば、この古墓の文化には、わが国の古俗と似たところが、またいくつかある。かれらは儀器としての銅剣や銅矛を好んだらしく、その遺物が多い。銅鈴を呪的な轡飾《ひしよく》に用いたらしいものがある。銅鼓から変形した貯貝器は子安貝を入れるもので、かれらも子安貝の信仰をもっていたことが知られる。その貯貝器の蓋の飾に、人物や家屋、器具類が加えられているが、その家屋の形は、わが国の埴輪や、銅鐸、銅鏡の文様にみえる形式のものと同じく、棟の上部が上に大きく開き、また器の側面には、その下部を校倉《あぜくら》形式に作るものがある。その家屋をめぐって多くの人物像があり、蓋飾のものは多く膝をまげて坐っている。また胴側のものはそれぞれ立ちはたらいている姿であるが、男は細い腰紐のような帯をしめ、女は筒袖で垂れ髪を束ね、頭上に壺などを載せて物を運ぶ。いずれもはだしである。その風俗は、古書に描かれている苗族のそれとも似たところがある。

銅鼓の文化はここにまで及んでいるが、鼓面には星形の太陽と、その周囲に鶴のように首の長い鳥を配している。しかしその胴部、腰部の側面には、苗人の古式銅鼓にみられるような舟上の武人を描く。みな長毛の羽飾を頭に飾る。他に武器や、動物の争闘を示すみごとな青銅器があり、その形式、手法において北方のスキタイ系かと思われるものが多い。おどろくべきほどの混合文化である。この文化はどこからきているのか、かれらが神話的伝承のうちにもそのあとを残しているとすれば、どのような種族であるのか、そのことをしばらく考えてみることにしよう。

この石寨山古墓の文化が、苗人の文化と深い関係をもつらしいことからいえば、かれらはおそらくその古い隣人であろう。古代文化として、屈家嶺文化に隣接するものとしては、四川巫山の渓谷に多く遺址を残している大渓文化を考えることができよう。その遺址は、湖北西部の宜昌《ぎしょう》から四川東部の忠県にわたって分布するものであり、下層に粗陶、上層に黒陶、紅陶、ときには彩陶を含んでおり、当時の中原文化の影響が著しい。しかしその石器には、半磨製、磨製のものが多く、紡績車の類もあり、農耕、紡織の文化をもつものであったことが知られる。長江上流の遺物にもその特徴が認められ、この地域は古く一つの文化圏をなすものであった。その文化をもつ種族が氐《てい》系のものであることは、のちの歴史にあらわれる氐人の活躍からも知ることができる。

氐は古い文献には氐羌と並称されていることが多い。大渓文化は、その東北に苗人の屈家嶺文化、北に羌人の彩陶文化があったが、苗族が南方に退くとともに、氐羌を西方の族として並称するに至ったものであろう。『山海経』〔海内経〕に、伯夷父が西岳を生み、西岳が先竜を生み、先竜が始めて氐羌を生んだという。伯夷父はおそらく岳神伯夷で、羌人の祖神とされるものであるから、氐はその支族であろう。姜姓に対して、氐は允姓《いんせい》であるとされている。それならば、河南の西部にいた陸渾《りくこん》の戎《じゅう》とよばれるものと同姓であり、西戎の一種族ということになる。

『山海経』〔海内南経〕にはまた、「氐人国は建木の西にあり、その人たるや、人面にして魚身、足なし」という。これは禹の初名と思われる偏枯と同じ図像で、前期仰韶土器の文様にみえるところである。また〔大荒西経〕にいう互《ご》人は氐人の誤りと思われるものであるが、同じく「人面魚身」であるとし、姜姓の後であるという。夏系の洪水神像をもち、種族としては羌の支族であったらしい。氐人の酋長たちは、のちにも好んで蒙羌、姜樊噲《はんかい》のように、みずから羌、姜ということが多い。夏、羌は同じく彩陶文化をもつものであるから、氐もそれらと親縁の関係にあったのであろう。そしてその上に、のちに至って銅鼓文化圏との関係をもつに至っている。その文化が多様な混合形式のものとなるのは当然である。

晋寧の石寨山漢墓は、前漢の早期、中期にわたるものとされており、なお紀元前のものである。かれらは大渓文化の故地から、長江を遡って遠くこの雲南の地に達したのであろう。銅鼓文化は、その東方、広西からもたらされたものであることが、その分布する器の形式によって確かめられる。しかしかれらは、苗人の銅鼓をそのまま摸倣することをしないで、貯貝器というその変形器を作っている。器制をそのまま受容しないということは、その器制のもつ文化の意味を拒否することである。かれらは、わが国の古文化が、銅鼓の器制をそのまま受容することを拒否したように、銅鼓のもつ機能性を拒否したのであろう。

この文化的にも不羈なる性格をもつ氐人が外族の征服を受けたのは、漢の武帝の元鼎六（前一一一）年のことである。当時この地を視察した司馬遷は、『史記』の〈西南夷列伝〉にその見聞を詳しく報告している。当時の西南夷には数十の君長が独立しており、そのうち夜郎《やろう》が最も強盛で誇り高く、「夜郎自大」という語を生んだ。その俗には、髪を上に束ねた戴髻《たいけい》のものがあり、後に下げた編髪のものもあるというが、貯貝器の文様にみえる風俗と同じである。

滇池の北端に昆明があり、ここよりビルマルートを経てインドに達する交通路は、おそらくよほど古い時代から開かれていたのであろう。中国と南方との交通は、海路が開かれる以前には、南人と氐人とがその経路にあたっている。農耕文化をはじめ、インド、ビルマとの交通を予想させる古代文化の波及は、おそらくここを通じて行なわれたであろう。西方の洪水説話の形態も、あるいはこの通路によってもたらされたものであるかも知れない。

氏系の一支族とみられるモソ族は、特殊な象形文字をもつものとして知られている。金沙江《きんさ》上流の西部、雲南の西北部から西康省にかけての地には、かつてモソ王国が建てられ、久しく独立的な生活をつづけた。その地の巫師《トンバ》たちによって伝承されているかれらの洪水説話は、李霖燦《りりんさん》や西田龍雄氏によって詳しく紹介されている。

その洪水は、五人の兄弟と六人の姉妹とが通婚し、それを天地を汚す不倫の行為とする神の怒りによって起った。大神は怒りのあまり、猪に身を変えてかれらの耕田を荒らすが、誤ってわなにかかってうちたおされる。兄弟のうちの一人ツォ・ゼ・ル・ウがこれを助けると、大神は洪水の起ることを予言し、白い犛牛《りぎゅう》の革袋を作り、それに家畜や糧食、器具などを入れ、自分もその中に隠れよ、七か月と十三日の夜に、お前は救われるであろうと教える。この革袋は、いまもかれらがこの地の水流をわたって移動するときに用いる、交通の方法である。

三日後に果たして天地の間に異変が起り、山は崩れ、濁水は天にはびこるという状態となって、大神をうちのめした者たちはみな死んでしまう。このとき大神は九種の木で木偶を作ったが、手足をつけ忘れたのでみな妖精となった。一人残されたツォ・ゼ・ル・ウは、友人を求めて彷徨するうちに、一匹の鼠に出あう。鼠はかれに向って、天にそそり立つ崖下のほとりに、二人の天女がいる。その一人の、横の眼の天女の羽衣を切り放てと教えるが、かれは誤って縦の眼の天女の羽衣を切る。羽衣を切られて飛翔の術を失った天女は、やむなく男と結婚するが、この女は水も飲まず、食事もしないので、生み落とした猪、熊、蛙、蛇、猿などとともに、深山の中に捨てて去る。

そこへまた鼠があらわれて、水浴みをしている天女ツェ・フン・ボ・パとともに、天上にゆくことを教え、このたびは首尾よく上天する。しかし天女の両親は下界の男を伴ってきたことを怒り、男をとらえて高楼に幽閉し、竹籠をかぶせてしまう。男はそこで天女の父の数多い試練をうけるが、天女の教えで、九本の刀の上をわたり、九つの丘を一日で開き、九つの森を一度に焼畑にし、一日で種蒔きを終え、また刈り入れることなどに成功する。最後に天女の父は、男を魚を捕りに湖へつれ出し、つき落として殺そうとするが、これも天女の教えで難を免れる。こうして男はその家系を名のり、洪水で滅びた地上の最初の夫婦となることを許される。そして三人の子を生んだが、その長男はチベット、次男はモソ、三男は民家人の祖となった。民家人とは、大理、昆明の住人たちである。

この説話は、わが国のスセリヒメとオホナムチの説話に似ており、かれらの先祖と、山峡の間に焼畑耕作をつづけるかれらの生活とが語られている。南人の洪水説話がはなはだ神話的なものであるのにくらべると、民話的な要素もゆたかであり、羽衣説話なども含まれていて、複雑な構成をとっている。

モソ族の象形文字はよく知られており、このような説話もその文字でしるされているが、近接のロロ族にも同系統の文字があって、経典の書写などもその字で行なわれている。両者はいずれもビルマ・ロロ語群に属し、みな単音節語である。ビルマをも含めて、西南語系を構成するかれらが、南方の文化の伝達者であったことは、十分に推測しうるのである。

苗系の諸族は有力な国家を形成することはなかったが、氐、羌の諸族は、その本拠に強大な国家を作り、中原の争乱に乗じて失地の回復を試みた。特に氐人は、その大渓文化以来、他の文化の受容にも積極的な活力に富む種族であり、五胡十六国時代に前秦、後涼、成漢の諸国を建て、のち南詔、大理として強盛を誇った。元の征服を受けて以来久しく衰微したが、清末にはイスラム教徒叛乱の一拠点ともなった。

モソ語はまた西夏語に近く、タングートと深い関係をもつようである。モソ族のすぐ北には、ミ・ニャック族といわれる黒タングート族があり、その南にロロ族がいた。

いずれも独立不羈の精神をもつ種族であるが、古い時代の伝承は知られない。神話的な問題としてはモソ族の洪水創世神話、また文化遺址としては晋寧石寨山の漢墓があり、その漢墓の調査は『雲南晋寧石寨山墓群発掘報告』として出版されている。スキタイ的な感じの透き雕りの銅飾、トンガリ帽の騎馬武人など、その文化は中原の漢代文化と異なり、はなはだ異色に富むものである。

かれらの種族関係ははなはだ複雑であり、その系統論も多岐を極めている。たとえば雲南では諸族の雑居するものが、民国初年の謝彬《しゃひん》の『雲南遊記』に記録するもののみでも九十八種に上り、民俗にもそれぞれ小異がある。謝氏はその来源を四川、広西及びインドシナ系を含むとしているが、本来は氐系の諸族を中心とするものであろう。かれらはかつて四川東部にあって中原の諸族と相接し、殷の討伐を受けたこともあるようである。殷の肇国のことを回顧して歌う『詩』の商頌は、春秋中期の詩篇であるが、その〔殷武〕に「昔、成湯あり　かの氐・羌よりして　敢て来享せざるなく　敢て来王せざるなし」とその入朝のことを歌っている。また周の武王が殷を伐つときには、その連合軍のうちにこれらの諸族があった。『書』の〔牧誓〕は、その戦闘に先だって行なわれた誓いをしるすものであるが、そのとき武王は殷都の郊である牧野にあって、左に黄金の鉞を杖き、右に白旄《はくぼう》をとり、諸族をさしまねいて、「逖《はる》かなり、西土の人」として、「庸《よう》、蜀《しょく》、羌、髳《ぼう》、微《び》、盧《ろ》、彭《ほう》、濮《ぼく》の人よ。爾《なんぢ》の戈を称《あ》げ、爾の干《たて》を比《なら》べ、爾の矛《ほこ》を立てよ。予はそれ誓はん」とよびかけている。みな当時の西南諸族であろう。このうち蜀は、『華陽国志』によると人皇の世にはじまり、黄帝の子である昌意が、蜀山氏の女をめとって帝嚳《ていこく》高陽を生み、その支庶が蜀に封ぜられたというが、他はみなのちの黄帝系譜に加えられることがなく、彊外の民とされている。かれらが黄帝系譜に加えられることがなかったのは、黄帝説話が成立した戦国期に、かれらはすでに遥かな西南境にあって、その山谷の間に独自の世界を形成していたからであろう。すなわち文化領域外とみなされたからである。しかし雲南晋寧石寨山の遺址は、かれらの文化が多元的なものであり、またはなはだ異色に富むものであったことを示している。

第四章　西方の人

一　岳神の裔

羌人もまた誇り高い歴史をもっている。かれらは岳神の子孫として、河南の西部、伊水・洛水より汝《じょ》水・淮《わい》水の上流に及ぶ地帯から、遠く西に連なる山陵地帯にわたって、おそらくは牧羊族としてのながい生活をつづけていたであろう。その地域には北方に山西夏系の仰韶文化があり、南の湖北には江漢の域に苗族がおり、襄陽《じょうよう》の屈家嶺文化を擁していた。また東方からは、次第に竜山文化をもつ殷の勢力が重圧を加えている。このような中で、羌人の立場は、きわめて困難なものであった。それがこの地帯における洪水神の葛藤という形で神話的伝承の上に反映していることは、すでに述べたところである。

羌人の治水神である共工は、かつて九州の覇者であったとされ、その子である句竜は、后土とよばれる社の神であった。すなわち共工は帝、その子は大地の造成神であった。共工が黄帝と帝たることを争うて敗れたという説話は、のちその地位が他に奪われたことを意味するが、禹との闘争の説話は、『山海経』〔海外北経〕にはその臣相《そう》柳《りゅう》の話として、神話的な形態で伝えられている。その話は次のようなものである。

共工の臣を相柳氏といふ。九首あり、以て九山に食《くら》ふ。相柳の抵《いた》るところは、厥《ほ》られて沢谿《たくけい》となる。禹、相柳を殺す。その血、腥《なまぐさ》くして、以て五穀の種を樹《う》うべからず。禹、これを厥ること三仞《じん》にして、三たび沮《うつ》む。乃ち以て衆帝の台と為す。昆侖《こんろん》の北、柔利の東にあり。相柳は九首、人面蛇身にして青し。敢て北のかたを射ず。共工の台を畏るればなり。台はその東にあり。台は四方、隅に一蛇あり。虎色にして、首は南方に衝《むか》ふ。

九首の蛇神相柳のいたるところは、地がみなほられて沢渓となるというのは、まさに黄土地帯における洪水の現象である。しかもそのあとは、血腥い不毛の地となる。禹がこれを埋め、大地の力を回復したというのは、夏系のもつ伝承である。そして共工、相柳は、崑崙の北に作られた衆帝の台に祀られた。共工は峨々たるその山巓にあって、その四隅を竜形の諸神に守られている。〔大荒北経〕の相繇《そうよう》の話もこれとよく似ており、相柳、相繇はもと一つの説話から分岐したものであろう。共工の台については、また旱魃《かんばつ》の女神がここに封ぜられ、共工とともに住むという話を載せている。それは、黄帝と蚩尤《しゆう》との戦のときに起ったことであった。

係昆《けいこん》の山なるものあり、共工の台あり。射るもの敢て北に郷《むか》はず。人あり、青衣を衣《き》る。名を黄帝女魃《ぢよばつ》といふ。蚩尤、兵を作《おこ》し、黄帝を伐つ。黄帝乃ち応竜をして、これを冀《き》州の野に攻めしむ。応竜、水を畜《たくは》ふ。蚩尤、風伯・雨師に請ひて、大風雨を縦《はな》たしむ。黄帝乃ち天女を下せり。魃と曰ふ。雨止む。遂に蚩尤を殺す。魃また上ることを得ず。居るところ雨ふらず。叔均（神名）これを帝に言ふ。後にこれを赤水の北に置く。叔均すなはち田祖（農業神）となる。魃ときにこれを亡《のが》る。これを逐はんと欲するところのもの、令して、神よ北行せよといふ。まづ水道を除《ひら》き、溝瀆《こうとく》（みぞ）を決して通ず。

これは旱魃を祓《はら》うときに行なわれる、打旱魃《だかんばつ》の俗の起原を説くものであろう。黄帝と蚩尤との話は、ここでは旱魃起原説話として語られている。旱魃の神である女魃は、

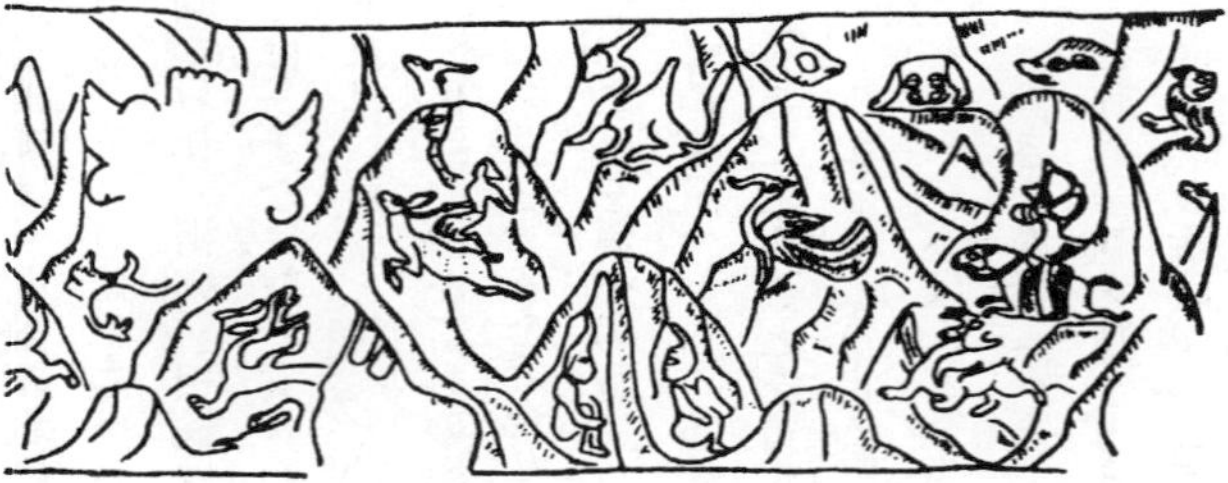

治水神共工とともに、山上の台に住むとされる。この共工の台に対して、「射るもの敢て北に郷はず」というのは、帝たる共工を守護する意であろう。ド・ヤング美術館に蔵する鍍金青銅尊にしるす西王母の山に、反顧して弓を射るものの姿がかかれている。神の処るところは、すべてこのようにして守られるのである。それでたとえば、〔大荒西経〕に、西方の王母の山にある古帝王軒轅《けんえん》の台についても、「射るもの敢て西に郷《むか》ひて射ず、軒轅の台を畏《おそ》る」とみえ、また〔海外西経〕に、「敢て西のかたに射ず、軒轅の丘を畏る。軒轅の国の北にあり。その丘は方、四蛇相めぐる」という。軒轅とは黄帝のことである。山は方形をなしており、その上に神々の台があって、周囲は多くの神霊などに荘厳されている。それはまさしくジグラットである。その知識は、おそらく西方から伝えられたもので

図 24　反顧して射るもの（ド・ヤングの青銅尊の文様）

あろう。そしてこれを中国に伝えたものは、あるいは西方の民であるこの羌族であろうと思われる。

共工はかつて帝であり、のちの黄帝に匹敵する地位をもつ神であった。そしてその子の后土は治水の神であり、大地の造成者であった。黄帝の説話はのちに作られたものであるから、共工説話の原型では、共工が至上神であったはずである。その共工は、女媧説話ではまた秩序の破壊者とされている。共工が黄帝と帝たることを争うて敗れ、怒って不周の山にふれ、天柱地維が折れて大地が傾き、洪水が地上に振滔するときに、伏羲・女媧がこれを補修したという説話の次第は、おそらくもと苗系のものであろう。

『国語』〔周語下〕には、さらに発展した形態でその説話が語られている。むかし共工は治水の道を誤り、百川を壅《ふせ》いで水の流れをとどめたために、禍乱が起って滅んだ。舜のとき、崇《すう》伯の鯀《こん》がやはり同じ誤りを犯したので、舜は命じてこれを羽山に流させた。のち鯀の子である禹はその誤りをさとり、治水の法を立てたが、このとき共工の従孫である四岳がこれをたすけ、下土は再び豊穣な地となった。このことを喜ばれた帝は、岳神の子孫である四岳に姜姓を賜うたのであるという。これをさきに述べた諸族の対立関係によって解釈すると、はじめ共工を治水の神とする羌人の行なった洪水防衛の方法が、夏系の諸族に対して災害を与えた。それで夏系の諸族は羌族を抑圧してこれをやめさせ、共工の子孫である四岳は、夏に協力するようになったということになる。羌人の夏系に対する屈服を示す説話である。

以上の共工説話のなかで、方形の丘の上に神殿を立て、その神像をおくというジグラット形式をもつと思われる「衆帝の台」の話は、西方との関係を考える上でも興味のある課題であるが、そのことはのちにふれよう。また共工の従孫とされる四岳は、おそらく岳神の子孫である姜姓の四国をさすのであろう。この岳神ののちとされる羌人の奉ずる神々が、共工をはじめ、いずれも山上の神であり、方丘の上に台をきずいてそこに祀られるというのは、他の種族の始祖伝説とかなり異質のところがあり、そこに西方の人である羌族の隠された一面があるかも知れない。

羌人の聖地は岳であった。羌人の始祖伯夷は、その岳神である。岳の所在については、山西の霍《かく》山とする解釈が多くとられているが、それは夏系諸族の勢力圏にある。羌人がその祖神とする岳は、おそらく河南の嵩《すう》山であろう。その地はのち殷に奪われたが、周が殷に代ると、周に協力した羌人の故地が回復されて、嵩山の南方に許、申、呂（甫）など姜姓の国が建てられ、これらとともに姜姓四国の一つである斉は、周の一族である魯の国を守るために、山東に封ぜられた。

嵩山は洛陽の南西にあたり、黄河の南岸に臨む要地である。それで殷が西進をつづけているとき、洛陽や河曲部に達する以前に、その聖地は殷人の手中に帰し、その祭祀権を奪われた。すなわち羌人は、はじめ夏系に屈し、のちまた殷に攻められ、そのたびに西方の山地に退いている。この地域における仰韶文化と竜山文化との重層関係は、そのようなかれらの歴史を示す事実と考えてよい。

岳が羌族の聖地であり、岳神が羌人の始祖であったことは、『左伝』に「姜は大岳の後なり」（荘公二十二年）、「それ許は太岳の胤《いん》（子孫）なり」（隠公十一年）、また『国語』に「姜は伯夷の後なり」（鄭語）など、諸書にみえている。『詩』の大雅〈崧高《すうこう》〉は、申伯が河南の謝城に入封することを歌ったものであるが、その第一章に「崧高なるは

これ岳　駿《たか》くして天に極《いた》る　これ岳、神を降し　甫（呂）と申とを生めり」とあって、この姜姓四国を岳神伯夷の後とすることは、かれらの神話的伝承であった。

伯夷は、周の武王の殷周革命に反対した伯夷、叔斉の話としてよく知られている。また尭が譲ろうとした天下を辞した隠者許由の話は、『荘子』などにもしるされていて著名なことであるが、この両者はもと同じ話の異伝であるとみられる。許は許・呂の許で、夷と由とはまた声の近い語である。さらにいえば、『書』にみえる皋陶《こうよう》も、皋という地名をつけてよぶ名であり、伯夷、許由、皋陶は、もと同じ神名の分化したものにすぎない。

伯夷は隠逸の高人として『史記』の列伝第一にその伝がかかげられている。その伝中に、司馬遷はまた許由のことに言及し、「太史公曰く、余、箕《き》山に登るに、その上にけだし許由の冢《ちよう》ありといふ」とその見聞をしるしている。箕山は潁《えい》川のほとりにあり、許由が尭に帝位を譲ろうといわれて、潁水に耳を洗うて隠れたとされる山で、その話は諸子の書にも多くみえている。六朝期の地理書である戴延之《たいえんし》の『西征記』に、許昌城の東北に許由の台があり、高さ六丈、広さ三十歩、長さは六十歩。許由がこの山に隠れたので、邑人がその徳を慕うてその台を立てたという。ここに台というのは、

「共工の台」と同じく、羌人の独自の形式のものであったとみられ、これもジグラットであったのかも知れない。

『史記』には、伯夷、叔斉を孤竹君の二子であるというが、孤竹の国は遠く遼西《りようせい》にあり、伯夷が武王の東征に同意しなかったという所伝と合わない。伯夷は岳神であり、河南西部にいた羌人の奉ずる神である。伯夷が武王の東征を諫めたというのは、羌人がそのような武力行使に反対であることを、岳神の神託として表現したのであろう。羌人はもと牧羊人であり、武力の否定者であった。羌人が夏に屈し、殷に屈したのもそのためである。特に殷には、しばしば戦争手段によって多数の羌人が捕獲され、異族犠牲として殺されていたのである。そのため後には、次第に西に移って、洮《とう》水の流域を根拠としていたらしい。その地の仰韶後期文化が、かれらのものであろうと考えられる。

二　牧羊人の行方

羌人は牧羊人であった。『説文解字《せつもんかいじ》』四上にも、「羌は西戎《せいじゆう》、牧羊人なり」とみえ、字の上部は羊である。その字は甲骨文には後に垂れた髪の形をつけており、おそらく辮髪《べんぱつ》をしていたのであろう。チベット系の種族には、のちまでも辮髪の俗があった。かれらはチベット族の祖系にあたるものかも知れない。

殷の甲骨文には、「羌を獲《え》んか」とトしている例がまことに多い。そしてそれを祖祭などに犠牲として祭ることもさかんに行なわれているから、かれらはつねに殷人の襲撃の脅威にさらされていたわけである。その獲羌のために動員されている氏族は、だいたい河南西部に近いものであるから、当時の羌人は、その西部の山陵の草原地帯にあって、牧羊人の生活をつづけていたのであろう。ときには羌方とよばれることもあり、方とは異族の部族的国家をいう語である。羌人のうちにも、政治的に結合してこれに対抗しようとするものもあったのであろうが、この温和な牧羊人は、はげしい種族的闘争においては、概ね敗者の地位にあった。かれらについて伯夷や許由の説話が伝えられているのも、よくそのことを示している。

殷人が羌族を捕獲するのは、これを祭祀の犠牲に用いるためであった。北方の夏系の諸族はおそらく狄《てき》種のもので慓悍な部族であり、一方の南人もまたその銅鼓の文様に俤をとどめている勇者である。容易に捕獲しうる異族としては、この牧羊人が恰好な対象であった。卜辞には伐羌の例が多いが、伐とは斬首を示す字である。多いときには百羌、五十羌を用い、他の動物犠牲とも併用する。祖祭に用いることが多いが、ときには「己未（の日）、義京に羌三を宜《ころ》し、十牛を卯《さ》かんか。中」のように、軍礼にも用いる。義京とは軍門の名であり、中は左右中三軍の中軍である。このような例からいえば、あの殷王陵墓などにみられる大量の断首葬、身首を別々に十個ずつ一坑に埋めるという特異な形式のものは、いわゆる伐羌などによって犠牲とされたかれら羌人の遺体であろうと思われる。治水神共工を奉ずるこの異族は、共工がその神話的葛藤のなかでつねに邪悪の神とされたように、かれらもまた邪悪な霊をもつ異族犠牲として、殷の祖先の祭祀や、宮廟、軍門の犠牲に用いられた。甲骨文にはなお「羌百を攺《かい》せんか」というものが数例みられるが、攺の古い字形は、巳すなわち蛇を殴《う》つ形である。それは、呪霊をもつとされる蛇形のものを殴って、その呪詛をはらう共感呪術的な方法である。のちに毅攺《かいかい》といわれるものであるが、毅もまた祟《たたり》をなす獣を殴つ呪的方法に外ならない。羌人がその毅攺の呪術に用いられているのは、呪霊をもつ動物と同じ扱いをうけているわけである。古い時代の宗教的な観念においては、異種族のものは邪悪な霊をもつものとされた。わが国でいえば、それは「さ蠅《ばへ》なす神」であ

図25　伐羌

る。それで羌族の神である共工は、舜によって西方に流される神となった。

羌族は他の種族からは、神話を通じては夏、苗、また歴史時代の事実としては殷人によって犠牲とされるなど、あらゆる蔑視《べつし》をうけた。その深い憤りが、のち周の創業をたすけて失地が回復され、姜姓の四国が建てられると、その一国である呂の伝承として、『書』の〔呂刑〕が作られるのである。〔呂刑〕においては、苗族に対してはみずからを天の選民として、その優位を主張する神話となり、また岳神伯夷はあらゆる典刑の創始者として、経典のなかに文化神的な地位を占めるのである。

しかし現実には、羌族の敗退はみじめなものであった。かれらはその聖地である河南の嵩《すう》岳をすてたのち、ひたすらに西走を重ねた。嵩岳の祭祀権はすでに殷に奪われ、羌人は伊水、洛水の地から陝西の渭水に沿うて西方に後退をつづけた。

ただそのうち、故地にとり残されたいくらかの部族があった。伊、洛のほとりには、のちの王子帯《たい》の乱（『左伝』〔僖公十一年〕）のとき、その叛乱に加担した揚《よう》、拒《きよ》、泉、皐《こう》の諸戎なども、その一つである。またかつての聖地嵩岳の北に陸渾《りくこん》山があり、そこには陸渾の戎《じゆう》とよばれるものがいた。『左伝』〔僖公二十二年〕に、周の平王が東遷するころ、辛有《しんゆう》というものが伊水のほとりで、髪をふりみだして野に祀るものがいるのをみて、百年のうちに、この地は戎の住むところとなろうと予言した。はたしてのちに、晋と秦とが陸渾の戎をその地に遷したという話がある。『後漢書』〔西戎伝〕には、その戎はもと西方の瓜《か》州から遷され、渭水のほとりから東したものであるとしているが、それは西戎の地が、もと遠く西方にあり、のち東して中華を侵したのであるという後世の解釈によるもので、事実の関係はまさにその逆である。陸渾の戎はそののち晋、楚の挟撃を受け、またつづいて韓《かん》、魏《ぎ》に攻められて滅び、そのわずかに遺脱したものは、遠く西のかた岍《けん》、隴《ろう》の地にのがれた。岍、隴はいわゆる洮《とう》域にあたるところで、そこはかつて彩陶後期文化の栄えた地であり、古くから羌族の西方の拠点であった。羌族の治水神である共工の台が北方にあるとする『山海経』の記述は、おそらくこの西北の地をさすのであろう。

陸渾の戎の南方にも、多く諸戎の地があった。姜姓の申《しん》が入居した河南の謝は、のちの南陽であり、かつて屈家嶺文化の及んでいた地である。その謝の西に、九州の戎とよばれるものがあり、蛮《ばん》氏、鄤《まん》氏などの族があったが、これらものち楚の進出によって滅ぼされた。その地は先史以来、春秋期に至ってもなお、南、北、西の三系の諸種族抗争の舞台であったわけである。そこに洪水神葛藤の神話が生まれるのは当然なことであった。

羌族が西方にのがれた経過については、『漢書』〔趙充国伝〕や『後漢書』〔西羌伝〕に詳しい。その過程においても、西羌の諸族は北方の狄《てき》系の諸族と相容れず、のちまたこの地に興った秦とも抗争を重ねたが、羌族の最大の部族である義渠《ぎきよ》の戎が秦に敗れるに及んで、かれらはさらに遠く黄河上源の地にのがれた。しかし中原にことあるごとに、かれらはその失地の回復につとめた。漢の武帝が北征を企ててこの地の支配を強めると、西羌の衆十万がこれに抵抗した。王莽《おうもう》や赤眉《せきび》の乱で中原が乱れたときにもかれらは進出を試みたが、そのとき羌種は百五十四種、入寇は六十度にのぼったという。後漢末に先零《せんれい》羌滇零《てんれい》は、東は山西より南は漢中、益州までをも支配し、天子と称した。後漢はこれを伐って交戦百八十回、斬首三万八千級、牛馬の鹵獲《ろかく》は四十二万七千頭に及んだが、軍費四十四億を要し、後漢滅亡の一因となった。このとき内附した諸羌はみな漢姓に改め、北朝には後秦を建て、甘粛内部にも諸羌の国を作った。いまチベットの一部に退いている羌人の歴史は、その神話時代にまで遡って考えると、かつて江漢の域より洞庭《どうてい》・彭蠡《ほうれい》両湖の間に雄飛した南人の諸族と同じく、光栄ある過去をもつのである。

羌人の生活について、『後漢書』〔西羌伝〕にその習俗をかなり詳しく伝えている。かれらは水草を逐う遊牧の民であり、五穀は少なく、牧畜を主としている。氏族には、父の名をそのまま用いるもの、また母方の姓を種号とするものもあるが、いずれも十二世後にしてはじめて通婚することができる。すなわち周と同じように厳格なエキソガミーの規定をもつようである。父が没するとその妻を子が娶り、兄が没すると嫂《あによめ》は弟のものとなる。君臣や身分の定めはなく、強者が酋豪《しゅうごう》として支配権をもつ。戦争は山谷の間に奇襲戦を行なうことを得意とし、平地の持久戦におとる。戦死を名誉とし、婦人女子に至るまで堅剛勇猛の性であるという。温和な牧羊人として、伯夷や許由のように武力の否定者、権力の否定者の説話をもつかれらも、久しきにわたる異族とのきびしい抗争をくりかえし、西方の荒裔に彷徨するうちに、ついに慓悍な種族と化していたのであろう。

図26　彩陶土器蓋人頭飾

この〔西羌伝〕に述べられている羌族の社会と生活は、チベットのそれと著しく似ている。甲骨文に羌族を辮髪の形にしるすものがあるのは、おそらくかれらがチベット族と同系であることを示すものであろう。辮髪、編髪の俗は他にも南北の諸族にみることのできるものであるが、羌人の移動のあとを考えると、それは遠くチベットの地に連なるのである。いまも洮域以西の四川、青海の地は、ほとんど蔵族自治区であり、甘粛の蒙族自治区と相対している。樊《はん》圃《ぽ》氏の『西北的少数民族』（一九五六年）に、チベット人を羌人の後とし、この河源地帯をその故居であるとしているが、そこはかれらが最後にゆきついたところである。

洮域の西方には、タリム盆地をはさんで、遠く中央アジアへの通路がある。タリム盆地の南北に拠る古代の諸種族を通じて、西方への道はすでに開かれていたであろう。洮域に残されている仰韶文化を示す壺の蓋には、人頭形の飾りを加えるものが多いが、その頭上に、口を開いて前に向う蛇の形を加えたものがあり、蛇身は辮髪のように後頭に垂れている。それはあるいは、共工やその諸臣のような竜形の神のなごりの姿であるかも知れない。またその人面は、シベリアのミヌシンスク方面のカラ・スク期石人を思わせるような風貌である。かれらの西方には、遠くジグラットへの道があった。共工やその諸臣の祀られるところが、すべて台という形式であるのは、その形式をかれらがとり入れたものであることを思わせるのである。

三　伯夷降典

羌人が嵩《すう》の岳神をその祖神としたのは、牧羊族としてのかれらがゆたかな牧草を求めるために、岳神を雨請いの神として祀り、その祭儀を通じて、みずからを岳神の子孫とする信仰を育ててきたからであろう。甲骨文の岳の字は、山上に羊に近い形を加えたものである。またその神像をかいたと思われる一片があって、それには山上に羊が具象的な形でしるされており、それが岳神の古い姿を示すものであったかも知れない。牧羊人であるかれらが、おそらく犠牲として羊を岳神にそなえ、その犠牲がやが

図 27　山上羊の岳神図

て神像の一部として考えられるようになるのは、神話的な思惟として一般にみられることである。半獣神の図像は、概ねそのような過程で作られるからである。

卜辞にみえる岳神の祭祀は、主として祈雨や祈年に関するものである。これは殷王朝が農耕を主とする経済生活に達していたからであろう。「雨を岳に求めんか」、「禾を岳に求めんか」、「年《みのり》を岳に求めんか」というものがはなはだ多く、その儀礼として「岳に舞《ぶ》するときは雨ふらんか」、「それ岳に取《しゅ》するときは雨ふらんか」のように、舞や取などの祭儀を行なうことがある。舞は人の舞う形の字であるが、古くはその上に雨をそえることもあり、雨請いの儀礼を示す字であった。また取は切り取った耳をもつ形で、これは犠牲を用いる法に関するものであろう。

年穀や雨について岳に祈るのは、「岳は年《みのり》に壱《たたり》せんか」、「それ岳は雨を壱せんか」のように、岳がしばしばそのような禍を降す神でもあるからである。それで殷では、岳祠や岳宗など、その祀所を設けて、そこで祭祀を行なった。岳に対してはまた、天神を帝として祀る禘祀《ていし》とよばれる祭儀も行なわれている。天神を祀るときには、多く燎《りょう》、すなわち煙をあげる火祭の形式をとり、岳に燎するものは数十例を数える。岳にはまた祭の使者を派遣することがあった。「人を岳に使せしめんか」というものがそれである。岳と河とを合わせて祭ることもあり、また「岳に三門に取せんか」と卜している例がある。三門がいわゆる三門峡の地であるとすれば、岳はやはり河南の黄河沿いの地でなければならない。おそらく河から岳を望みうるような地に、祀所が設けられたのであろう。

　岳をどの山に比定するかについては、従来多くの説があり、最も古い字書である『爾雅《じが》』の〔釈山〕には、岳を河西、すなわち西方の岍《けん》、隴《ろう》の地の呉山であるという。羌の西方起原説をとるものは、この呉山を姜姓の聖地とする。附近に姜水のあることもその一証とされているが、殷の祭祀対象とするものが、遠く陝西《せんせい》を越えてその西方にあるはずはない。かりにその山が羌人と関係があるとしても、それは羌人が西方に移ったのち、河南の嵩岳と同じ信仰の対象を、そこに求めたも

図28　岳

のにすぎない。『左伝』に「姜は大岳の後なり」（〔荘公二十二年〕）、「許は太岳の胤なり」（〔隠公十一年〕）という大岳を、『書』の〔禹貢〕では山西の汾《ふん》水中流にある霍《かく》山にあたるとするが、その地は夏系の仰韶文化の地であるから、これも当時の殷が祭の使者を派遣しうるようなところではない。姜姓諸族の伝承からいっても、『詩』の大雅〔崧高《すうこう》〕に「これ岳、神を降し　甫と申とを生めり」という甫（呂）や申など姜姓四国は、いずれも漢水の北、河南の西南部に位置している。その岳が嵩岳であることは、疑う余地のないことである。またその地であるがゆえに、殷は河と岳とを合わせて祭り、岳祠や岳宗を設け、また三門においてこれを祭ったのである。その地ならば、安陽からも祭使の官を派遣することができた。

羌族の神話は、姜姓国の呂において伝承されたものが、のち経典とされ、『書』の〔呂刑〕の一篇となった。「これ呂、命ぜらる。王、国を享《う》くること百年、耄荒《まうくわう》す。度《はか》りて刑を作り、以て四方に詰《いまし》む」と書きはじめられているこの一篇は、最初の部分からかなり混乱があって、必ずしも伝承の原形を伝えるとしがたいところがある。『史記』の〔周本紀〕に「甫侯《ほこう》、王に言ひて、刑辟《けいへき》（刑法）を作り修む」と文を改めて引いているのは、甫と呂とは古く同声であったからである。また「国を享くること百年」というのは、周の穆《ぼく》王のことをいうものとされ、『史記』の〈周本紀〉には、穆王は即位のときに五十歳、在位五十五年にして崩じたという。それでその老耄に至って、刑典を作る必要を生じたとしているが、もともとその典刑は伯夷によって作られたものであり、そのことは〈呂刑〉の他にも『書』の〈虞夏《ぐか》の書〉にしばしばみえている。この前文は、呂が周によって国に封ぜられて百年という意であり、それは穆王の初年にあたる。しかしこの篇の作られた時期は、それよりはるかに下る戦国期である。〈呂刑〉には数条の神話的記載がある。まず黄帝と蚩尤《しゆう》という神との闘争について、そのため諸悪が起ったことを述べ、特に苗民が帝意に従わなくなり、刑法の制定を必要とするに至ったという。この黄帝と蚩尤の闘争は、のちに述べるように東方族の伝承で、蚩尤は東方の沿海に近い部族の神とみられ、羌人と苗人との神話的葛藤を描くこの篇とは、無関係のものである。神話をその存在態としてとらえることは、当時すでに不可能であったのであろう。本来の神話は、このような経典化のなかで変形を受け、多くの作為が加えられてゆくのである。

伯夷の五刑制定は、上文に「苗民、霊〈神意〉を用ひず」というように、苗民が暴虐をなして改めず、皇帝はその禍が下民に及ぶことをおそれて、「苗民を遏絶《あつぜつ》して世々下にあることなからしむ」という帝意によって、その追放のために作られたのである。苗民を罰するものは皇帝であり、羌人は皇帝の意にかなう神の選民であるとする。そこで苗民と神との交通を絶つために、重黎《ちようれい》に命じて「地天の通ずるを絶ち、降格（升降）することあるなからしむ」という重黎の天地開闢説話が語られ、「伯夷、典を降し、民を折《さだ》むるにこれ刑もてす」という伯夷降典の本題に入る。この重黎が、楚の伝承では重と黎という、楚の祖神二人の名とされていることについては、すでに述べた。またこの「地天の通ずるを絶つ」という羌人の伝承は、伏羲・女媧の説話をもつ苗族からいえば、羌人の神共工が、天柱地維を折ってこれを傾けたという主張となるのである。それは神話の存在態において、まさに羌、苗の葛藤を示している。

伯夷の典刑に先だって、皇帝は「三后に命じて功を民に恤《あは》れましむ」とあり、三后というのは、禹が水土を治めて大地を作り、稷《しよく》が嘉穀《かこく》の種をえてこれを民に分ち、最後に伯夷が刑を定めることをいう。禹はすでに述べたように、羌人の治水神共工を滅ぼしたとされる夏系の治水神であり、苗民と同じく羌人にとっては敵対者である。また稷は周の始祖后稷《こうしよく》であるが、周は姜姓と通婚の関係があり、后稷の母も姜嫄《きようげん》とよばれ、巨人の足迹をふんで稷を生んだという感生帝説話がある。この禹、稷、伯夷を三后として序列するという考えかたは、それぞれの伝承の原態を無視して、大地の造成者として禹、穀神として稷、治安の法制定者として伯夷を列するという思想的な設定にもとづいている。すなわち神話構成の様態において、b的な形式である。これは『書』の〔虞夏《ぐか》の書〕を通じてみられるところであるが、そのために神話の原態は見失われてゆく。

〔呂刑〕の下半は、「王曰く」という形で進められ、伯夷の定めた典刑の詳細が述べられている。五刑の属はすべて三千、五刑、五罰、五過など、五の数を以て組織してゆく方法は、明らかに戦国期のものである。岳神伯夷は、このようにして姜姓の伝承からはなれ、刑法の制定者となった。説話の本来の意味は、羌、苗対抗の時代における、その神話的優越を主張するためのものである。神話はこのようにして変形され、伯夷降典の説話は、〔呂刑〕篇のみならず、〔虞夏の書〕のなかでも重要な位置を占めるが、それはいよいよ奇怪な変形を受ける。しかし神話の原態、その存在態についての認識さえあれば、このような経典の中からも、本来の説話の形態を発見することは、決して不可能なことではない。『書』の〔呂刑〕は、苗系の伏羲・女媧に対する、羌系の神話の変形に外ならない。

四　皐陶の謨

伯夷の伯は長男を意味する語で、本来は夷というのが岳神としての名であろう。そして許で祀られる神は許由となり、皐《こう》で祀られる神は皐陶《こうよう》とよばれた。夷、由、陶が古く同音であることについては、楊寛氏の「中国上古史導論」〔古史弁第七冊〕に詳しい。

『書』の〔虞夏の書〕のうち、神話的な要素を多く含むものは、〔堯典〕と〔皐陶謨《こうようぼ》〕とである。謨ははかりごとの意である。〔堯典〕はのち二分されて〔堯典〕と〔舜典〕の二篇となり、〔皐陶謨〕はのち〔皐陶謨〕と〔益稷《えきしょく》〕の二篇となった。この両者の間にある〔大禹謨〕は、かなりのちになって作られた、いわゆる偽古文である。

この二篇のうちにも、羌人の伝承する神話が、形をかえて含まれている。〔堯典〕には、帝堯が羲《ぎ》仲、羲叔と和《か》仲、和叔の四人を地方官として四方に派遣することを述べる。羲和はもと太陽の御者である。ついで帝は諸臣に命じて、天下の治政に任ずべきものを推挙させる。まず放斉《ほうせい》というものが、堯の子である丹朱を推挙したが、帝は丹朱は争好きで口やかましく、その任でないとしてわが子をしりぞける。世襲制に対する拒否の思想とみてよい。

次に驩兜《かんとう》が、共工を推挙する。共工は羌人の奉ずる神である。しかし帝は、これにも賛成しない。「ああ、静かなれば言へども、庸《もち》ふれば違《たが》ふ。象恭《かたち》しけれども、天を滔《あなど》る」というのが、帝の同意しない理由である。この「静言庸違、象恭滔天」という語はどうも誤りがあるのか、あるいは本来の形を失ったいいかえになっているのか、いずれにしても意味が通じない。『史記』の〔五帝本紀〕には、〔庸違〕の違を回に作るテキストがある。庸回は、『楚辞』〔天問〕に「鮌《こん》、何の営むところぞ　禹、何の成すところぞ　康回《かうくわい》、馮《おほ》いに怒《いか》り　墜《ち》（地）何の故に以て東南に傾ける」と歌われている康回、すなわち共工のことと思われるからである。地が東南に傾いたというのは、共工説話そのものに外ならず、康回は共工のまたの名であり、〔天問〕のさきの一条は、鮌、禹、共工の洪水説話をここにまとめて述べたものとみられる。〔堯典〕の作者は、おそらくその康回を動詞的に用いて、共工の悪徳をいう語としたのであろう。その下文に「象恭滔天」というのも、共工が洪水を振滔したという夏系の伝承を、同様にその悪徳を示すものとして文を成したのであろう。〔堯典〕の一篇は、ほとんどこのような作りかえによって構成されている。そのことについてはまた、のちにふれよう。

丹朱と共工との推挙をしりぞけた帝は、また四岳に問いかける。「湯湯《しやうしやう》たる洪水、方《あまね》く割《そこな》ひ、蕩蕩として山を懐《か》ね、陵《をか》に襄《のぼ》り、浩浩として天に滔《はびこ》り、下民それ咨《なげ》く。能《よ》くするものあらば乂《をさ》めしめむ」、これを治めるのに、誰が適任かと問う。四岳は下問に対えて「ああ、鯀なるかな」と鯀を推挙するが、帝は鯀が「命に方《さから》ひ族をやぶる」ものとして、これをも拒否しようとする。すると岳が「あやしいかな。可なるを試みて乃ちやめん」と、ともかく試用した上のことにするようすすめる。帝はそこで「往け、欽《つつ》しめや」と任に赴かせるが、九年に及ぶも治水の功はあがらない。尭は年老いて政に倦み、岳の推挙によって舜を挙用し、その二女を舜にあたえるというところで、前半が終っている。

後半には舜がいろいろな試練を受けてそれにたえ、帝意にかなうものとして、治政を執ることからはじまる。まず上帝を祀り、四方の巡狩を終え、十二州を定め、五刑を制し、共工、驩兜、三苗、鯀の四凶を四方に放竄し、十二牧に咨《はか》って禹を挙用する。禹は稷、契《せつ》、皐陶に譲ったが、稷は百穀を植え、契は司徒として民の教化のことに任じ、皐陶には五刑を典らせる。皐陶はすでに述べたように、伯夷、許由とともに岳神であり、その名の転化したものである。しかし〔尭典〕では、その後に伯夷を秩《ちつ》宗として儀礼を司るものとし、夔《き》を楽官に、竜を納言に命じ、あわせて二十二人を官に任じて天子の功をたすけさせるが、治績大いにあがり、ついに三苗を幽暗の世界に放逐し、舜の死を以て終る。

この一篇のうち、岳はまた四岳ともいわれるが、それはもと姜姓四国の祖とされる岳神であった。岳神の名は伯夷、皋陶であり、共工はその洪水神であるが、共工のみは悪神として追放を受けている。他はみな堯・舜の臣とされ、最後に三苗の追放を以て終るこの古帝王の物語は、その大部分が〔呂刑〕と同じく、羌人の神話から出ているものであることは明らかであろう。

堯・舜の説話は、こうしてほとんど羌人の伝承によるものであった。他に羲和仲叔の四方分治の話を織りこんでいるが、これはのちにいうように、太陽説話と四方風神の説話から変化したものであり、四方風神の祖型は、卜辞や『山海経』にみえている。すなわち殷人の伝承するところである。〔堯典〕はそれらを堯・舜の説話として再組織したもので、いずれも著しく原説話の形態を失っている。中国の古代神話は、このようにして古代帝王の説話として改編されるなかで、その神話は経典の中に化石化し、埋没してゆくのである。

〔皋陶謨〕は、「ここに古の皋陶を稽《かんが》ふるに」という、〔尭典〕と同じ形式ではじめられ、〔尭典〕と相対応する一篇であることが知られる。それは禹と皋陶との対話という形式で進められるが、その中には『論語』にもみえる「巧言令色」のような語もみえ、五典、五礼、五刑など数的な表現も多く、戦国後期の成立であることが知られる。敗徳の例として驩兜や有苗などがあげられているのも、〔尭典〕と同じである。

後半はのち〔益稷〕と名づけられている部分で、「帝曰く」という語ではじめられ、前半とその形式が異なっている。帝の前で禹と皋陶との対話がなされているが、禹は洪水を治めた労苦の次第を語り、帝はさらに、古聖王の象徴である天子の十二章（帝服の飾り）を明らかにし、また五色、六律、五声、八音、五言を以て至治を実現したいから、汝らの輔佐を求めるという。これに対して禹もまた治政の要務を述べ、治水の困難を回顧し、苗民の頑凶を訴える。そこで帝は、皋陶に象刑（象徴刑）を作ることを命ずる。このとき夔《き》は鳴球の玉や琴瑟をうちならし、帝と皋陶もこれに和して歌う。この篇では、皋陶は帝と禹との仲介者のような位置を占め、禹よりも上位者として扱われている。尭・舜の名はみえず、ただ帝とのみよばれているのは、〔尭典〕よりもいくらか原形態に近いものであろう。

この皐陶の説話は、もと姜姓のものであろう。尭・舜・禹という古聖王の道統譜が成立する以前のものであり、姜姓の神である皐陶には、禹よりも高い地位が与えられている。ただ説話の内容には、皐陶はほとんど参加することがない。それは〔尭典〕において、四岳、伯夷、皐陶がそれぞれ臣とされ、秩宗や典刑の職とされているのと、かなり異なるところである。こうして岳神の苗裔であることを誇った姜姓は、ここになお禹よりも高い地位を占めている。この篇においても、羌人の三苗に対する確執は決して消えることはなかった。かれらは〔呂刑〕篇においても、三苗を邪悪の民とし、みずからを神とともにあるものとして、伯夷典刑の説話を伝えた。また〔皐陶謨〕においても、姜姓の伝承が中心をなしている。それはこれら諸篇の素材となった神話が、かつて夏、羌、苗三族が相接し、抗争する地域において成立してきたものであることを、示すものであろう。

五　秦の祖神

伯夷、皐陶など、〔尭典〕〔皐陶謨〕にみえる羌系の説話につづいて、その二篇にみえる益の説話についてふれておきたい。これもまた西方の族である秦の始祖神とされるものの説話である。

〔尭典〕に、帝が諸臣にそれぞれの官職に任ずることをしるすところに、「帝曰く、たれかわが上下草木鳥獣のことにしたがはん」と群下にたずねると、「みな曰く、益なるかな」と益を推挙した。帝はその推挙を受けて、「しかり。ああ益よ。汝、わが虞《ぐ》（狩猟の官）となれ」と益をその職に任ずるが、益は拝して稽首し、朱虎と熊羆《ゆうひ》（熊と赤熊）とに譲った。しかし帝は「しかり。往けや。汝、諧《かな》へしめよ」と、草木鳥獣のことを益に託する。この話には、益が狩猟族の神であったらしいなごりを感じさせる。

〔皋陶謨〕の後半は、のちに分って〔益稷〕とよばれる一篇となったが、益と稷の名は、禹の治水説話のなかにわずかにみえるのみである。禹の治水のあとに、益と稷とが民の食するところを治めたことがしるされており、それは〔尭典〕における虞官としての益、后稷（農官）としての棄と対応するものであるが、いずれもこの篇に名づけるほどの重要な地位をもつものではない。

益は伯益ともいい、秦の祖神である。しかし、秦の神話をそのまま録したらしい『史記』の〔秦本紀〕には、その名はみえていない。〔秦本紀〕の伝える神話は、次のようなものである。

秦の先は、帝顓頊《せんぎょく》の苗裔《べうえい》なり。孫を女脩《ぢょしう》といふ。女脩織《はたお》りしとき、玄鳥（燕）、卵を隕《おと》せり。女脩これを呑み、子大業を生む。大業、少典（古氏族の名）の子を取《めと》る。女華といふ。

女華、大費を生む。禹と水土を平らぐ。すでにして成る。帝、玄圭《げんけい》（黒い玉）を錫《たま》ふ。禹、受けて曰く、われの能く成せるに非ず。また大費、輔《たすけ》を為せばなりと。帝舜曰く、ああなんぢ費、禹の功を賛《たす》けたり。それなんぢに皁游《さういう》（旗の流し）を賜ふ。なんぢの後嗣、まさに大いに出《さか》えんとすと。乃ちこれに姚姓《えう》（舜の姓）の玉女を妻《めあは》す。大費、拝して受く。舜を佐《たす》けて鳥獣を調馴《てうじゅん》す。鳥獣多く馴服す。これを柏翳《はくえい》となす。舜、姓を嬴《えい》氏と賜ふ。

大費、子二人を生む。一を大廉《たいれん》といふ。実に鳥俗氏なり。二を若木といふ。実に費氏なり。その玄孫を費昌といふ。子孫あるいは中国に在り、あるいは夷狄に在り。費昌、夏桀のときにあたり、夏を去りて商（殷）に帰す。湯の御となりて、以て桀を鳴條（地名）に敗る。大廉の玄孫を孟戯《まうぎ》、中衍《ちゅうえん》といふ。鳥身人言なり。

これが秦の先世の伝承である。

そののち、中衍の子孫は西方の辺地にあり、蜚廉《ひれん》、悪来《あくらい》という父子は、善走と才力とを以て殷の紂王につかえたが、周の武王が殷を滅ぼしたとき、悪来は殺された。また蜚廉は紂王のために北方に使したところ、使して還ると紂はすでに滅ぼされていたので、霍太《かくたい》山に壇を築いてその霊に報告した。そのとき石棺をえたので、蜚廉はそこに葬られた。壇を築き、また石棺に葬られるという墓葬の形式が注意される。

蜚廉の子孫にまた造父《ぞうほ》というものがあって、善く馬を御するものとして周の穆《ぼく》王に用いられ、穆王が西王母の国などに周遊するのに従った。その途中、東方に徐偃《じょえん》王の乱が起ると聞いて、長駆して周にかえり、一日に千里を馳せて赴き、乱を救うた。また蜚廉の後である大駱《たいろ》はのち趙氏の名を賜い、犬丘に居るものは馬畜に長じていたが、西周後期の厲《れい》王のとき諸侯と西戎とが叛いて、犬丘大駱の族はそのとき西戎に滅ぼされた。秦仲はその西戎に対する報復戦のなかで、戎の地に没した。これが秦仲に至るまでの、秦の説話の大要である。

これらの記述のうちに、いくつかの問題をとり出すことができる。まず秦が卵生説話をもち、鳥トーテムをもつ種族であったらしいことが考えられる。大費と柏翳とは同じ人物であるとされているが、禹の功をたすけたというその事跡は、〔尭典〕にみえる伯益のそれと同じであるから、柏翳はまた伯益であろう。蜚廉は飛廉ともかかれる風神である。また悪来や、説話的な内容をもつ『穆天子伝』にみえる造父などが、その祖系のうちに加えられていることも、実際の伝承であるのか疑わしい。こうして夏殷周の三代にわたって、王朝との関係が語られ、のち山西に入った趙氏をその一系のものとする。西戎との敵対関係は犬丘大駱氏の滅亡、秦仲の戦死という形で語られている。この西戎が羌系のものであるとすると、秦は北方の夏系と親しく、羌とは相抗争する立場にあったわけである。

秦は嬴《えい》姓であるが、嬴姓の諸族は江、黄、徐、穀《こく》、葛《かつ》など、河南から湖北の地にわたって多く、秦はそれらの諸族とひとりかけ離れたところにある。玄鳥説話は殷の始祖伝説と同じく、卵生説話の系統に属するが、これも江南から沿海に及んで行なわれているものである。かれらの故地は、はじめから西方にあったとはしがたいようである。

また飛廉は風神であるが、『孟子』〔滕文公下〕に「周公、武王をたすけて紂を誅し、奄《えん》（東国の名）を伐つこと三年、その君を討ち、飛廉を海隅に駆《か》りてこれを戮《ころ》す」とみえ、それは東方系の神とされている。その神像は神禽とも、また神獣の形であるともいう。『楚辞』の〔離騒〕に天路をめぐることを描写する場面があって、「望舒《ぼうじょ》（月の御者）を前にして先駆せしめ　飛廉《しれん》を後にして奔属《ほんぞく》せしむ」と歌われており、それは太陽の運行に従う風神である。これらのことからいえば、〔秦本紀〕にみえるような先世の説話は、種々の要素を集めて後次的に作られたらしい形迹がある。

『墨子』の〔非攻下〕に、むかし三苗が大いに乱れたとき、帝は玄宮において親しく禹に命じて苗を討たせたが、そのとき人面鳥身の神があって、矢を有苗に向ってつがえる祥を示したので、苗はおそれて敗退し、天下は平静に帰したという話をしている。それはおそらく、〔秦本紀〕にみえる大費が禹を佐けたという話の、原型をなすものであろう。また同じく〔明鬼下〕に、秦の穆公が鳥形の神を夢みたが、その神はみずからわれは句芒《こうぼう》であると名のったという話がみえる。秦が鳥トーテムをもつ部族であること、また古く苗族と直接に接触しうる地域にいたものであるらしいことは、これによって知られる。大費、柏翳と益の説話を考えれば、秦が鳥トーテムの俗をもつことは明らかである。

説話的な関係からいえば、秦が夏系の禹と関係をもつことが考えられる。『書』の

〔大禹謨《だいうぼ》〕は、〔堯典〕や〔皐陶謨〕よりも成立の新しいものである。そこでは益は禹と対言しており、帝が皐陶に命じて五刑を作らしめ、禹には洪水を治め、また有苗の征討を命じているが、益はその禹の業を賛頌するという形式をとっている。益はここでは、〔皐陶謨〕における皐陶の地位にあたっており、おそらくこの篇の構成は、さきの二篇にならったものであろう。いずれにしても、秦の祖神である伯益が、このような地位を以て経典の古帝王の世界に加わるのは、秦が中原の諸国に対して、対等の地位に立つ有力な国家に発展してからのことであろう。

春秋末の秦公の𣪘《き》は、鐘とともに作られて同文の銘をもつものであるが、それにはそのかがやかしい祖業と伝統とを述べ、わが皇祖は天命をさずけられて禹の治めた水土に君臨し、先祖の十二公は帝の左右に侍している。それで秦は蛮夏を支配するのであるという。蛮は南方諸族、夏は北方の諸族であるが、その器はおそらく秦の哀公が、呉の攻撃に苦しむ楚を救う戦に勝ったとき（前五〇五年）のものであろう。秦の祖神の物語も、このような背景の中から生まれ、のちに経典の世界にも加わるに至ったものと思われる。

第五章　殷王朝の神話

一　夷羿の説話

殷人の文化は東方的な性格をもつものであるが、そのことは殷人が創始したと考えられるその文字文化を通じてもきわめて顕著にみられるものであることは、すでに述べた。少なくともかれらが沿海の諸族と親縁の関係にあるものであったことは、疑う余地のないことである。しかし青蓮崗文化や良渚文化は、竜山文化との交渉をもちながらも、なお独自の地域性を示しており、その地域性はさらに古い石器文化のそれに連なるものであろうことも、また予想しうることである。殷人はそのような沿海諸族と接触しながら、その支援を背景として西方に進出し、すでに河南西部に相接してそれぞれの先史文化をもつ狄系の夏、戎系の氐《てい》・羌、また南方の苗・黎《れい》の諸族と相争い、次第にこれらを制圧して、ついに王朝を樹立した。王朝の樹立者は湯《とう》、卜文では唐、成、大乙ともよばれる王であるが、それよりも以前に諸族との闘争はすでに開始されている。もとよりそれは先史時代のことであるから、神話的な葛藤の形態で表現された。河神の祭祀権の争奪が、そのテーマとなっている。

殷人はおそらく、黄河に沿うて西進をつづけたであろう。このとき河南西部の先史の諸族は、いずれも洪水説話や治水説話をもっていた。夏系の禹、戎系の共工、南方系の女媧はそれぞれ治水神として説話化され、その祭儀も行なわれていたはずである。黄河の水神は河伯、洛水の水神は洛伯であった。戦国の魏王の墓から出たという『竹書紀年』〔水経注洛水引〕に「洛伯用《よう》、河伯馮夷《ひょうい》と闘ふ」という記事があり、後世にまとめられた『今本竹書紀年』には、それを夏の帝芬《ていふん》の十六年のこととしている。古い時代の河・洛の氾濫と混流の事実から生まれた説話であろう。当時、この河・洛を支配していたのは、夏系の種族であると思われる。それで夏殷の革命は、両者の間に行なわれた水神の祭祀権の争奪という形であらわされる。しかしこれよりさき、まずその争奪戦にあらわれるのは、夷羿《いげい》とよばれる東方夷系の有窮《ゆうきゅう》の后羿《きみ》であった。『楚辞』の〔天問〕に、「帝、夷羿を降し　孽《わざはひ》を夏民に革《あらた》む　なんぞかの河伯を射て　かの雒《らく》（洛）嬪《ひん》を妻とする」と歌われているものがそれである。河伯と洛伯は、のち河伯と洛嬪という男女の二神となり、両者の神婚という形式でその祭儀が行なわれたのであろう。それでその祭祀権の争奪は、洛嬪の獲得という形式で語られているのである。

河伯の祭祀は、おそらくもと、特定の伝承をもつ氏族の特権とされていたようである。自然のリズムを基本的に支配するとされる山川の信仰と祭祀は、特定の氏族と結合されているのが普通である。それはいうならば、神聖氏族であった。たとえば卜辞にみえる河宗なども、もとその祭祀者であり、『穆《ぼく》天子伝』にも河宗氏の名がみえている。その祭祀権を掌握し、その地の支配権を確立するには、その神聖氏族を征服し支配するのでなければならぬ。それをまず行なったのが、東夷の有窮の后羿であった。

羿には、二つの異なった説話が伝えられている。その一つは『左伝』〔襄公四年〕にみえるもので、それは歴史物語の形をとっているが、本来は神話であったと思われる。遼東《りょうとう》に近い山戎の国である無終《むしゅう》の君に、嘉父《かほ》というものがあって、その臣の孟《もう》楽《がく》を晋に使させ、晋の有力者である魏絳《ぎこう》に虎豹《こひょう》の皮を贈り、戎と和親するよう申入れた。そのとき晋侯は、和親をしりぞけて討伐を主張したが、魏絳は『夏訓《かくん》』とよばれる古書を引用して、次のように述べている。「むかし有窮の君羿は、鉏《そ》（河南滑県）より晋の夏都《かと》に近い窮石《きゆうせき》に遷り、夏に代ってその人民を支配したが、射に巧みで民事を顧みず、狩猟の遊びに耽り賢臣たちを棄てたので、臣下の寒浞《かんさく》に国を奪われた。寒浞は羿の妻妾をとり、澆《ぎよう》を生んだ。澆は夏系の斟灌《しんかん》、斟尋《しんじん》の二氏を滅ぼしたが、夏の遺臣に費《ひ》というものがあって、その余党を集めて寒浞を攻めてこれを殺し、また費が擁立した夏の少康が浞の二子を殺して、夷羿の建てた有窮の国は滅亡した」。この説話から考えられることは、夷と夏の対立抗争ということである。この夷夏の革命は、一時的には成功するが、結局は失敗に帰する。夷羿は弓の名手とされており、この夷系の諸族はなお狩猟族の段階にあったらしい。また夏を滅ぼした羿と澆父子、および羿の臣寒浞がいずれも無道の者として扱われているのは、この説話が夏系の伝承であるからであろう。

羿と澆には、なお神話的な形態の伝承がある。すなわち第二の説話は『淮南子』〈本経訓〉にみえるもので、羿はここでは帝堯の臣である。堯のとき、十日が並び出て草木はただれて枯れ、民は生食の道を奪われた。その上猰貐《あつゆ》、鑿歯《さくし》、九嬰《きゆうえい》、大風、封《ほう》狶《き》、脩蛇《しゅうだ》などの悪獣が民の害をなしたので、尭は羿に命じてこれらの邪神を殺し、最後に脩蛇を洞庭湖に断《き》り、封狶を桑林に禽《とら》えた。また十日を射てその九日を射ち落としたので旱害もおさまり、民は生色をとりもどし、尭を天子としたという説話である。これは羿を民生の保護者、尭の功臣とする物語である。この説話にみえる桑林が殷の聖地であることが注意される。

ここではまた、十日説話が大きな要素となっているが、多数の太陽というモチーフの説話は、森三樹三郎氏の『中国古代神話』にも指摘するように、苗族をはじめ、台湾、マライ、スマトラなどにもその類型のものがある。しかし私としては、むしろ北東のアムールの流域に住むナナイ人の間に伝承されている話の方が、いっそう興味を引く。オクラードニコフが『黄金のトナカイ』の中に述べているところによると、ナナイ人のシャーマンの物語に、三つの太陽が一時にあらわれて、大地が湯のようにわきたったとき、最初のシャーマンがその両端の太陽を弓で射ち落とし、地上は平静にかえったという。このナナイ人は、ツングース系で、南北両ツングースの中間語をもっている。オクラードニコフは、この説話を新石器時代における南方との関連によって、アムール川流域に残された熱帯的神話のなごりであるとしているが、殷にも十日説話があることからいえば、遠く南方の島々にその源流を求めるまでもないであろう。中国では、おそらく夷系の種族の間に、この種の説話があったものとみられる。『楚辞』の〔天問〕には、この夷夏の革命を帝の命によるとしているが、それが夷系の伝承の本来の形であろう。羿を尭の臣とするのは、のち尭が古聖王の道統に列するに至ったのち、そのように変改されたのである。尭はのちにいうように、夏系の古帝王として作られた神である。

羿の悪神退治の説話は、『左伝』〔昭公二十八年〕にもみえる。むかし有仍氏《ゆうじょう》に一人の女があり、黒髪の美しい女であったので玄妻とよばれた。楽正である后夔《き》がこの女を娶り、伯封を生んだが、豕《ぶた》のように貪欲であるというので封豕《ほうし》とよばれた。有窮の后羿がこの封豕を滅ぼし、夔の家はその祭祀を絶ったという。夏の少康の母もこの有仍氏の出自であり、夔はおそらく夏系の神であろう。夔を楽正とすることは『書』の〔尭典〕にもみえるが、この夔はおそらくそれとは別のものであろう。魯の『春秋』に解説を加えた『公羊《くよう》伝』には、夔を隗《かい》の字に作る。隗は狄《てき》系の姓である。これらの夷羿の説話は、羿がかつて夷系の有力な部族として夏系と対立し、その支配が一時は河洛の地にまで及んだことを示すものであろう。そしてその背後には、あるいはツングース族の勢力があったかも知れない。

二　河伯の祭祀

河伯の説話については、殷人にも伝承がある。それは『山海経』〔大荒東経〕にみえるもので、困民の国の条に王亥《おうがい》の話としてみえる。王亥は殷の祖神であるが、その神像について、「両手もて鳥を操《と》り、まさにその頭を食ふ」という。また「王亥、有易（北方の国名）に託す。河伯、牛を僕（服）せるに、有易、王亥を殺して僕牛を取る」とあり、『竹書紀年』にはその説話を「殷の王子亥《がい》、有易に賓《ひん》（客）となりて淫す。有易の君緜臣《めんしん》、殺してこれを放つ」としている。これは殷と北方族との闘争に関するものであろう。その書にはさらに、「是の故に殷の上主甲微《び》、師を河伯に仮《か》りて、以て有易を伐ち、これを滅ぼし、遂にその君緜臣を殺せり」という復讐譚をのせている。有易は有狄《ゆうてき》であり、『楚辞』の〔天問〕に「昏微《こんび》、迹《あと》に遵《したが》ひ　有狄寧《やす》からず」というのは、殷の祖神である上甲微が、有易を滅ぼしたことをいうものであろう。すなわちこの説話もまた、夷夏の闘争のことをいうものである。

この夷夏の闘争にも、河伯が参加していることが注意される。黄河に沿うて東した狄系の夏の勢力と、同じく西進する夷系の殷の勢力は、河の支配権、すなわち河神の祭祀権をめぐって争った。王亥が有易に赴いたのは、河北の狄種と交渉をもつためであろうが、不成功に終る。『竹書紀年』には、その子上甲微の復仇をしるすが、〔天問〕に、

該（王亥）、季（父）の徳を秉《と》り　厥《そ》の父これを臧《よ》しとす　なんぞつひに有扈《いうこ》に弊《やぶ》れ　夫《か》の牛羊を牧する

恒《こう》（王恒）、季の徳を秉り　なんぞかの朴牛を得たる　何ぞゆきめぐりて禄を班《わか》ちしに　ただに還り来らざる

とみえる。その説話の内容は知られていないが、王亥、王恒の兄弟がいずれも有易の国に牛羊を牧して帰らず、それで上甲微が河伯に請うてこれを討伐したとするのである。このとき河伯は、すでに殷に加勢している。それは河神の祭祀権をもつ部族が、殷と協力関係にあったことを示すものであろう。

こうして殷は河神の祭祀権をもつものをその勢力下に収め、やがてその祭祀権をも獲得する。おそらくそれは、羌人の聖地である嵩《すう》岳の祭祀権を得るよりも以前のことであろう。卜辞では、河は高祖河とよばれ、殷の祖神の系譜に加えられている。しか

図29　高祖河

し岳には、これを高祖とする明確な徴証はなおみえない。河神を祀る部族は早く滅んだか、もしくは殷に服属したのであろうが、岳神を祖とする羌人はその後も西方にあって抵抗をやめなかったので、岳を高祖神とすることは、現実の情勢からいっても不可能であったのであろう。神話的な習合には、現実の事態の承認を必要とするのである。

卜辞には、河の祭祀をいうものがはなはだ多い。その祭儀には燎《ひまつり》、祊《ほう》（報・祖祭）、酌《ゆう》（酒祭）などがあり、多くの犠牲をそなえた。その祭祀は、雨請いや豊年を祈るために行なわれた。卜辞に「乙巳《きのとみ》（の日）卜して、牽貞《けんと》ふ。河に五牛を燎《や》き、十牛を沈めんか。十月。闘に在りてなり」とみえ、闘がその祭地とされている。祭地をいうものはこの闘のみであるから、そこが河を祀る聖地とされていたのであろう。また「河と岳とに燎せんか」のように河と岳とを合わせて祀り、ときには「戊午《つちのえうま》卜して、賓《ひん》貞ふ。酌《まつり》して年《みのり》を岳、河、夔にもとめんか」と卜するものがある。夔は殷の始祖帝嚳《ていこく》であり、これを河・岳と同列に祀っている。他に高祖と河を並称する例もみえる。特に注目されるのは、「辛巳《かのとみ》卜して貞ふ。王亥と上甲は河に即《つ》かんか」のように、河伯説話にみえる王亥と上甲とが、そろって河に臨む祭祀が行なわれていることである。上甲が河伯の力をかりて有易を征したという説話は、おそらくこの祭儀と関係があろう。

河神の祭祀には、岳神の祭祀と同じように、祭の使者が派遣された。その祭地は、岳と近い黄河の岸べであったと思われる。徐旭生氏の『中国古史的伝説時代』に、洪水の洪は共工氏の共から出ており、共は河南の共、すなわちいまの懐《かい》県の地であるという。その地と共工の名との関係などはもとより疑問であり、卜辞には明らかに闘という地名をあげている。嵩岳の対岸にあたるその地は、古く河道がそこから東北に屈曲していたと考えられ、河神の聖地とするにふさわしいところである。殷は契《せつ》より湯に至るまで八たび都を遷し、湯より盤庚に至るまでまた五遷したといわれ、しばしば都を遷しているが、それが河道の変遷や洪水の災害と関係があることについては、岑《しん》仲勉《ちゅうべん》氏の『黄河変遷史』〔第四節〕に説くところである。

河神の祭祀には、犠牲が多く用いられた。とりわけ牛の犠牲が多く、その用法は十

図30　岳・河・夒

図31　王亥

牛、五牛、三牛を沈め、ときに五十牛を用いることがある。沈の字形は水中に牛を流す形で示され、牛を河水に投ずる祭儀をいう。河神の祀りに牛を投ずることは、農耕社会の儀礼としてひろく行なわれていることであるが、卜辞におけるほど多くの牛牲を用いる例は、他にみることのできないものである。

牛と水神とについては、石田英一郎氏の新版『河童駒引考』に、ほとんど全世界にわたる事例が蒐集されており、中国の水神祭祀についても言及されている。牛は古くから農耕に関係があるものとされ、河神に対する牛の犠牲は、後世においてもなお行なわれている。『淮南子』〔説山訓〕に、農耕の役を終えて子を生んだ犂牛《りぎゅう》を犠牲とするが、尸祝《ししゅく》（神官）が斎戒《さいかい》してこれを河に沈めると、河伯もこれを享けるとしるしている。また『漢書』〔趙尹韓張両王伝〕に、王尊《おうそん》というものが東郡の太守となってまもなく、河水が溢れて瓠子《こし》、金隄《きんてい》（河北）が危くみえたとき、尊は吏民を率いて白馬を沈めて河伯に祈り、圭璧《けいへき》を操《と》り、みずから犠牲となることを祈った。牛の犠牲のほかにも、卜辞には玉を奉じ、河神の妾として女子を献ずることをトする例などもあって、その俗は、のちまでも行なわれた。『左伝』には、河神に誓を立てるとき、「かくのごとき河水あり」、すなわち「河神も照覧あれ」ととなえて璧玉を投ずる話が多くみえ、ことに晋の文公の流離譚（『左伝』〔僖公二十四年〕、『国語』〔晋語四〕）のなかに見えるものが有名である。

『穆天子伝』は、周の穆王が河源の地に遊ぶことをしるした物語であるが、天子の西征を迎えて、河神の祭祀者である河宗の子孫が、穆王のために河宗に祭り、河伯無夷《むい》の都する陽紆《ようう》の山をすぎ、河宗伯夭《はくよう》に燕然《えんぜん》の山に迎えられ、そこで河宗に璧を授け、伯夭は西向して璧を河に沈め、巫祝が牛馬豕羊《しよう》の類を沈めて祈ったという話が述べられている。これは河源の地方でのことであるが、卜辞には馬を祀る例はみえない。秦の二世皇帝が涇《けい》水の祟《たたり》をしずめるために望夷宮《ぼうい》に斎《さい》して涇水を祀り、四頭の白馬を沈めたことが『史記』〔秦始皇本紀〕にしるされており、馬を用いるのは西北地区で行なわれた俗であろう。もっとも『呉越春秋』や『史記』〔伍子胥伝〕にも、馬を水神に捧げることがみえるが、それは治水や請雨に関するものでなく、怨霊をしずめるためである。西北地区における馬の犠牲は、オルドスや甘粛の地が天馬の産地とされる特殊な環境から生まれたものであろう。馬と水神についても、新版『河童駒引考』に、北アジアから東ヨーロッパその他に及ぶ地域の説話が集められているが、全体として馬は日神としての天、牛は月神としての地を祀るものという対応をなしている。それはいちおう、騎馬族と農耕族の祭儀という関係におきかえることができよう。

河伯僕牛の話は、明らかに夷系の農耕族の生んだものであるが、それは牧牛のための適地を求めて、異族との間に葛藤を生ずるに至ったことを伝えるものであろう。殷は農耕段階に入ったのちも、祭祀に多くの獣牲を用いており、主農副牧の生活をしていたものと思われる。他にも殷の神話に関係のある『山海経』の記事一条を、ここに録しておく。

東海のうちに流波の山あり。海に入ること七千里、その上に獣あり。状、牛の如く、蒼身《さうしん》にして無角、一足。水に出入するときは、則ち必ず風雨あり。その光は日月の如く、その声は雷の如し。その名を夔《き》といふ。黄帝これを得て、その皮を以て鼓を為《つく》る。橛《う》つに雷獣の骨を以てするに、声五百里に聞ゆ。以て天下を威《おど》せり。〔大荒東経〕

これはいうまでもなく、夔の説話である。おそらくのちの楽正夔の原型となったものであろう。この夔はまた殷の始祖とされているもので、卜文にはまさに無角一足の怪神の姿にかかれている。

水神にまた馮夷《ひょうい》という神がある。神話的な表現を好んだ『荘子』〔大宗師〕篇に、「それ道は、情有り信有るも、為す無く形無し。伝ふべきも受くべからず。得べきも見るべからず。……馮夷これを得て、以て大川に遊ぶ」といい、『淮南子』〔原道訓〕には、馮夷、太丙は雲車に乗り、雲蜺《うんげい》に入り、微霧《びむ》に遊び、遠く高きを極めて往き、霜雪を経て迹なく、日光に照らさるるも景《かげ》なく、崑崙《こんろん》にあがり天門に入るという。いわゆる至人・神人の大自在なありかたを象徴的に述べたもので、荘子の徒のいうところであろう。馮夷、太丙を、後漢の許慎《きょしん》は「馮遅《ひょうい》、太伯は河伯なり」と注している。もとも

とは、『山海経』〔海内北経〕に、「冰夷《ひようい》〔馮夷〕は人面にして、両竜に乗ず」というように、竜形の水神である。『竹書紀年』に「洛伯用、河伯馮夷と闘ふ」とあることはすでに引いたが、『楚辞』九歌の洪興祖の補注に引く晋の葛洪《かつこう》の『抱朴子《ほうぼくし》』〔釈鬼〕篇に「馮夷、八月上庚《じやうかう》〔上旬のかのえ〕の日を以て、河を渡りて溺死す。天帝、署《しよ》〔命名〕して河伯と為す」というのは、その祭儀と関係があるかも知れない。

　馮夷は河伯の異名とされているが、河伯は河神の通名であり、馮夷は特定の水神の名であろう。比較的に古い例では、前漢の司馬相如《しばしようじよ》の「大人の賦《ふ》」に、「霊媧《れいくわ》〔女媧〕をして瑟を鼓し、馮夷をして舞はしむ」、また魏《ぎ》の曹植の「洛神《らくしん》の賦」に、「馮夷、鼓を鳴らし、女媧清歌す」というように、女媧と並んで称することが多い。『楚辞』の〔遠遊〕にも「湘〔水名〕霊をして瑟を鼓せしめ、海若《かいじやく》〔海神〕をして馮夷を舞はしむ」とあり、馮夷はよく舞うものであった。晋の郭璞《かくはく》は『山海経』

図32　河伯

『穆天子伝』などに注し、神話伝承によく通じた人であるが、その〔江賦〕に「冰夷、浪に倚《よ》つて以て傲睨《がうげい》し、江妃、嚬《ひそみ》を含んで矊眇《めんべう》す」と歌っている。冰夷は馮夷。冰夷と江妃とを相対するのは、冰夷が男神であるからであろう。すでに江神であるならば、それはいわゆる河伯ではない。のち河伯と混同されたとしても、本来は江神であったらしく、さらにいえば、その音は伏羲とも近い。「大人の賦」に、女媧と対称されているのもそのゆえであろう。伏羲・女媧を連称し、その両竜交合の図像が固定するようになって、馮夷は水神の男神として分岐するに至ったらしく、その名も『荘子』や〔遠遊〕以後にしかみえない。もし馮夷が伏羲の分身であるとすれば、それは南方苗系の水神である。

　夷羿に射殺された神、また王亥や上甲微の説話にもみえる河伯の説話は、そののち夷系の諸族によって、遠く遼東《りようとう》より朝鮮にも伝えられた。『三国史記』の〔高句驪《こうくり》本紀〕にみえる東明王朱蒙《しゆもう》の説話は、河伯とともにその水神祭祀の古儀を伝えるものである。扶余《ふよ》王の解夫婁《かいふる》は年老いて子がなく、あまねく山川を祀って嗣子を求めたところ、その乗馬が淵にある大石を見て涕《なみだ》を流した。ふしぎに思ってその大石を転がしてみると、金色《こんじき》蛙形の小児があらわれたので、これぞ授かり子であると喜んで、金蛙《きんあ》と名づけて育てた。長じて太子となり位を嗣いだが、太白山下の水辺に赴いたとき、一人の女子を見つけた。素性を問うと、われは河伯の女柳花であるが、天帝の子にいざなわれて熊心《ゆうしん》山下に遊び、父母の怒りを受けてここに謫《たく》されたものだと答えた。金蛙はあやしんで一室に幽閉したところ、日の影が女を逐うようにしてはらみ、一卵を生んだ。王はこれを外に棄てさせたが、犬や豚も食わず、また路に棄てると牛馬もこれを避け、野に棄てると鳥がこれを抱いた。王は不審に思ってこれを剖《さ》こうとしたが固くて破れず、そのうち殻から一人の男子が生まれた。若くして弓を善くし、弓の上手という意味で朱蒙と名づけられたが、その才略をにくんでこれを殺そうとするものがあることを母に教えられ、三人の友人とともに国外に逃れた。川にゆきついて道を失った朱蒙は、「我は天帝の子、河伯の外孫なるぞ」とよぶと、魚たちが浮きあがってきて、その上を渡ってのがれることができた。これが高句麗の始祖伝説で、魏収《ぎしゅう》の『魏書』にもみえ、また好太王《こうたおう》碑にも、同じ話がしるされている。

この説話のうち、卵生説話は殷の始祖伝説をはじめその類型のものが多く、不祥の子として棄てられた話は、周の后稷棄の説話に類している。また大石を転じて小児をえたというのは、禹の子である啓が、石となった禹の妻によびかけると、その石が破れて生まれたというのと同じ系統の話である。文崇一氏の『九歌中的河伯研究』には、殷族を古代の濊貊《わいばく》民族の一分派であるとし、この河伯説話をその明証であるとしているが、このような説話の分布はかなりひろく、インドから東南アジア、台湾、フィリッピン、太平洋諸島、華東より朝鮮半島に及んでおり、必ずしもこれによって殷と濊貊との種族的同一を証しうるものではない。ただ殷と遼東との文化的な関係が、かなり古くからあったことは、その土器文化の上からも考えられ、また河北や熱河から殷の古銅器が多く出土していることからも、推測することができる。しかし一般に、民族の移動ということは、文化の伝播とは区別して考える必要がある。殷族はツングース族であるというシロコゴロフ〔『北方ツングースの社会構成』〕のような議論は、わが国のいわゆる騎馬民族征服説などとともに、とりわけ慎重なるを要するのである。

三　玄鳥説話

高句麗の卵生説話は、明らかに殷の玄鳥説話の系列に属するものであるが、いわゆる卵生説話はひろい分布をもつもので、三品彰英氏の『神話と文化境域』には、新羅、加羅の始祖伝説よりはじめて、降下卵生型の説話、その他鳥卵型、化生型、人態出産型などの説話五十二例をあげ、これを箱舟漂流型と合わせて南方系説話としている。卵生族祖説話のうち、中国に属するものには、殷の玄鳥説話のほか、徐偃王の説話、南蛮多摩萇国の説話や海南島の黎族、安南の始祖王の説話などがあり、チベットにも類話がある。その分布の範囲によって、三品氏は古くインドネシア、インドシナ、中国沿岸地域、台湾、朝鮮にわたる一連の境域に卵生神話要素があって、大陸の沿岸では大陸の文化と接触して人態型として発展し、他はそれぞれの地域性をもつ説話となったとしている。この説話が韓族の間に濃厚に分布するにかかわらず、その形態を以てわが国に行なわれることがなかったのは、大いに注意すべき事実であろう。

殷の感生帝説話は、この卵生説話の系列のなかでも、玄鳥（燕）が卵をおとしたという形態をとるものであるから、玄鳥説話として特徴づけることができる。『詩』の商頌〔玄鳥〕に、「天、玄鳥に命じて　降《くだ》りて商を生ましめ　殷土の芒芒《ばうばう》たるに宅《を》らしむ」と歌われているのが、その説話である。その古い注である『毛伝』に、「春分、玄鳥降る。湯の先祖有娀《いうじゆう》氏の女簡狄《かんてき》、高辛氏の帝に配す。帝、率《ひき》ゐてこれを郊禖《かうばい》に祈りて、契《せつ》を生む。故にその天の命ずるところたるにもとづきて、玄鳥の至るときを以て生めり」とし、玄鳥すなわち燕は、男女の合する季節を示すものとする。また同じく鄭玄《じようげん》の『箋《せん》』に、「天、鳦《いつ》（燕）をして下りて商を生ましむとは、鳦の卵を遺《おく》り、娀氏の女簡狄、これを呑みて契《せつ》を生めるを謂《い》ふ」と感生帝の説話に解しており、その方がよい。

『呂氏春秋』〔音初〕篇に、「有娀氏に二佚女《いつぢよ》あり。これが九成（九層）の台を為《つく》り、飲食するに必ず鼓を以《もち》ふ。帝、燕をして往きてこれを視しむるに、鳴くこと謚隘《しあい》の如し。二女愛して争ひてこれを搏《う》ち、覆《おほ》ふに玉筐《ぎよくきやう》（玉のはこ）を以てす。しばらくして発《ひら》きてこれを視るに、燕、二卵を遺して北飛し、つひに反らず」といい、そのとき二女が歌うたのが、北方の歌のはじめであるという。『淮南子』〔墬形訓〕にもその説話を載せて、二女とは長女の簡翟、少女の建疵《けんし》であると、その名をしるしている。どうして二女となったのか知られないが、『史記』〔殷本紀〕では、帝嚳《ていこく》の次妃である簡狄が、三人で水浴《みずあみ》していて玄鳥が卵を堕《おと》すのをみて、簡狄がこれを呑み、契《せつ》を生んだという。『呂氏春秋』〔仲春紀〕に「この月や玄鳥至る。至るの日、太牢《たいろう》（牛羊豕の犠牲）を以て高禖《こうばい》に祠る」とし、『礼記』〔月令〕にも同じ記述がある。高禖は郊禖と同じく、子を求めることを祈るところである。玄鳥説話は、この郊禖の俗から生まれたものであり、そこに神話と、神話の生まれる儀礼との関係を知ることができる。

『詩』の商頌は、春秋の中ごろ、宋の襄公《じょうこう》のときに成立したもので、頌《しょう》とはいっても、大雅と同じように分章形式をもつ詩篇である。『楚辞』の〔天問〕に、「簡狄、台に在り　嚳《こく》何をか宜《ぎ》（供食）する　玄鳥、貽《おくりもの》を致す　女なんぞ嘉《はら》める」と歌うのは、商頌のような廟歌ではないから、かえってその古い形を存するものと思われる。宜は⿰阝尊《そん》宜《ぎ》の意で食を供すること、嘉は卜辞にいう娩嘉《べんか》の嘉で、男子を生むことをいう。いずれも卜辞にみえる古い用法である。これによると、簡狄が台にあるとき、これに玄鳥の卵を食せしめたのは帝嚳である。帝嚳は舜のまたの名であり、卜辞に夒《き》というものもそれであろう。それはのちにいうように、太陽神としての性格をもつものであった。玄鳥の卵によって生まれた契《せつ》は、商頌の〔長発〕などには玄《げん》王とよばれており、『荀子』

〔成相〕篇に〔契玄王〕という句がある。玄鳥の子という意味であろう。

このことから、殷族は鳥トーテムをもっていたのではないかと推測する人もある。胡厚宣《ここうせん》氏の「甲骨文商族鳥トーテムの遺跡」という論文に、歴史唯物主義の観点からみると、いわゆる契には父がなく、玄鳥が商を生んだという伝説は、早期の商族がかつて母系氏族の社会段階にあり、また玄鳥をトーテムとしたことの残迹の反映であろうという。そして少皞《しょうこう》氏帝摯《ていし》は、すなわち契に外ならないとする郭沫若氏〔『中国古代社会研究』〕の説を引き、『逸周書』〔嘗麦解《しょうばくかい》〕に、少昊《しょうこう》が鳥師に任ぜられたとしていること、また『左伝』〔昭公十七年〕にみえる郯子《たんし》国の伝承をあげている。『左伝』のその条には、他にもトーテムの遺存を示すらしい説話がしるされている。

秋、郯子来朝す。公、これと宴す。昭子問ふ。曰く、少皞氏、鳥もて官に名づくるは、何の故ぞと。郯子曰く、吾が祖なり。我これを知れり。むかし黄帝氏〔軒轅〕は雲を以て紀《しる》す。故に雲師と為りて雲もて名づけたり。炎《えん》帝氏〔神農〕は火を以て紀す。故に火師と為りて火もて名づけたり。共工氏は水を以て紀す。故に水師と為りて水もて名づけたり。大皞《たいかう》氏〔伏羲〕は竜を以て紀す。故に竜師と為りて竜もて名づけたり。我が高祖少皞摯の立つや、鳳鳥たまたま至る。故に鳥に紀して鳥師と為し、鳥もて名づけたり。鳳鳥氏は歴正《れきせい》（暦の官）なり。玄鳥氏は分（春分秋分）を司るものなり。伯趙《はくてう》氏（伯労）は至（夏至と冬至）を司るものなり。青鳥氏は啓《けい》（立春立夏）を司るものなり。丹鳥氏は閉《へい》（立秋と立冬）を司るものなり。祝鳩氏は司徒（人事の官）なり。雎鳩《しよきう》氏は司馬（軍事の官）なり。鳲《し》鳩氏は司空（土木の官）なり。爽《さう》鳩氏は司寇《しこう》（司法の官）なり。鶻《こつ》鳩氏は司事なり。五鳩は民を鳩《あつ》むるものなり。五雉《ち》を五工正と為す。器用を利し、度量を正し、民を夷《たひ》らかにするものなり。九扈《こ》（鳥の名）を九農正と為す。民を扈《とど》めて淫することなからしむるものなり。顓頊《せんぎよく》より以来は、遠き（雲・竜など）を紀《しる》すこと能はず。乃ち近きを紀して民師と為し、命ずるに民事を以てす。則ち（昔のごとく瑞徳あること）能はざるの故なり。

顓頊より以前の古い時代のことは知りがたいが、黄帝より以来は雲、火、水、竜、鳥を以て官をしるしたとするもので、トーテム的な伝承とみられる。孔子がこれを聞いて、郯子に学んで古事を問い、「天子、官を失ひ、学は四夷に在りと。なほ信なり」と歎じたという。

この説話が、どれだけ歴史的な事実を伝えているかはもとより知られないが、共工や伏羲のほかは、みな古帝王説話によるものである。また郯子国の伝承は、郯子みずから語るところであるが、そのいわゆる鳥官は、卜辞にみえる四方神や風神、『山海経』や『説文《せつもん》』にみえる使鳥、方鳥という観念と通ずるものがあり、そのような古代神話から転化したものであろうと考えられる。

郯子は夷系の国であるが、少皞氏は『世本』に己《き》姓の祖とされ、晋の杜預《どよ》の注以下はみなこれによる。『山海経』〔大荒北経〕に目一つの神のことを述べ、「一にいふ。これ威姓にして、少昊《せうかう》の子なり」とし、古帝王のことをしるす六朝期の『帝王世紀』に、「少昊帝、名は摯《し》、字は青陽、姫《き》姓なり。母を女節といふ。黄帝のとき、大星の虹の如きものあり。下りて華渚《くわしよ》（地名）に流る。女節、夢に接して意《こころ》に感じ、少昊を生む。これを玄囂《げんがう》と為す。降《くだ》りて江水に居る。聖徳あり、窮桑《きゆうさう》に邑す。以て帝位に登る」という説話を伝えている。後漢の『説文』には帝少皞を嬴《えい》姓とし、また『潜夫論』〔志氏姓〕篇なども嬴姓説をとっている。その字はまた盈《えい》に作る。陳槃《ちんばん》氏の『春秋大事表譔異』〔冊四〕に、その師である傅斯年《ふしねん》氏の「夷夏東西説」を引き、皞陶の皞は大皞、少皞の皞であり、皞陶が偃姓とされるのは嬴、盈と同じであるから、嬴姓の郯《たん》と秦とはもと同系であり、のち両者が東西に隔絶したものであるとする。皞陶はさきに述べたように、岳神伯夷の異称であり、傅斯年氏の説の如くならば、郯、秦はみな羌族にして姜姓となるはずである。

郯の故城は山東沂《き》州の東南にあり、西周初期の金文である令毀《れいき》に、「これ王、ここに楚伯を伐ちて炎に在り」という炎を、郭氏の『古代銘刻彙攷』にこの郯であるとするのは、遠きに過ぎよう。令毀にみえる炎は、周の東国経営の前進拠点であったとみられるからである。ただ少皞の都の虚《あと》は、周初に魯侯伯禽《はくきん》の封ぜられたところであり、郯子の故居はあるいはもとその曲阜《きよくふ》の地であったことが考えられる。また河南の陳は大皞の虚とされ、その族はかつて河南にいたことも推測されるが、いわゆる少皞摯が胡氏のいうように契《せつ》であるならば、契の母簡狄は玄鳥説話をもつものであるから、郯子の国に鳥トーテムが伝えられていることも不自然ではない。

殷族と鳥トーテムとの関係について、より直接なものとしては、王亥の例をあげることができよう。『山海経』〔大荒東経〕に、「人あり、王亥といふ。両手に鳥を操《と》る」という王亥は、卜辞ではまさしく亥の字が鳥形の下にかかれており、その例が数片も見える（図31参照）。おそらく王亥の神像そのものを伝える字であろう。王亥は殷の神話的祖神であったらしく、その祭祀には多くの犠牲がささげられており、十牛、九牛、五牛という例が多い。また十南、三南三羌など、異族を犠牲とすることも多く、河神に河妾をおくるように、王亥に妾を侑めることを卜した例もある。また王亥の母に燎《りょう》することがあり、祖王に対する祭祀の一般の例とははなはだしく異なるところがある。王亥以後には、その配偶の名が卜辞にみえるが、王亥の父とされる季には王妃の祀礼がない。すなわち王亥以前の神話的祖神は、みな「独り神なりませる」神であった。王亥の母を祀る卜辞例があるのは、「玄鳥、商を生む」という伝承が、本来はここにはじまるものであったかも知れない。そしておそらくそれが、契の話にまで架上されていったのであろう。王亥、王恒が兄弟神であり、それぞれはじめての対偶神であるということも、初生説話らしい形迹をとどめている。

殷の祖神としての玄鳥は、卜辞に鳥形を以て示され、遠祖を祀る禘《てい》の祭祀を享けているものがそれであろう。「丁巳《ひのとみ》、卜して貞《と》ふ。鳥に禘せんか」、「貞ふ。鳥に禘するに、三羊三豕三犬（を用いんか）」などの鳥は、鳥形の胸に一本の横画を加えた形にかかれている。その字は卜辞の研究者の間にも、雉・犠

図33　鳴鳥

・鴻にして帝鴻、また蚵《か》・禼《せつ》にしてすなわち契とするなど、いろいろに釈されている。また卜辞に「この日の夕、鳴鳥あり」のように、鳴鳥というときにもその字を用いる。鳴鳥の例としては、『書』の〔高宗肜日《ゆうじつ》〕に「ここに雊《な》ける雉《きじ》あり」とみえ、『史記』〔殷本紀〕に「帝武丁、成湯を祭る。明くる日、飛べる雉あり、鼎の耳に登りて呴く。武丁懼《おそ》る」という話をのせる。何らかの伝承があったのであろうが、詳しいことは知られない。沿海の地では群鳥を祭る例が多く、『国語』〔魯語上〕に「海鳥を爰居《ゑんきよ》といふ。魯の東門の外にとどまること三日、臧文仲《ざうぶんちゆう》、国人をしてこれを祭らしむ」とみえ、『荘子』〔至楽〕に「むかし海鳥、魯の郊に止まる。魯侯、御《むか》へてこれに廟に觴《しやう》（酒）し、九韶《せう》（古楽）を奏して以て楽と為し、太牢（犠牲）を具へて以て膳と為す」というのも、そのことであろう。しかしこれは、さきに述べた玄鳥を太牢を以て高禖に祀る儀礼と同じであり、鳥を霊的なものの来現とする思想である。殷の玄鳥説話は、おそらくこのような古代の儀礼を背景として生まれたものであり、東海の卵生説話とともに、きわめて沿海的な性格をもつものであると思われる。

四　舜の説話

『史記』の〔殷本紀〕に載せる殷の系譜は、大きく三系に別れている。湯を始祖とする人王の系譜、上甲微を首とする六示《りくじ》の系譜、及び夔《き》より王亥、王恒に至る神話的先公の系譜がそれである。このうち湯すなわち大乙以下は、一定の順序でくりかえして行なわれる祖祭の体系をもち、その祀序によって系譜や世代の関係を知ることができる。また六示は、上甲微より報乙、報丙、報丁、示壬、示癸という十干の序列にならんでおり、また一類をなしている。祖祭の体系としては、上甲より以下、祖王をも含めて、その直系のみを祀る衣祀《いんし》とよばれる上下の合祭があり、六示もまたその祖王の系列に入るものとされている。ただ夔より以下王亥、王恒に至る神話的な祖神については、祀序も明らかでなく、したがって系譜的な関係は知られない。ところが『史記』では、これに系譜を与えている。『史記』は帝嚳高辛氏を〔五帝本紀〕のなかに列しているので、殷の系譜を契よりはじめている。

殷契、母を簡狄といふ。有娀氏の女、帝嚳の次妃たり。三人行きて浴し、玄鳥のその卵を堕《おと》せるを見、簡狄取りてこれを呑む。因りて孕みて契を生めり。契、長じて禹を佐け、水を治めて功あり。帝舜、乃ち契に命じて曰く、百姓親しまず、五品（五倫）訓《したが》はず。汝、司徒と為り、敬《つつ》しんで五教を敷き、五つながら教ふること寛にあれと。商に封じ、姓を子氏と賜ふ。契、唐虞大禹の際に興り、功業百姓に著はる。百姓以て平かなり。

そののち、昭明、相土《しょうど》、昌若《しょうじゃく》、曹圉《そうぎょ》、冥《めい》、振（以上先公）、微、報丁、報乙、報丙、主壬、主癸《しゅき》（以上六示）と相承け、主癸ののち天乙すなわち成湯につづく。微以下は、卜辞では上甲、報乙、報丙、報丁、示壬、示癸に作り、いわゆる六示で、その名と序列に小異がある。契以下については卜辞と名の異なるものが多く、冥が季、振が王亥であるほかは、対比の関係も明らかでない。そのため卜辞の先公諸神について種々の説を生ずるが、それは全体としてなんらかの神話的意図を含むものであったと考えられる。まず〔五帝本紀〕のなかに加えられている帝嚳からはじめよう。

帝嚳はすなわち舜である。『国語』〔魯語上〕に「商人、舜に禘して契を祖とし、冥に郊して湯を宗とす」とその遠祖の祭祀をしるしているが、漢のはじめころに整理された『礼記《らいき》』〔祭法〕には、「殷人、嚳に禘して冥に郊し、契を祖として湯を宗とす」

としており、禘の対象とされるものは〔魯語〕では舜、「祭法」では嚳である。禘は嫡祖としてまつる祭儀をいい、卜文では啻の形に作り、のちの嫡にその形を含む。禘祀されるものはその始祖に外ならない。

卜文ではおそらく夔《き》とするものがそれであろう。その字は多く夒《どう》と釈されているが、『説文』五下に夒は「貪獣《たんじう》なり。一に曰く、母猴《ぼこう》なり」とあり、字形中の夏の他は手足の形である。また夔には、「竜の如くにして一足、夊に従ふ。角手あり。人面の形に象る」とあって、神獣の形としている。『国語』〔魯語下〕に「木石の怪を、夔・蝄蜽《まうりやう》と曰ふ」という夔は、晋の韋昭《いしよう》の注によると「夔一足、越人これを山繅《さんさう》といふ。……或いは猱《さる》に作る。富陽（地名）にこれあり。人面にして猴身《こうしん》、能くものいふ」とあり、夔は一足の神である。『山海経』〔大荒東経〕に、水に出入するときには必ず風雨を伴い、光は日月の如く、声は雷の如く、黄帝がこれを以て鼓を作ったという話はすでに引いたが、これが『書』の〔堯典〕に、楽官の夔としてみえるものの原型であろう。〔舜典〕に、「ああ、われ石を撃《う》ち石を拊《う》てば、百獣率《ひき》ゐ舞ふ」というのは、この山神の姿を経典化したものである。堯の楽正とされるのは、〔堯典〕の文の全体がそうであるように、神話的なものからの経典化に外ならない。

夔の卜文の字形には、上部に両手を加えているものがあり、それに音符としての告を加えた形声の字が嚳であろう。それで夔は、古帝王の説話としては帝嚳とよばれ、帝嚳高辛氏という。高辛の名も由るところは知りがたいが、殷の国名である商の字が辛の字形を含んでいることと関係があるかも知れない。あるいは〔大荒東経〕に「五采の鳥あり。相郷《むか》ひて沙を棄つ。これ帝俊の下友なり」というように、五采の鳥が殷族のトーテムであったとすれば、鳳の卜文形に辛字形の高冠を加えているように、その辛から出ているのかも知れない。いずれにしても『山海経』〔海内経〕に「帝舜、羿《げい》に彤《とう》(丹)弓、素(白)矰(いぐるみ)を賜ふ」というのは、『説文』十二下に「羿は帝嚳の射官なり」というのと同じであり、帝嚳と舜・俊とは同じである。羿は東夷の奉ずる神で、夏に対して最初に革命をくわだてたものであることは、さきに述べた。

嚳と舜とが同じ神にして名を異にするのは、神はその属性に従って多くの名をもつことがあるからであり、『帝王世紀』では「帝嚳……生まれながらにして神異、自らその名を言ひて逡《しゅん》といふ」ともいう。民国初年の王国維の『古史新証』に、嚳と舜とは、その古い字形から転化したものであるとするが、嚳と舜とがともに用いられていることからみて、異名としてよい。『山海経』には俊の字を用い、その関係の記事は二十三条に及ぶが、なかに「帝尭の台、帝嚳の台、帝丹朱の台、帝舜の台、各二台、台は四方、昆侖の東北に在り」、「帝尭、帝嚳、帝舜は、岳山に葬る」など、嚳、舜を並び称しているものがあるのは、両者が早くから混淆されて、別の神とされていたのであろう。

いま『山海経』の記述を整理すると、帝俊の墓所をいうもの七、帝俊の系譜をいうもの十一、四鳥を使い、鳳皇《ほうおう》五采の鳥ありというもの六、帝俊の台、竹林ありというもの三、歌舞することをいうもの二、及び羲和《ぎか》とあわせていうもの三である。一条のうち数事にわたるものもあるが、ここではそのうち羲和と四鳥のことを考えてみよう。

五　太陽神とその御者

『山海経』では、羲和は帝俊の妻であり、月神であるとされている。

東南海の外、甘《かん》水の間に羲和の国あり。女子あり。名を羲和といふ。まさに日、甘淵《かんえん》に浴す。羲和は帝俊の妻にして、十日を生む。〔大荒南経〕

大荒の中に不庭《ふてい》の山あり。栄水ここに窮まる。人あり三身、帝俊の妻娥皇《がくわう》、この三身の国を生む。姚《えう》姓にして黍《しよ》食《しよく》、四鳥を使ふ。淵、四方、四隅みな達す。北のかたは、黒水に属《つ》き、南のかたは大荒に属く。北旁を名づけて少和の淵といひ、南旁を名づけて従淵といふ。舜の浴するところなり。〔大荒南経〕

女子あり、まさに月を浴せしむ。帝俊の妻常羲、月十有二を生む。ここに始めてこれを浴せしむ。〔大荒西経〕

羲和は帝俊の妻として十日を生み、また十二月を生んだという。甘淵に浴する太陽は、また不庭の山の淵に浴する舜である。それならば、舜は太陽神の性格をもつものといわなければならない。そして四鳥を使うというのは、卜辞の四方風神にみられるように、天上の支配者でなくてはならない。舜の太陽神としての性格は、舜の妻とされる羲和が、また太陽の御者として、『楚辞』〔離騒〕に「われ羲和をして節〈運行〉を弭《とど》めしめ　崦嵫《えんじ》〈日の入る山〉を望んで迫ることなからしむ」、また〔天問〕に「日なんぞ到らざる　燭竜〈月〉何ぞ照らせる　羲和のいまだ揚《あ》がらざるに　若華〈若木〉何ぞ光れる」と歌うことからも知られる。

舜が太陽神であり、十日を生んだものとすると、その十日を射た夷羿との関係はどうなるのか、それを考えてみる必要があろう。十日の説話は苗族にもみられるものであるが、これは殷人の固有の説話であったように思われる。殷人は十日を一旬《じゆん》として暦法上の単位とするのみならず、旬末に次の一旬の吉凶を卜する卜旬といわれる時間的な修祓を行なっており、卜辞の全時期を通じて、王朝の諸行事の基礎をなすものであった。日ごとに吉凶が問題となるのは、十個の太陽が各々特定の性格をもつものであったからである。日々の朝政は、太陽を送迎する賓餞《ひんせん》の礼、すなわち朝《ちよう》、夕《せき》の儀礼として行なわれた。政事を朝というのはそのなごりである。

十日を司るものは十巫であった。『山海経』〔大荒西経〕に「大荒の中に山あり。名を豊沮《ほうそ》玉門といふ。日月の入るところに霊山あり。巫咸《ふかん》、巫即《そく》、巫盼《はん》、巫彭《はう》、巫姑《こ》、巫真、巫礼、巫抵《てい》、巫謝、巫羅《ら》の十巫、これより升降す。百薬ここに在り」とみえ、巫咸を首とする十巫がその司日者であった。巫咸は〔海外西経〕に巫咸の国があり、『淮南子』〔墜形訓〕に、軒轅邱《けんえんきゆう》の北に巫咸の地があるという。『楚辞』の〔離騒〕に「巫咸まさに夕に降らんとす」というのは、司日者としてのことであるが、巫咸は同時に王朝の聖職者でもあり、『書』の〔君奭《くんせき》〕に、湯のときの伊尹《いいん》、太甲のときの保衡《ほこう》についで、「太戊《たいぼ》に在りて、ときに則ちこの伊陟《いちよく》、臣扈《こ》ありて上帝に格《いた》り、巫咸、王家を乂《をさ》む」とみえ、また祖乙のときの巫賢、武丁のときの甘盤《かんばん》の名があげられている。

尹、保、巫などの聖職者が王室に参加しているのは、その聖俗合体の形態が、王朝として必要であったのであろう。

夷羿の説話に、十日並び出でて地上が大旱におそわれたとき、その九日を射てこれを救うたという話があるのは、単なる旱魃説話と解してよいが、十日説話が殷族の太陽祭祀のための基本形態であるとするならば、夷羿はまたこの殷族の対立者でもあったと解することができよう。羿の話と同じ形態のものが、苗人の伝承のうちにも存することは、そのことを思わせるからである。徐松石氏の『粤《えつ》江流域人民史』に引くその説話は、袁珂《えんか》氏の『中国古代神話』にも紹介されている。十個の太陽が一時にあらわれたとき、賢者たちの合議によって、弓の名手にこれを射ち落とさせることにしたが、一個の太陽だけがそれを逃れて西山に入ったまま、再び上ることをやめ、ながい暗黒のときがつづいた。それで太陽をよびかえさせることにし、獅子や黄牛が相ついで太陽をよんだが、声が凶悪なので成功しなかった。最後に雄鶏の美しい声にさそわれて、太陽が姿をあらわしたという、日食儀礼を思わせるような説話である。徐氏はこのことから、苗人はかつて山東におり、それで山東に夷羿の話が残されたのだとしているが、羿には悪神を退治した話もあり、夏夷の革命を行なって、河伯を殺し洛嬪《らくひん》をえたという説話も〔天問〕にみえ、夷系部族の神として、独立した神話の主人公であるらしく思われる。

羿はまた、月神の常娥《じようが》の説話と関係をもっている。『淮南子』〔覧冥訓〕に、羿が西王母に不死の薬を求めたところ、その妻の恒娥《こうが》が薬をぬすんで月中に奔り、そのまま月中にとどまった。月の精である蟾蜍《せんじよ》（ひきがえる）は、その化身であるという話である。ここでも舜の妻である常娥が、羿の妻とされている。羿にも古くは太陽神的な性格が与えられていたのかも知れない。羿は夷羿ともいわれる夷系の部族であるが、夷系のものにも沿海系、江淮系あるいは東北系に属するものもあったらしく、その東北系のものは古代のツングース族と関係があったかも知れない。のちにいう蚩尤のごときも、その系統のものであろう。

『山海経』中の俊が四鳥を使うとする記事については、卜辞にみえる四方の方神と風神との関係が注意される。〔大荒東経〕に、司幽《しゆう》の国は帝俊の後であるが、その曾孫にあたる思士《しし》、思女はたがいに配偶がなく、四鳥を使者とするという。帝俊の子である黒歯の国は姜姓で、黍食にしてまた四鳥を使う。〔大荒南経〕の三身の国は、帝俊の妻娥皇の生むところで姚《よう》姓、また黍食にして四鳥を使う。載民《てつみん》の国も帝舜の後で穀食し、織らず稼《か》せず、ここに歌舞する鳥があって、鸞鳥《らんちよう》はみずから歌い、鳳鳥はみずから舞う。そこには百獣が相群して処るという。最後の一条は、『書』の〔尭典〕に、楽正である夔が「ああ、われ石を撃《う》ち石を拊《う》てば、百獣率ゐ舞ふ」という記述の原型をなすものであるが、その国の描写は、明らかにジグラットから発展したパラダイスを思わせるものである。

四鳥を使うことは、卜辞には方位の神、すなわち方神のこととしてみえる。その神名をあげるものに「東方を析《せき》といふ。風を劦《けふ》といふ。南方を夾《けふ》といふ。風を㞒《び》といふ。西方を韋《ゐ》といふ。風を彝《い》といふ。北方を□といふ。風を殳《しゆ》といふ」とあり、析、夾、韋、□が東南西北の方神、劦、㞒、彝、殳が同じくその風神の名である。風は鳳の字形で示されており、『山海経』にいう四鳥がそれにあたる。それぞれの方神・風神には、風雨のことを祈り、年穀を求める卜辞がある。これと対応するものが『山海経』〔大荒東経〕にみえ、

大荒の中に山あり。名を鞠陵于天《きくりよううてん》・東極・離瞀といふ。日月の出づるところ。名を折丹《せつたん》といふ。東方を折といふ。来風を俊といふ。東極に処りて、以て風を出入す。〔大荒東経〕

南海渚中に神あり。人面、両青蛇を珥《じ》（耳飾り）にし、両赤蛇を践む。不廷胡余といふ。神あり、名を因因乎といふ。南方を因乎といふ。夸風を乎民といふ。南極に処りて、以て風を出入す。〔大荒南経〕

人あり。名を石夷といふ。来風を韋といふ。西北隅に処りて、以て日月の長短を司る。五采の鳥あり。冠あり、名を狂鳥といふ。〔大荒西経〕

女和《くわ》月母の国あり。人あり。名を鳧《あん》といふ。北方を鳧といふ。来え風を猋《えん》といふ。これ東極の隅に処りて、以て日月を止め、相間《まじ》はりて出没することなからしめ、その短長を司る。〔大荒東経〕

図34　四方風神

という。これらの方神は日月の出入長短、及び風の出入を司る神である。それは司日神のいわば四方分治の形式をとるものである。おそらく上帝たる舜は、その上位神としてこれを統べるものであろうが、『山海経』にみえる方神の名が鞠陵于天や不廷胡余のように

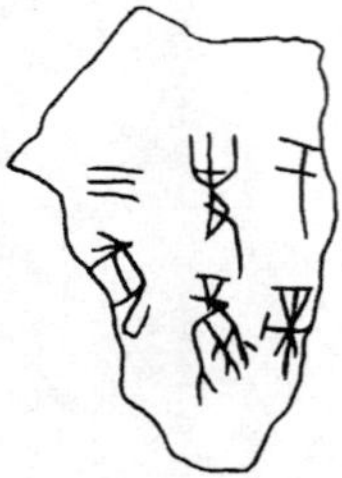

図35　帝史鳳

外来語の音訳であるらしいことが注意される。それにしても、卜辞とほぼ対応する名もあり、その原型が外来のものであるとしても、早い時代に殷の神話体系のうちに摂容され、方神・風神として帝の下神とされたのであろう。卜辞には「帝の史（使）鳳」という語があって、帝にもおそらくまた四方の風神が属していたのであろう。

　舜の説話にみられる羲和と、この四方風神の意味するところは、そののち神話としての伝承を失って、経典の作者たちによる改変が行なわれた。それは羌人の聖地である岳神の伯夷が、許由、皋陶などとその名を分化しながら、『書』の〔尭典〕〔皋陶謨《こうようぼ》〕〔呂刑〕にそれぞれ典刑の制定者として語られ、また洪水神である禹や共工が古聖王、あるいは四凶の一とされていったのと同じである。本来は太陽神話であると考えられる舜の説話の体系は、『書』の〔尭典〕では、羲仲、羲叔、和《か》仲、和叔という四人の司政官の四方分治の物語に変形されている。そのため意味の不明な奇怪な物語となったが、経学者たちはこれに種々の附会的な説明を加え、いまもそのような解釈のままでよまれている。経典の批判的研究は、まだ何ほども進んでいないといってよい。この説話に関する〔尭典〕の文は、次のごとくである。

乃ち羲和に命じ、欽《つつ》しんで昊天《かうてん》に若《したが》ひ、日月星辰を歴象し、敬《つつ》しんで民に時を授けしむ。

分ちて羲仲に命じて嵎《ぐう》夷（東）に宅《を》らしむ。暘谷《やうこく》といふ。寅《つつ》しんで出日を賓《むか》へ、東作（春耕）を平秩《べんちつ》（治定）せしむ。日は中《ひと》しく星は鳥（星）なり。以て仲春を殷《ただ》す。その民は析《わか》れ（分居し）、鳥獣は孳尾《じび》（交尾）す。

申《かさ》ねて羲叔に命じて南交《なんかう》（南）に宅らしむ。明都といふ。南訛《なんくわ》（南方の教化）を平秩し、敬しんで致さしむ。日は永く、星は火（星）なり。以て仲夏を正す。その民は因《あつま》り、鳥獣は希革《きかく》（脱毛）す。

分ちて和仲に命じて西に宅らしむ。昧谷《まいこく》といふ。寅《つつ》しんで納日（夕日）を餞《おく》り、西成（秋の収穫）を平秩せしむ、宵《よる》は中《ひと》しく、星は虚（星）なり。以て仲秋を殷《ただ》す。その民は夷《たひら》ぎ、鳥獣は毛毨《まうせん》（毛がわり）す。

申《かさ》ねて和叔に命じて朔方《さくはう》（北）に宅らしむ。幽都といふ。朔易（北方）を平在《べんざい》（治察）せしむ。日は短く、星は昴《ばう》（星）なり。以て仲冬を正す。その民は隩《あたたか》くし、鳥獣は氄毛《じようまう》（密毛）す。

羲和仲叔を四方の官に配するのは、太陽の御者羲和を四方に分化したもので、すでにマスペロがこれを明らかにしている。しかしその当時、卜辞の方神・風神のことはなお知られておらず、〔堯典〕のこの部分は解明されないままであった。いまこれによって考えると、〔堯典〕に四方の民の状態として述べる析、因、夷、隩はそれぞれ方神の名である析、夾、韋、□から転化したものであり、また鳥獣の状をいう語は、風神である風が鳳の形でしるされているため、これを鳥獣とし、それぞれの神名を解しえずして、四時における鳥獣の状をいう語に改めたのである。このような無意味な変改によって、舜の説話や方神・風神の伝承はあとかたもなく消えうせ、経典の中に埋没した。その上、舜の神話の性格を示すとみられる鸞鳳歌舞し、百獣群居するという神殿の状態は、楽正夔の上に移された。夔が、舜の卜辞にみえるときの名であることは、すでに述べた通りである。〔堯典〕や〔皋陶謨〕をその神話的な原型に復原すると、三代の聖典とされるこれらの諸篇の内容は、ことごとく雲散し霧消する。しかしそのうちにも、遠い時代における神話のなごりは、なおかすかにその残映をとどめているのである。

六　光明と暗黒

『書』の〔尭典〕には、舜が南巡して蒼梧《そうご》の野《や》に崩《ほう》じたという。それは長沙のなお南、九嶷山に近いところである。『山海経』の〔大荒諸経〕にそのことがみえ、『楚辞』〔離騒《りぞう》〕にも、作者はその苦衷を舜に訴えようとして「沅《げん》、湘《しやう》（川の名）を済《わた》りて以て南に征《ゆ》き　重華《ちようくわ》（舜）に就《つ》きて詞《ことば》を陳《の》べん」と歌っている。また神巫である巫咸《ふかん》がまさに降らんとする夕、霊占を求めると、百神を従えた九嶷の神が紛然として並び迎えるという描写がある。舜の伝承は、この地にも及んでいたのである。

それはおそらく、舜に嫁した娥皇《がこう》と女英が、蒼梧に崩じた舜のあとを追うて湘水のほとりに至り、水死して湘君、湘夫人とよばれる神となったという伝承と、関係があろう。『楚辞』の〔九歌〕は楚の祭祀歌謡であるが、その中に〔湘君〕〔湘夫人〕の二篇があり、水神としての娥皇、女英を祀る歌とされている。しかしその歌辞は、明らかにこの両者を対偶神とするもので、たとえば河神としての河伯と洛水の神の宓妃《ふくひ》のように、近接する二水の神は、対偶神として祀られることが多かったのである。しかしそれにしても、舜と南方との関係については、まだ何か問題が残されているように思われる。

〔虞夏の書〕にみえる諸篇の様式は、おそらく戦国期の儒者たちによって作られたものではないかと思う。『論語』の最も新しい部分や『孟子』に『詩』『書』の引用がみえるが、同じような様式のもので、いまの『書』にみえない文が『孟子』や『墨子』に散見している。殊に『孟子』にいう舜の物語は、おそらくもと『書』の資料の一部をなすものであろう。〔万章上〕に、舜がその父母や、腹違いの弟である象《しよう》のたくらみで、いく度も殺されようとする話がある。

　父母、舜をして廩《りん》（穀倉）を完《をさ》め（屋根葺き）しむ。階を捐《す》つ。瞽瞍《こそう》（舜の父）廩を焚《や》く。井を浚《さら》はしむ。出づ。従ってこれを揜《おほ》ふ（埋める）。象曰く、都君《とくん》（舜を蓋《おほ》ふことを謨《はか》るは、みな我が績（功）なり。牛羊は父母、倉廩は父母、干戈《かんくわ》は朕《われ》、琴は朕、弤《てい》（丹塗りの弓）は朕、二嫂《そう》（舜の二妃）は朕が棲（室）を治めしめんと。象、往きて舜の宮に入る。舜、牀《しやう》に在りて琴ひく。象曰く、鬱陶《うつたう》として君を思ふのみと。忸怩《ぢくぢ》たり（恥じるさま）。舜曰く、これこの臣庶《しんしよ》（象をさす）、汝それ予《われ》において治めよ（臣事せよ）と。

舜の父母は弟の象を愛して、舜を亡きものにしようとする。まず倉廩の屋根を葺かせ、梯子をはずして火をつけたが、舜はすでにのがれていた。また井戸を浚えさせておいて上から土を埋めたが、これも横穴から脱出した。舜を埋めこむのに成功したと思った象は、この計画を成功させたのは私だといって、あとの財産分けを指示する。牛羊と倉廩とは父母に与えよう。干《たて》と戈《ほこ》、琴、彤弓は朕が所有し、舜の二妃もわたしに侍らせる。そう定めて象は舜の室に入ると、意外にも舜は牀にあって琴を弾いている。象はバツがわるくて「あなたのことが、いぶせく気がかりで」とその場をつくろうが、さすがに間のわるさがかくせない。舜は何事もなかったもののように、「汝はわたしのために仕事にせい出すがよいぞ」とかわらぬ信頼を示したという話である。極度に簡潔をよそおうその文は、明らかに擬古的な様式のものである。

瞽瞍はいうまでもなく、瞽者である。舜の父が瞽者であるのは、暗黒神を意味する。舜に太陽神の性格があることはすでに述べたが、瞽瞍と舜とを父子とするのは、暗黒と光明との交替を意味する話である。この説話そのものは『孟子』以前にすでにあったらしく、瞽瞍のことは『書』の〔大禹謨〕にみえ、『孟子』もこの章の下文にその語を引いている。もっともそれは〔大禹謨〕という一篇が『孟子』以前にすでにあったのではなく、〔大禹謨〕の作者が、『孟子』の文からその語をとったのである。〔大禹謨〕は〔堯典〕の形態をまねて、古書の字句を織りまぜて作ったいわゆる偽古文である。『孟子』にみえるこの説話は、おそらく光明と暗黒との闘争というテーマをもつ神話であったと思われ、象はのち舜の寛大な処置によって、有庳《ゆうび》の国に封ぜられた。有庳は有鼻であり、象《ぞう》を有鼻の国に封ずるというお話になっている。南方との交渉を暗示するらしい説話である。

舜は南方の蒼梧の野に崩じ、九嶷山に葬られたという。それはかなり古くからの伝承であるらしい。郭沫若氏の『殷契粋編』（第一二六八片）に難解な一片があり、「丁《ひのと》酉《とり》卜す。𢀖《ふ》帝」、「丁酉卜す。夒帝南」の二辞がみえる。「𢀖帝」は他に「帝于𢀖」という形式のものがあるから「𢀖（巫）に禘せんか」とよむべきであろう。同じように第二辞は「丁酉卜す。夒に南に禘せんか」とよむことができよう。南はこの場合、方神、方位としての南であろう。もし南人を犠牲とするときには、十南、五南のようにいい、あるいは「南を侑《いう》す」「南を以《もち》ふ」のようにいう例である。また夒は異体の字で上に両手を加えるが、他にも同様の例がある。もしこの辞を「夒に南に禘せんか」とよみうるならば、それは舜に南方との関係をもつ伝承があるからであろう。夷羿の十日説話が、太陽神舜を奉ずる殷との関係を示すとすれば、舜が南巡して崩じたというのは、殷と南方との抗争を示唆するものであるかも知れない。九嶷といえば湖南の寧遠のあたり、省の南境に近く、湘水の源を発する山であり、楚巫の聖地とされるところであった。それでその名はしばしば『楚辞』にみえ、屈原の率いる楚巫の集団は、楚の郢《えい》都を逐われたのち、所在の聖地を経てついにこの九嶷を指向し、湘水のほとりで崩壊するのである。楚巫がおそらく殷巫の流れをくむものであることは、〔天問〕篇に殷の神話伝承をいうことがきわめて詳しいことからも察せられる。その当時、湘南の地には苗系南人がなお多く、九章の〔渉江《しょうこう》〕には「南夷の吾を知るなきを哀しむ」、また〔思美人《しびじん》〕に「南人の変態を観る」などの句がある。当時の南人の生活は、楚人には奇異なものとみえたのであろう。舜の説話と南方との関係は、おそらく楚巫に承けつがれ、やがて九嶷山を群神の居るところとする信仰を生じた。それは西方の崑崙信仰とともに、南方に対する中国の人びとのペーガニズムを展開させる。古代神話から宗教、宗教から文学へという華麗な『楚辞』の世界が、そこから開花するのであるが、それは神話の結末として述べるべきことである。

七　自然神の系譜

殷の神話的祖神、すなわち先公の系譜は、『史記』の〔殷本紀〕に夒ののち契《せつ》、昭明、相土《しようど》、昌若《しようじやく》、曹圉《そうぎよ》、冥《めい》、該《がい》（亥）、昏微《こんび》を序列し、昏微は次の報乙以下と合わせてまた六示を構成する。夒以下の先公のうち、卜辞に高祖としてみえるものは高祖夒、高祖亥の二者にすぎず、また高祖としてみえる河は、この先公系譜に加えられていない。契以下昭明、相土、昌若、曹圉は卜辞にみえず、冥を王亥の父とすれば、それは卜辞に季《き》としてみえるものにあたる。卜辞中の神名をそれぞれ〔殷本紀〕の先公に比定することも、董作賓《とうさくひん》氏など諸家の間に試みられているが、確かなものとはいえない。

卜辞に夒、河と並んで同列の祭祀対象とされる岳も、この系譜中にはみえない。卜辞には、上甲以下の祖王とは別に、祭祀の対象とされる神名が数多くみえている。陳夢家氏の『殷虚卜辞綜述』に、先公として夒、王亥のほか、土を相土にあて、季を〔本紀〕の冥とし、王恒《おうこう》は〔天問〕の恒、またすでにあげた河・岳のほか、兕《じ》形の字を『国語』〔楚語下〕にみえる少皞氏四叔のうちの重《ちよう》とし、他に王夭《おうよう》と、夒の異文かとみられるもの合わせて十をあげ、昭明、相土、昌若、曹圉のような二字名のものが卜辞にみえないことに注意している。

自然神としては、上帝また帝を最高神として、その臣属に帝史鳳、帝史、帝臣、帝五臣、帝五工臣、帝工などがある。いずれも犠牲などを以て祭祀を享ける。帝は雨、風その他の天象を支配するのみならず、旱を降し、禍を降し、若《じやく》、不若〔諾、不諾〕の意を示し、祐福を授け、年穀の豊凶を支配した。都邑の建設やその安否についても、帝意を卜することが行なわれている。

自然神として日の出入を祀るが、また東母、西母という神がある。東母は日、西母は〔大荒東経〕に「女和《くわ》月母の国あり」というように月神であるらしく、東母を祀るのに牛牲を多く用いることも、『史記』の〔封禅《ほうぜん》書〕にいうところと一致する。この両者は、のち東王公、西王母という男女二神となり、漢代の画像石や鏡の文様などにしきりにみえるものであるが、卜辞では東母、西母のほかに、日はただその出入を祀るだけで、特定の神格とされていないことが注意される。いわゆる太陽神というべき信仰の対象とは、されていなかったようである。

自然現象もまた神格のものとして扱われた。風に対してはそれをしずめる寧風《ねいふう》の祭儀があり、犬を犠牲とすることが多い。犬は天神を祀る祭儀に多く用いられており、方神や東母、西母にもこれを用いる。文献では『周礼《しゆらい》』の〔大司寇《だいしこう》〕、また〔小司寇〕にもみえ、殷以来の習俗であると思われるが、他の種族においても、南方の苗族をはじめ、呉越、台湾の諸蛮において著しい。凌純声氏の「古代中国と太平洋区の犬祭」によると、その俗はひろく太平洋圏にも分布している。

天神系列のものにはなお燎祀が行なわれることが多く、雲もまた燎祀される。ときには帝雲、二雲、六雲のようにいう。それぞれの雲神があったのであろう。その犠牲として、ときに斑犬《ぶちいぬ》らしいものを用いることがある。燎祀の対象には帝、東西南北の方神、東母、西母のほか夒《き》、兕《せつ》、河、岳、土、王亥など高祖神系のもの、高祖の妣、上甲や大乙、祖乙、父丁など祖王の系譜のもの、および王妣がある。また蚰《こん》、蔑《べつ》など、その神格の明らかでないものもある。蚰は竜蛇の類、蔑は媚蠱《びこ》とよばれる巫術を行なう媚女を戈にかけて殺す形で、いずれもそのような呪術者の祖神とされるものであろう。空桑説話をもつ伊尹、その系列にある黄尹、黄奭《こうせき》なども燎祀を享けている。陳夢家氏はこれらを旧先臣とよんでいるが、それは王業の条件として必要とされる聖職者の系譜に属するものと思われる。単に咸《かん》と称しているものはおそらく巫咸、すなわち十日説話の神巫の首にあるものであろう。

〔殷本紀〕に先公として列する昭明、相土、昌若、曹圉など二字名の神は卜辞にみえず、それにあてうるものも考えがたいとすれば、それらは別の伝承によるものか、あるいは後に加えられたものとしなければならぬ。二字名の神は殷の本来のものにはその例がなく、『左伝』〔昭公元年〕に帝嚳高辛氏の二子とする閼伯《あつはく》、実沈《じっちん》にしても、実沈は木星十二次中の星宿の名で、岑《しん》仲勉氏の『両周文史論叢』に、それは古代インドの神名から出ているという。

〔離騒〕にみえる摂提格《せっていかく》などの木星十二辰の名も、古代インドの七をいう saptaka から出ているとみられるから、これらの名はイラン、インドを経て中国にもたらされたという。それならば『左伝』にいう実沈の説話も、その知識によって構成されたものであろう。ただ〔殷本紀〕の上記四神の名は、その由来が知られず、相土についてはは『詩』の商頌〔長発〕に「相土、烈烈たり　海外截《せつ》たるあり」とその統一の功業を歌い、『左伝』には閼伯が商丘に居り、相土はその地に因って都したという。昌若、曹圉については何らの伝承もなく、また季は〔天問〕に王亥、王恒の父とするもので、系譜上は〔本紀〕の冥にあたるが、これも同一の神かどうか確かでない。〔天問〕には王亥を振としているが、周鴻翔氏の『商殷帝王本紀』には、王亥を振と異なるものとする解釈をとっている。すなわち『左伝』〔昭公二十九年〕の少皞四叔の重《ちょう》、該《がい》、脩《しゅう》、熙《き》の該であり、それは少皞帝嚳の弟であるとし、また王恒は該の弟ではないとしているが、王亥、王恒は卜辞によるとはじめて配偶をもつものであるから、これを先公系譜の末に列するのは、「独り神なりませる」時代の終ることを示すものとして、意味のあることであろう。

いずれにしても、夔、契ののちに昭明、相土、昌若、曹圉、冥を列するのは卜辞にその証がなく、このような二字名の名も後起のものと思われるが、王亥、王恒、上甲以下の系譜は卜辞と〔本紀〕とにおいてほとんど一致しているのであるから、この五者についても何らかの根拠があったものとしなければならぬ。それはおそらく、殷の神代史構成の目的を以て、正しく伝承されている王亥以下の系譜の上に挿入架上されたものであろう。その系譜的構成の意味について、最初に意見を発表したのは王国維の『古史新証』である。王氏は殷の祖神名に十干を用いないものには、時間を示すものが多いといい、昭明、昌若、冥にはみな朝暮明晦《めいかい》の意があり、王恒のごときも月の恒〔弓張り〕を名としているとする。それは祖王に干名を用いるのと同じく、このように殷人が日辰や時を以て先王をよぶのは、殷人独自の習俗に発するものと考えた。王氏の学を承ける呉其昌《ごきしょう》氏は、「卜辞所見殷先公先王三続考」にその考えを継承し、この系譜を一日の時間的な推移に充て、昭明を晨、昌若を正午、冥を晩、また上甲が文献に昏微ともよばれているのは夜を示すものとし、その系譜は全体において一日の朝暮明晦の原理をふくむものであると論じている。しかしこの説では、昭明の次に相土、昌若の次に曹圉、冥の次に該を配する意味を説くことができない。

わが国では森安太郎氏の『殷商祖神考』に、これらを方神とする説がある。先公中の方位神としては、第二系の六示に方乙、方丙、方丁があり、それは卜辞にも文献にもみえるものであるが、森氏は主癸高辛氏、相土、昌若ののちに方甲（玄冥）、方乙（昭明）、主壬（王契）、方丙（王亥）、方丁（曹圉）を横に列し、契の子を大乙成湯とする。これは第二系のいわゆる六示を、第一系の系譜と重ねることによって一元化しようとするもので、系譜の解釈ではなくて変更である。上甲以下の伝承が卜辞と文献との間で一致する以上、その序列は尊重されねばならない。『国語』〈周語下〉に「玄王〈契〉、商に勤め、十有四世にして興る」といい、『荀子』の〈成相〉篇に「契玄王、昭明を生む。……十有四世にして乃ち天乙あり、これ成湯なり」とみえ、契より十四世にして湯に

至るとするこの系譜は、かなり古い時期からあったものとしなければならぬ。

契《せつ》は『詩』の商頌〔長発〕に玄王とよばれており、〔玄鳥〕篇に「天、玄鳥に命じて　降りて商を生ましむ」とみえ、玄鳥説話のゆえに玄王の名をえたとされている。陳氏の『綜述』には契を方神としての東方析《せき》にあてて説くが、これは森氏に近い解釈である。契は『書』の〔尭典〕後半の〔舜典〕において、司徒として五教を敷くことを命ぜられているが、舜は帝嚳であるから、帝嚳の次妃簡狄が玄鳥の卵を呑んで生んだ契は、帝嚳の子に外ならない。契の子昭明には、『荀子』〔成相〕篇に「砥石《ていせき》に居り、前に遷る」とみえるのみである。次の相土は『詩』の商頌〔長発〕に、玄王の後を承けた王として歌われている。昌若、曹圉については何の記述もない。

卜辞によると、この外に先公と思われるものに、王呉と

図36　風神・雷神

季とがある。王呉の位置するところは知られないが、季は〔天問〕に、該（王亥）、恒（王恒）がともに「季の徳を秉る」ものとされており、両者は季の二子にして兄弟である。〔本紀〕では季は冥にあたるが、冥は『国語』〔魯語上〕に「冥、その官に勤めて水死す」というように、水神である。かつ「商人、舜に禘して契を祖とし、冥に郊して湯を宗とす」とあって、郊祀の対象とされている。郊祀は夏では鯀、周では稷にあたる地位であるが、この国語説は古代帝王説話の形成されたのちのもので、神話的にはあまり意味をもつものではない。むしろ〔天問〕にいう殷の故事のうちに、多くの古伝が残されているようである。

〔天問〕に、「舜その弟に服す」という弟の象との説話を述べる一条につづいて、殷の故事を述べることが十三条に及んでいる。その次序は必ずしも説話の順序のままではないが、はじめに「呉、古にいたることを獲て　南岳にこれ

止《とど》まる　たれか期せんここを去りて　両男子を得んとは」という。旧注では呉の太伯のことを歌うとされているが、前後はみな殷の説話であるから、これはあるいは郭沫若氏（『卜辞通纂』六八葉）のいうように、王呉のことをいうものであろう。ただ郭氏がこれを曹圉にあてているのは、根拠のあ

図37　雲蜺

ることではない。

卜辞にみえる自然神の祭祀はきわめて多く、上帝とその諸臣をはじめ、日月星辰、風雨雲蜺、山川鳥獣など、神霊の世界は多彩であり、精気に満ちている。その神話的表象も、これに相応ずるものがあったであろう。事実それは、のちの画像石の図像のうちにも、伝えられているのである。しかし王朝の神話的祖神の系譜として『史記』に残されているところのものは、貧弱を極めている。神話的伝承を存するものは、夔、契と冥の三者にすぎない。その中間に加えられている昭明、相土、昌若、曹圉は、さきに述べたように、どのような性格の神であるのかさえも明らかでない。昭明は『荀

子』の〔成相〕篇に、高辛氏の火正であったという。それは殷の地が、星宿を下界の分野にあてはめた場合、大火の星の位置にあたるという、のちの分野説から生まれたものである。昭明が火であるとすれば、相土はそのまま土と解してよい。冥は水死した神であるから水であろう。すでに火土水が配せられているとすれば、昌若、曹圉はおそらく金、木にあたることになろう。秋風を昌盍《しょうこう》といい、五行において金に配せられる。それはおそらく分野説、五行説が行なわれるに至った戦国期において、万物生成の原理である五行を以て、神話の体系にかえようとしたものであろう。

本来ならば、天地の造成、人類の初生、人文の成立を説くべき神話の体系が、このように無内容な概念的整合に終っているのは、殷王朝がすでに滅び、その後をつぐ宋の国もかつての光栄を失っている時代に、古代的な神話の体系を維持することの歴史的な意味が、もはや認められなかったからであろう。神話もまた、その時代的な緊張と対応して生きる。王朝的な気象を失った宋にとって、それはもはや歴史的生命をもたないものであった。創世的神話は、いちおう概念的に充足させるだけでよいとされた。それはマクス・ミューラーのことばをかりるとすれば、まさに「枯れたる神話」である。わが国の神代七代の神々も、その意味では「枯れたる神話」である。しかし〔神代紀〕系譜にみえる神々は、なお具体的な神格をもつ山川や農穀の神であった。殷の第一系先公の系譜に至っては、むしろ「死したる神話」というべきであろう。このように概念的に抽象化された神々の系譜は、おそらく他には求めがたいものであろう。それは戦国期の古帝王の説話形成のころに、その原理によって作られたものであろうが、しかしこれによって殷王朝当時の神話の貧困をいうことはできない。もし卜辞資料が出現しなかったならば、この索漠たる系譜のみを『史記』に残している殷王朝の神話的世界観は、その存在をすら知られなかったであろう。歴史のなかにある神話が、必ずしも本来の実態を示すものでないこと、歴史はむしろしばしば神話への加害者であることを、われわれはこのことから学ぶべきであろうと思う。

八　神話の構成

〔殷本紀〕の微は、卜辞には上甲、『国語』〔魯語上〕に「上甲微は能く契《せつ》に帥《したが》ふものなり。商人、報〔祀〕す」とみえ、報という祀礼を以て祀られている。微というのは、もと上甲を祀る祭儀の名であったかも知れない。卜辞には上甲の下に㞢に似た字を加えている例があり、それはたとえば「上甲より衣《いん》（直系の祭祀）して多后に至る」という文例から考えると、岦に似た字は祭名と解される。その字は多く上甲系統の辞に見えるもので、祭儀を示す字とみられ、そのためやがて上甲を上甲微とよんだのであろう。それならば上甲微という名は、なお卜辞時代の記憶を存するものとしなければならない。

『楚辞』〔天問〕に、「昏微、迹に遵《したが》ひ　有狄寧《いうてきやす》からず」とみえ、有狄は有易のことである。さきに河伯の説話にしるしたように、『今本竹書紀年』に「十二年、殷侯子亥、有易に賓《ひん》す。有易殺してこれを放つ。十六年、殷侯微、河伯の師を以《ひき》ゐて有易を伐ち、その君緜臣《めんしん》を殺す」というのは、狄系の夏と夷系の殷とが、河神の祭祀権をめぐって争ったことの神話的な表現とみられるが、先史期の殷の伝承はここにはじまるとしてよい。『国語』〔魯語上〕に、有虞氏は顓頊《せんぎよく》の後である幕《まく》を報祀し、夏は禹ののち七世の杼《じよ》を報祀し、周は稷《しよく》の十世の後である高圉《こうぎよ》、またその曾孫大王に報祀するという。報祀を享けるものは、ほとんどその王朝における太宗の地位にあたるものといえよう。

しかしこの各王朝の報祀説は、おそらく殷の報祀がその原拠となって、対応的に作られた話と思われる。なぜかといえば、殷では上甲微より以下に報乙、報丙、報丁がつづき、一つの体系をなしている。報祀説はおそらくそこから出ているのであろうが、卜文では報は匚《ほう》で示され、報乙以下は匚の中に乙、丙、丁がかかれている。そして上甲は口の中に甲の初形である十を加えている。匚は祭祀の名で、動詞としても「丁に匚す」のようにいう。上甲が口、乙以下が匚の形であるのは、その祀所である石室の形や配置に関係があるものとみられる。甲乙丙丁という十干の次序のままの名であるのも、そういう場所的な配置を予想させるのである。次に示壬、示癸がある。十干の終始を以て構成するこの六示は、おそらく天地四方をその祀所の形態で示すものであろう。〔本紀〕に主壬、主癸とするのは、主は柱、すなわち上下の神を意味するものかも知れない。すなわちこの六示は、神話的表象としては、帝が鳳を使者とし、方神が四鳥を使い、四境の鎮護に四凶放竄の説話をもつのと、同じ意味のものと解される。四方に君臨し、上下帝を以てその神聖を誇る王朝としては、その宗廟祀所にこれを象徴する形態のものを、その形式としても必要としたのであろう。

上甲微はこの場合、その体系の基軸となる。それで王朝における直系の祖王の祭祀は、つねに上甲微よりはじめる。六示はもとより、唐以下祖丁までを合わせて九示、上甲と、他の五示を略して大乙以下祖甲に至るまでの十三示、上甲より武乙に至る二十示、あるいは上甲より多后に至るとする直系の祭祀である衣祀《いんし》は、つねに上甲を首としている。

報はもと六示に対するものであった。報はまた髣《ほう》、祊《ほう》ともかかれる。『説文』一上に髣は「門内に先祖を祭る。彷徨《はうくわう》する所以なり」とあり、その原義はおそらく六示のうちのどこに祀るかを問うものであろう。『礼記』の〔郊特牲〕に殷周の祭祀を論じて、「直祭は主に祀り、索《さく》祭は祊に祀る」とする。また祊について、「神の在るところを知らず。彼に於いてせんか、此に於いてせんか。あるいはこれを遠人においてせんか。祊に祭るは、尚これを遠きに求むるをいふ者なるか」というのは、遠祖を祀るときに、その祀所のないものは、どこで祀るべきかを神に問うことを意味するものであろう。そのとき系列の明らかでない祖神たちは、みずからの祀られる場所を指示した。神がみずからの祀られる場所をあらわすという、わが国の古儀に似たところがある。

図38　上甲微

殷の先公第一系の系譜は、殷の始祖とされる夔《き》、契《せつ》につづいて、のちの思想によって別に構成されたものを連ね、終りに季と王亥とをおく。また第二系の上甲微よりはじまる六示は、上甲をいわば主社とし、他の三示は摂社あるいは末社、示壬・示癸は別格の祀所で、古い神殿の配置形式と関連するところがあるかも知れない。あるいはわが国の『古語拾遺《こごしゆうい》』にいう神籬《ひもろき》磐境《いわさか》に、八神、十二神を祀るというのと、相似たものであろう。第二系以後は、殷の祖祭の体系である五祀とよばれる周祭《しゆうさい》、すなわち一定の次序でくりかえされる祭祀暦の中に加えられる。上甲微より以下は、みな祖王としての扱いを受けるのである。しかし六示は、その名号の上からも特定の祖王を祀るものとは考えがたい。上甲のほかは、何の伝承をももたぬ神である。ただ示壬・示癸は、配偶のある神とされる。神話的祖神と、人王の祖である湯との間におかれているこの六示は、神話と王朝との接合点として、おそらくその神殿の配置形式、郊宗石室といわれる群神を祀る聖域そのものが、神格化されているのではないかと思われる。六示の祭祀はすでに卜辞にみえているが、古代王朝の成立は、ある意味ではきわめて象徴的な、また観念的な方法を以て、その精神的基盤を用意することがある。それを単なる観念的整合であり、作為とすることはできない。古代人にとって、それはあくまでも一種の象徴としての意味をもつものであった。いうならば神話そのものも、かれらにとっては象徴であったのである。古代人はそのような比喩的思惟の形式を通じて、世界を認識し組織したのであった。

神話の体系のなかでも、国家神話というべきものは必ずしも多くない。むしろ厳密な意味では、わが国の神話のように典型的に国家神話とよびうるものはないであろう。しかしわが国においても、神話ははじめから体系として存したのではない。その中心をなすアマテラスの信仰にしても、それはもと各地域にその原信仰とみるべきものがあり、そのうちの有力な度会《わたらい》のアマテラス信仰が王家と結合するという形で、神話構成の核にすえられたものと考えられる。それはすでに政治的統一体として、その支配的地位を形成したものが、地方信仰を摂取し統一するという形で行なわれた。出雲系神話の遺存とみられる『出雲風土記』と『記』『紀』のそれとの関係が、そのことをよく示していよう。それはときには征服により、あるいは習合によって、種々の変改を受け、発展する。

殷王朝のもつ神話的な世界は、むしろト辞のなかに豊富な表現をみることができる。神々はおそらくそれぞれの説話的な物語をもち、全体としての体系も考えられていたであろう。王朝の成立は、神話的表象においても、その体系の実現を要求するからである。すでに高度の農耕段階にあった殷にとって、自然条件を左右する河・岳の神は、大地の神である土とともに、さかんな祭祀を受けている。河・岳の聖地がもと異族たちの支配するものであったことは、河伯や岳神の伝承からも容易に知りうることである。殷はすでにそれらを高祖神夒に配して祀っており、これをその神話的系譜のうちに加えようとする志向をみせている。ただ殷の接した西方の地区では、狄系の夏、戎系の羌、また南人の苗にしても、みな洪水説話や洪水神をもっていたが、殷人はその説話を摂受しなかった。現実に敵対勢力として存するものの伝承を奪取することは、不可能であったのであろう。

しかし殷人の支配した河・岳の神も、その神話的系譜の上にとどめることはできなかった。先公第一系の系譜構成には、原理的に、太陽神であり、族祖である夒をおいたが、契以下には卜辞にも文献にもみえぬものを含んでいる。玄鳥説話や玄王契も、春秋以後に至ってみえるものである。二字の神名のものは、卜辞にみえるものからいえば殷固有のものとも思われない。かつ卜辞中の有力な神である河・岳がその系譜に加えられていないとすれば、『史記』の伝えるような第一系の神代譜には、多くの疑問があるものとしなければならない。

殷の神話は、おそらく挫折した神話であろうと思う。その王朝は、みずから帝と称する帝辛《ていしん》の最盛の時代に、忽焉として滅んだ。かれらはすでに、一年中を一定の祀序で行なわれる祖祭で埋めつくす形式の、五祀とよばれる祖祭の体系をもっていた。その祭祀を一周するのに一年を要したので、一祀はそのまま一年を意味した。神話はもはや王の現実の権威を支える唯一のものではなかった。上甲微が直系の祖祭の始点であり、その終りに位置するものが帝としての殷王であった。この二つの項が歴史的世界としての現実を支えている。神話は、この二つの項に支えられる歴史的世界の成立によって、祖祭の体系を原理づけるのみで十分なものとされた。神話はその成立の基盤であった祭儀とはなれて、その内容的な意味は二次的なものとなった。

第一系のような神話的系譜への要求は、早く祖祭の体系が成立することによって弱められ、あるいは放棄されたかも知れない。祖祭の体系が成立する卜辞の第二期、すなわち武丁の子の祖庚《そこう》・祖甲期ころから、自然的諸神の祭祀はにわかに姿を消してゆく。貞卜を行なういわゆる貞人《ていじん》の集団が一王ごとに交替しているという事実から、董作賓氏はこれを新旧流派の交替によるものと考えたが、そのことのみで説明しがたいものが、なおあるように思われる。それはむしろ神話意識の問題に関しているようである。

〔殷本紀〕には、湯以後では武丁を除くほか、ほとんど記述がなく、祖甲に至って、はじめて『書』の〔無逸《むいつ》〕篇による記述がある。〔無逸〕は周公の訓誥《くんこう》を述べた一篇であるが、殷の歴世のことに言及し、中宗太戊《たいぼ》、高宗武丁がそれぞれ国を享《う》くること七十五年、五十九年を得た治政のことを述べ、ついで祖甲に及び、久しく民間にあってのち即位したので、庶民や鰥寡《かんか》の上にも意を用い、そのため享国三十八年、その後この三王に比肩すべきものはなかったという。しかるに『国語』〔周語下〕には「帝甲〔祖甲〕これを乱し、七世にして隕《お》つ」としており、両者の記述に大きな相違がある。〔無逸〕のその部分の文は後漢の熹平《きへい》石経にみえず、宋の洪适《こうかつ》が古碑銘を集めた『隷《れい》釈《しゃく》』〔巻十四〕に、その文は中宗太戊の前にあるべきであろうとするが、それならば太甲のことをいう文となる。〔無逸〕の文に問題があるとすれば、〔周語〕にいうところをとるほかないが、祖甲より後を衰運とするのは、巫祝者の伝承とみられる『国語』においては、祖甲を古礼の廃絶者として伝えたのであろう。その孫の武乙はまた、無道にして神をけがす行為の多かった人とされる。〔本紀〕によると、武乙は偶人《ぐうじん》を作ってこれを天神とよび、人と博奕《はくえき》をさせ、天神側が負けるとこれを凌辱した。また革《かわ》囊《ぶくろ》に血を入れてこれを太陽にみたて、仰いでこれを射て、天を射ると称した。のち河・渭《い》のほとりに出猟し、暴雷によって震死したという。この淩神射天のことは、『呂氏春秋』〔過理〕篇に、宋の王偃《おうえん》の行為としても伝えられているが、要するに祖甲以後、殷の天道は廃し、いままでの諸神の祭祀は廃されたとする伝承があったとすべきである。このような状態のなかで、神話の発展は望むべくもない。こうして自然神の系列はその大部分を失い、のちの知識によって若干の神名を加えて再構成された。ただ六示以下は祖祭の体系のうちにあるため、ほとんど完全な系譜を残しえたのであろう。

卜辞によると、殷の最後の王である帝辛は、二度にわたって夷方《いほう》に対する大遠征を試みている。いままで殷の有力な与国であったと思われる東夷の諸族が、おそらく夷方として大きな勢力を結集し、殷の支配に叛いたのであろう。〔殷本紀〕にはそのことを伝えず、殷の滅亡を、紂が暴虐にして鹿台《ろくだい》の財をみたし、狗馬などの奇物を集め、沙宮の苑台に野獣飛鳥の属を放ち、鬼神をかろんじ、沙宮に楽戯して酒池肉林の遊をなし、男女をして裸で相逐わしめるという淫佚《いんいつ》を極め、妲己《だつき》を愛して国政を顧みなかったからであるという。しかしその一代は、甲骨文、金文の資料によると、武丁の時代にも匹敵する充実した時代であったらしく、ことにその青銅器文化は、殷周を通じて最高の制作をみせている。紂が王子比干《ひかん》、箕子《きし》、商容らの賢人をしりぞけ、飛廉《ひれん》、悪来《あくらい》などの邪佞の徒を用いて国政を失ったとするのは、飛廉、悪来が神話的な人物の名であることからも知られるように、亡国譚として加えられた説話にすぎない。殷は東征の虚をうかごうた周族の奇襲に敗れて滅びるのである。帝の嫡子である帝辛は、身に玉衣をまとい、鹿台に火を放ち、みずからその火中に投じて死んだという。この神聖王の死は、また同時に、古代的な神話の世界の終焉を意味した。殷に代った周は、わずかにその始祖についての感生帝説話をもつほかには、ほとんどみるべき神話的伝承をもたなかった。周は明らかに征服国家であった。しかし神話的表象が王朝の精神的な支えであった時代は、すでに終っている。支配者にとって、神話はすでにその機能を失ったものであり、王朝の交替によって、その新たな再構成を試みることも不可能であった。いうまでもなく、神話の成立は深く民族の心に根ざしている。ながい醇化を経たのちでなければ、これをみずからの伝統とはしがたいものである。周は殷的な世界のもつ神話的な表象に対して、これに代るものとして天命を以てした。人格神的な帝の観念もまた否定される。それは天の思想とよばれるもので、すでに理念的、合理的な性格をもつものであった。

しかしこの理念的、合理的な精神は、それ以前の神話的な世界と、まったく無縁なものではない。帝を至上神とし、みずからを帝の嫡子とし、自然的諸神を系列づけて四方に方神と風神とを配し、河・岳などの祭祀権を掌握し、宮廟の祭祀にも上下四方の諸神を六示のうちに包摂するという祭祀の体系は、それ自身きわめて体系的なものであり、この古代王朝を支えたすぐれた構想力を示すものといえよう。神話は本来、そのような構想力の所産である。「神話をもって囲まれた地平が、初めてひとつの全体の文化の運動を統一にまとめあげる」というニーチェのことばは、たしかに真実である。その意味で殷王朝は、まさに統一王朝として最初のものであり、また同時に最後の王朝であった。わが国の神話も、その点において性格を同じゅうするものがある。ただ問題は、そのような神話が、その後においてどのように伝承され、伝統として生きるかということである。神話がその民族とともに生きるという意味において、『旧約』のそれに及ぶものはないであろう。また神話が文化とともに生きるという意味では、ギリシャのそれに及ぶものを見出しがたい。中国においては、それは経典となり、不磨の聖典となった。わが国においては、神話は『記』『紀』の巻頭におかれ、歴史と接続する。しかし時間的に接続することが、そのままその継承と伝統化を意味するとはしがたい。伝統の形成には、きびしい精神の営みを必要とする。神話の創造にロゴスとパトスとの内的統一が必要であるように、伝統の形成にもそれが必要である。中国においては、そのロゴス的な面は、王朝の交替をこえた天下的世界観の中での古聖王の説話、すなわち『書』のような経典として、またそのパトス的なものは、巫祝者の伝統として、のちの楚辞文学を生むのである。わが国でいえば『記』『紀』と『万葉』とがそれにあたるが、そこに神話的な精神がどのように貫徹されているかは、わが国の神話のもつ一つの問題であるといえよう。

第六章　ペーガニズムの流れ

一　漢の游女

神話の体系は、異質的なものとの接触によって豊かなものとなり、その展開が促される。それには摂受による統一もあり、拒否による闘争もあるが、要するに単一の体験のみでは、十分な体系化は困難なようである。そのため孤立的な生活圏は、神話にとってしばしば不毛に終る。中国も本来単一の種族ではなく、その先史文化や神話を通じて、種々の種族的葛藤を経験していることは、すでにみてきた通りである。そこにはもともと、系統を異にする多くの神話があった。洪水説話にしても、河南西部の先進的な地域に、夏系の鯀《こん》・禹、羌系の共工、南人苗系の伏羲・女媧の神話があった。

共工に対する禹、また共工に対する女媧の関係は、おそらく夏系と苗系とが、戎系の羌と相容れぬ対立者であったことを示すものであろう。これを種族的な関係として考えると、夏系と苗系とは、さらに古い時代にはある種の親縁関係をもつものではなかったかということになる。地理的にいえば、山西南部と河南西南部とは、もと直接に交通の可能な地域であった。そして嵩《すう》岳をその聖地とする羌人の勢力が、これをさえぎる形となっている。そこから、羌系の共工を悪神とする夏・苗両系の治水説話が生まれたのではないかと考えられる。先史時代の種族の間にも、のちの歴史におけるように、つねに勢力関係による波動がつづいていたようである。

芮逸夫氏の『苗人考』によると、羌と三苗とはもと同じであるという。かれらは約四千年前、長江の中流にあり、北は陝西《せんせい》の岐山、南は湖南の衡《こう》山を超え、洞庭、鄱陽《はよう》の両湖の間にわたって活躍し、尭、舜、禹の伝承をもつものとは敵対関係にあった。それで舜の南征によって一部は西方の辺裔にのがれたが、舜は南方の遺民を伐って蒼《そう》梧《ご》の野に没し、舜の後を承けた禹がさらにこれを伐って、遠く南海に及んだ。これより三苗の勢が衰えて、のち概ね楚に服し、周秦以後は苗の名はみえず、かくて西方に遠く赴いたものは西羌、遥かに南方にのがれたものが南蛮であるという。神話と文献とを区別することもなく、人種の問題も注意されていないが、中華思想による先史文化の理解は概ねこのような形態をとる。舜、禹の南征ということはその神話からは考えられず、禹、共工、女媧の説話がみな系統を異にするものであることは、すでに述べた。種族的にみても、チベット系と考えられる羌人と、原モンゴル系とみられる苗人とは、人種的特徴においても著しい相違をもつことは、よく知られている事実である。

苗族はその口碑伝説に、かれらがもと蒙古やシベリアの遥かな高地に住んでいた遠い過去についての物語を、もつといわれている。インドシナの山地に住む苗族とともに生活したベルナツィーク夫妻も、『黄色い葉の精霊』のなかにそのことをしるしている。かれらが人種学的にモンゴロイドに属していることも、その口碑の確かさを示すものであろう。ロロ族も北方から南下してきたもので、かつて雲南に南詔《なんしよう》国を建てたのも、この種族であろうとする説がある。タイ族もまた北方より南下した種族であることは確かであるが、かれらは人種学的にそれぞれ相違するところをもちながらも、モンゴロイド的な特徴をもち、ひとしく北方から南下して、おのおのその適地を占め、今日に至ったものと考えられている。

瑶《よう》族は苗族と最も親近な関係をもつもので、またマンともよばれる。いま湖南の南部、広東西北部より広西の全域、ベトナムの北部山地などにあり、槃瓠《ばんこ》説話をもつものとして知られている。

むかし高辛氏が、犬戎の寇を平げるものには、その女を与えようと約したが、その畜犬である槃瓠が敵将の首を得て帝女を与えられ、相ともに南山の石室に入って子孫がさかえ、この族となったという始祖伝説である。『後漢書』〈南蛮西南夷列伝〉には、「いま長沙の武陵蛮これなり」とみえ、いまも武陵山中に渓《けい》族自治区として存するものがそれである。この説話は、黄帝を中心とする古帝王説話によって、中国の天下的道統観が成立したのちのものであろうから、その原形はいくらか変改されているであろうが、かれらが犬祖の説話をもっていたことは、いまもなお犬肉を禁忌とし、犬首の神を祀り、祭祀のときには犬の状をなして飲食し、衣服にも犬の模様を加えるなどのトーテム的習俗があることによっても知られる。

これら南人の生活は、すでに高度の礼楽文化をもつに至った中原の人々からは、はなはだしく異様なものとみられたであろう。『楚辞』〈九章〉の〈渉江《しょうこう》〉に「南夷の吾を知る莫《な》きを哀しみ　あしたに余《われ》江湘《かうしやう》を済《わた》る」、また〈思美人〉に「南人の変態を

観る」とも歌われており、唐代の詩人たちも、銅鼓を擁して歌舞するかれらの姿を伝えている。唐の孫光憲の菩薩蛮詞《ぼさつばんし》に

　木綿の、花は叢祠《そうし》に映じて小さく　越禽《えつきん》の声のうちに春光暁《あ》く　銅鼓と蛮歌と
　南人、賽《さい》に祈ること多し

また温庭筠の河瀆神祠《かとくしんし》にも

　銅鼓、神に賽《さい》し来る　満庭の幡蓋《はんがい》徘徊す　水村江浦　風雷過《よぎ》り　楚山画《え》の如く、
　煙開く

と歌っている。その蛮俗を画図のうちのものとみているが、かつては南人の世界は、一種の畏怖と憧憬の念をもってみられていたものであった。

『論語』の〔子路〕篇に、孔子が「南人言へることあり。曰く人にして恒《つね》なくんば、以て巫医《ふい》となるべからず」という語を引き、「善いかな」とその語を称《ほ》めており、それは『礼記』〔緇衣《しい》〕篇にも引かれている。南人の諸族はあつく巫祝を信じ、いまもその俗を伝えている。おそらく孔子は、辺裔に残されているその質実を愛したのであろう。また〔微子《びし》〕篇には、孔子が南遊したときの話を多く録する。あるとき孔子は途を失って、子路に津《わたしば》のありかをたずねさせた。長沮《ちょうそ》と桀溺《けつでき》とが、二人相前後して

耦《ぐう》して耕していたが、車上の人が孔子であることを知ると、「これ津《しん》を知らん」といって、そのまま耕すことをやめなかった。長沮、桀溺などという名は、荘周の徒の好みのものであろう。耦耕は苗人の耕作のしかたで、かれらはいまも前後二人して犂《すき》を用いるのである。当時の楚では、その耕作の形態がなお行なわれていたのであろう。古い時代には、南方の世界は神秘と神聖感とにみちたものであった。南人を蛮と称するのは、のちの中華意識の尊大さから生まれたものである。古くは、南という語そのものが、すでに神秘な語感をもつものであった。西周の後期から春秋初にかけて、諸国に行なわれていた民謡が、のち楽人によって編纂されたものがいまの『詩経』であるが、その詩篇には、南は異郷感のゆたかな神聖な語として用いられている。

　江漢の域は、かつて南人の活躍したところである。おそらくそこには、南人の遺風がなお多く伝えられていたであろう。漢水の女神を祀る水神祭祀の歌謡である〔漢《かん》広《こう》〕の詩が、『詩』の〔周南〕に収められている。〔周南〕、〔召南〕は、この方面の歌謡である。〔漢広〕には第一章に「南に喬木《けうぼく》あり　休《いこ》ふべからず　漢に游女あり　求むべからず」と歌い、つづいて「漢の広き　泳ぐべからず　江の永き　方《いかだ》すべからず」

という四句が、各章のリフレーンとしてくりかえされている。周公の深い感化によって、遊女もなお礼節なくして求めがたいなどというのは、儒者を以て任ずる人たちの解釈である。

　まず首句の「南に喬木あり」という南の語感を、当時の人々は意味深くうけとったはずである。それはたとえば祭祀や祝頌の歌においても、「南に嘉魚《かぎよ》あり」（小雅〈南有嘉魚〉）、「南に樛木《きうぼく》（曲枝の木）あり」（周南「樛木」）ということが、すでに神霊をよび、祝福を招くものとされたのであった。かつ喬木は、いわゆる神の鉾杉《ほこすぎ》である。おそらくは江漢の異域に高くみえる神木は、かつて異族の神の住むところであったのであろう。それは神の憑《よ》りしろであるから、みだりに身を寄せることのできない神聖なところである。この二句によって、次の「漢に游女あり　求むべからず」の二句が導かれる。游とは一処にとどまらず、動いてやまぬものをいう。それは女神である。女神の祭祀は、まず神の来降をえて、それをこの地にとどめようとして追迹するという祭儀形式をとる。『詩』には水神の祭祀を歌うものになお秦風《しんぷう》「蒹葭《けんか》」の詩があるが、これも同じく追迹形式をとる祭儀を歌う。しかし神はついに、人の世にとどまることはできない。神は神と結ばれなければならない。祭るものたちは、やむなくその女神を、男神のところにとつがせるのである。それで〔漢広〕では、第二、三章において、そだを刈《か》り、馬にまぐさを与えて、これをおくる。そしてまた、「漢の広き　泳ぐべからず　江の永き　方《いかだ》すべからず」という哀慕のリフレーンを歌う。それはかつて、この域に歌われた水神祭礼のなごりを伝えるものであろう。南人の子孫たちが、いまもなお嬥歌《かがいうた》や多くの舞踏歌をもつことは、グラネーの『支那古代の祭礼と歌謡』にみえている。

『楚辞』〔九歌〕の〔湘君〕、〔湘夫人〕二篇も、水神祭祀の歌であるが、『詩』の〔漢広〕、〔蒹葭《けんか》〕とともに、恋愛感情的な表現が著しい。〔湘君〕に「沅《げん》湘（二水の名）をして波だつことなからしめ　江水をして安《しづ》かに流れしめよ　かの君を望むにいまだきたらず　参差《しんじ》（簫の笛）を吹いて誰をか思ふ」というのは、水神のきたるを待つ意である。また〔湘夫人〕に「帝子、北渚《しょ》に降《くだ》る　目眇眇《べうべう》として予《われ》を愁へしむ　嫋嫋《でうでう》たる秋風洞庭波だちて木葉下《くだ》る」というのは、湘君を望む女神の姿である。こうして水中に室を築き、桂蘭葯芷《けいらんやくし》の香草をめぐらして神婚が行なわれようとするとき、「九嶷《きうぎ》、繽《ひん》として並び迎へ　霊の来ること雲の如し」と群神が雲のごとくに集まり、祭るものたちはただ咨嗟《しさ》詠歎して、神々との再会を約する。この九嶷の主神こそ、かつて南巡して蒼梧の野に崩じたという舜に外ならない。そして湘君、湘夫人は、舜の二人の妻である娥皇《がこう》、女英であるという説話を生んだ。

南方に対するペーガニズム的な志向は、このような形で結実するが、それはおそらく楚巫たちの伝えたものであろう。しかしかつて、この地にそのような祭祀を生み出したものは、伏羲・女媧の説話をもつ南人たちである。「水村江浦　風雷過《よぎ》り　楚山画の如く、煙開く」と詞人の歌う水郷の祭祀は、唐のころにもなお、南人が銅鼓、蛮歌を以て、その祭儀をつづけていたのである。おそらくそれは、さらに古い時代には、江漢の域、雲夢《うんぼう》・洞庭のほとりに、鳥首の舟をうかべ、鳥毛の頭飾をつけた、銅鼓の文様にみえるような扮装の南人たちによってなされていたものであろう。

二　江南の賦

南は異郷感を含む語であった。異郷であるこの南方の地の継承者は、いうまでもなく楚である。「我は蛮夷なり」と呼号して周の羈束をしりぞけ、みずから王と称した楚は、かつて諸夷を糾合して仁政を行なったという徐偃《じょえん》王とともに、周の貴族的な礼楽文化に正面から挑戦するものであった。それは呉、越の反中華主義の先駆をなしている。この楚については、いまもなお多くの謎につつまれた問題がある。外国の研究者にも、楚について特に関心をもつ人が多い。楚はどこからきたのか。種族的に夷と蛮ともどのような関係にあるのか。その特殊な巫祝文化は、先行の文化とどのように関連するのか。楚王の祠堂壁面にかかれていたという神話伝説は、『楚辞』〔天問〕に歌われているが、そこにはこの時期に体系づけられた神話の全体がある。古代の宗教者としての巫祝の文化は、ここに集められている。その指導者としてあらわれた屈原は、楚の王室の人である。かれの率いる巫祝の集団は、秦の指導力を認めようとする連衡説《れんこうせつ》をとる国内の政治勢力と抗争のすえ、郢《えい》の都を逐われ、長江を下り、沅湘に彷徨し、おそらくその聖地のあとをたずねながら、〔離騒《りそう》〕にもしばしばみえる群神の地である九嶷に赴こうとして、ついに湘南の地で瓦解する。屈原は汨羅《べきら》に沈み、その神となった。

　楚王がみずから「我は蛮夷なり」という以上、かれらはいわゆる中原の族ではない。事実、ことばもかなり異なっていて、王や王族の名にも、古い時期のものには若敖《じやくごう》熊儀《ゆうぎ》、霄敖《しようごう》熊坎《ゆうかん》、蚡冒《ふんぼう》熊眴《ゆうけん》、あるいは闘穀於兎《とうこくおと》、熊率且比《ゆうそつそひ》のようなものが多い。いずれも楚名の音訳の字であろう。のちには中華風の名を用いるに至ったが、その字《あざな》には子重、子文のように子某ということが多い。それはもと殷の王子のよびかたで、のち東方列国の間に行なわれた字の形式である。

闘穀於兎は、『左伝』にみえる令尹《れいいん》子文である。於兎は楚の語で虎をいう。子文は生まれたとき野に棄てられたが、虎がその乳で育てたという英雄説話のような出生譚をもつ。虎は北方の語、於兎は楚の語で、漢の揚雄の『方言』にもみえており、晋の郭璞の『方言』注に、当時の江南の山夷は、狗竇《くとく》という音でよんだという。於兎はまた『漢書』〔叙伝〕に於択《おたく》ともしるされており、苗系では t'ou、僮《どう》族は ku-tailah、チベット語では stog という。この s を初音とする語はシャム系の諸語にもみられるという。狗竇は闘穀の穀であり、穀と於兎とは同語である。すなわちそれは苗、僮と同系の語であることが知られる。これについては松本信広氏の『印度支那の民族と文化』に詳しくしるされているが、そこにはなお狗の名称についての論述がある。呉では犬を嘍々《るる》という。貴州安順の花苗《かびょう》は le・la、雲南の苗語では kle という。k は前添詞である。瑶《よう》族の klö・kro・glo、印度支那のモン族の kle・klur も同系の語であろう。司馬相如象は南方語族と中国語と同系の語であるが、これも南方語が原語であろう。

の「子虚の賦」に、唐の張守節は象を俗に江猨《こうえん》というと注するが、象はかつて前添詞をもつ kesan のような音でよまれており、それがわが国の「象《きさ》」となったのではないかと、松本氏はいう。象は共通語であるとしても、於兎や嘍々は南人の語から出ていよう。さらに『書』の〔禹貢〕にみえる「箘簬《きんろ》」はチャム語の竹 krih の kr の間に、オーストロアジア系の挿入語である an の加わった形の音写、また揚州の産物とされる織貝《しょくばい》は、子安貝を飾った貝帯であろうとも考えられるが、それらしいものがのちの文献では古貝《こばい》、吉貝《きつばい》としるされているのは、木綿をいうタイ語が pa・pu 形の音であり、それに前添詞 ka のついたものの音訳であろうかともいう。木綿は南方原産のものであるが、さきにあげた孫光憲の菩薩蛮詞に、蛮人の叢祠中に木綿の花を配して歌っていることが、興味をひくのである。

楚はまた荊《けい》とも称した。それで荊楚と連言することが多い。胡厚宣《ここうせん》氏の「楚の民族は東方に源づく考」に、卜辞にみえる虎方を楚の古称とし、荊の古い字形が虎に似ていることをその証としているが、虎方はおそらくもと淮《わい》水の上流方面にいた南方族のようである。それで周初の中方鼎に、王が南宮に命じて反せる虎方を伐たせ、中が王命によって遠く南国に先行し、その器が湖北安州の孝感から出土していることはすでに述べた。虎方はおそらく殷周革命のとき、周の圧迫を受けて、この方面に南下していたのであろう。楚が東方に起るとする胡氏の説では、この考えかたは一貫性を欠くことになる。それで胡氏は、それより以前には殷商、夷徐とともに東方にあり、それらはもと同一の種族であったという。それならば虎方を楚の古称としない方がよいようである。胡氏は古帝王のうち、炎帝、黄帝を西方、大皞《たいこう》、少皞《しようこう》を東方の族としている。これはその師である傅斯年《ふしねん》氏の、仰韶《ぎようしよう》文化を夏系、竜山文化を夷系とするいわゆる「夷夏東西説」を発展させたものであるが、先史文化の調査が著しく進んでいる現在においてもそれは基本的には誤りでない。

楚は帝顓頊《せんぎよくこう》高陽《よう》の子孫であるという。『史記』の〔楚世家〕にも、高陽からその系譜を起しており、『楚辞』〔離騒〕にも「帝高陽の苗裔」と歌いはじめられている。高陽の曾孫は重黎《ちようれい》で、帝嚳《ていこく》高辛氏の火正であり、祝融《しゆくゆう》と称した。すなわち火の神である。帝嚳はいうまでもなく殷の始祖神である。重黎は『書』の〔呂刑〕に、苗民の暴虐によって天地を隔絶するという、開闢説話のうちにあらわれる。祝融氏は共工の乱を治めるのに失敗して殺され、その子呉回《ごかい》がまた祝融となった。共工は羌族の治水神で、これは水火の闘争とうけとられる説話である。呉回の子が陸終《りくしゅう》であり、陸終は昆《こん》吾《ご》、参胡《さんこ》、彭祖《ほうそ》、会人《かいじん》、曹姓《そうせい》、季連《きれん》の六子を生んだが、この季連が楚の始祖である。陸終六子のことは『国語』の〔鄭語《ていご》〕、『大戴礼《だたいれい》』の〔帝繫姓《ていけいせい》〕にもみえ、その分布はだいたいにおいて淮水の下流、安徽《あんき》より湖北に及ぶ地域である。邾《ちゅ》はまた邾婁《ちゅる》といい、のちに鄒《すう》と称する曹姓の国であるが、その楽鐘に「陸終の孫、邾公釺《たく》」と銘している。その国は魯の南にあり、陸終六子のうちでは最も北に位置する。陸終は鬼方《きほう》氏の妹女《じょ》隤《かい》氏を娶ったとされており、それならば狄系と婚を通じたことになる。夷系と狄系とは、古く山東において相接していたものと思われる。

陸終六子の長子である昆吾の墟と称するものは、諸書に見えているが、楚の伝承するところを以ていえば、それはもと河南の許の地であろう。『左伝』〔昭公十二年〕に楚の霊王の語として「昔わが皇祖伯父昆吾、もと許にこれ宅《を》る」とみえ、また『国語』〔鄭語〕に、昆吾は夏のとき伯であったという。『詩』の商頌〔長発〕に夏殷の革命を歌って、「韋《ゐ》、顧《こ》（ともに国名）すでに伐ち　昆吾、夏桀《かけつ》をも」というのは、当時陸終系の諸族が、狄系の夏とともに殷と敵対の関係にあったことを示すものであろう。

昆吾はまた鋳銅に関係のある語であったらしく、『山海経』〔中山経中次二経〕に、陽山の西二百里に昆吾の山があり、その上に赤銅多しとみえ、『列子』〔湯問〕篇や『博物志』に昆吾の剣、『墨子』〔耕柱〕篇に、夏后《かこう》啓が蜚廉《ひれん》をして山川の金をとり、これを昆吾において陶鋳したという。昆吾の名が各地にみえるのは、それが祝融の後とされることと合わせて、昆吾が冶金の神とされたからに外ならない。『淮南子』〔墬形訓〕に「昆吾丘は南方に在り。軒轅《けんゑん》丘は西方に在り。巫咸その北方に在り、登保《とうほ》の山に立つ。暘谷《やうこく》、榑桑は東方に在り」というのは、淮域や呉越に南方の金や利剣を産するに至って、その昆吾を南方に配したものであろう。昆吾に関する諸伝説は、陳槃氏の『春秋大事表譔異』〔冊七〕に多く集録されているが、その意味するところは、昆吾を冶金の神と解することによって、これに統貫を与えることができる。

　陸終の六子、あるいは『国語』〔鄭語〕にいうその八姓の分布は、安徽より河南にわたるものとしてよく、殷周とは概ね敵対の関係にあった。『詩』の魯頌〔泮《はん》水〕は、

図39　郘公鈓鐘

魯の僖公の淮夷討伐の功を賛頌するものであるが、元亀象歯《げんきぞうし》、大賂南金《たいろなんきん》をえたことをその成果としている。その役と関係があるとみられる金文の曾侯簠《そうこうのほ》にも、淮夷を伐ってその金や錫を貢する道を開き、その吉金（銅）を以て器を作ることを述べている。その地に良質の銅、錫を産することは、春秋期の安徽寿県《じゆけん》や呉越の遺器からも知られるが、楚も春秋期に入る以前から鐘《しよう》、鎛《はく》などのすぐれた楽器を作っており、その文化は、西周後期においてすでに中原の先進列国に匹敵するものがあった。春秋初年には、すでに楚公の名を銘する青銅戈がみえ、楚の興起はそのような兵器制作の優越性にあったとみることができよう。冶金の神である昆吾の丘が南方にあるとされるのは当然である。

これらのことから、楚が殷と同系の種族でないことは明らかである。しかしその文化は、おそらく殷の強い影響のもとにあったと思われる。楚がもし淮水下流、安徽の一帯に古くから根拠していたとすると、その先史の文化は、呉越の地が良渚《りようしよ》文化であるのに対して、青蓮崗《せいれんこう》の文化圏にあたることになろう。かれらはおそらく、ここより江淮の間を西南に移動し、新たな発展を江淮の中流に向って求めたものと思われる。

そこでは当然、竜山文化をもつ殷と接触したはずである。楚の文化における殷的な要素がきわめて濃厚であることは、『楚辞』〈天問〉篇にみえる神話に、殷の伝承を多く録していることからも知られる。舜の南巡、湘君・湘夫人の説話なども、このようにして湘南の地にひろめられたのであろう。ついには楚巫の信仰対象が、舜の崩じたという聖地九疑に向けられるようになる。

『楚辞』の〈九章〉は、戦国末の苛烈な国際関係のなかで、それまで政治的にもかなりの発言権をもった巫祝の勢力が郢《えい》都を追われ、その流落と崩壊の過程を歌うものと思われる。かれらは長江を流れに沿うて下り、呉越に近い地に赴いたのち、反転して洞庭にいたり、湘南を彷徨して、その指導者とされる屈原を失う。この遍歴の過程は、楚巫の聖地とする旧迹をめぐるものと思われるが、屈原の最後に願うところは、「願はくは彭咸《ほうかん》の遺則に依らん」という思いであり、その「乱」の辞には「われまさに彭咸の居るところに従はんとす」という、彭咸に寄せる思いで結ばれている。彭咸は、十日説話にみえる巫彭《ふほう》、巫咸、すなわち巫祝者がその祖神とするものであった。彭咸の遺則に依るというのは、巫祝者としての宗教的な道に生きようとすることを、願うのである。

楚が古代の伝承やその祭儀のゆたかな淵叢の地であったことは、その古代的な最後の開花である楚辞文学の興起をまつまでもなく、それ以前から著しいことであった。楚ではすでに、西周後期に、青銅器としては主として鐘《しょう》、鎛《はく》の類が作られている。この系統の楽器としては、殷に鐸《たく》、鉦《しょう》の類があったが、それは柄を以て器体を倒にしてあげ、振り鳴らす形式のものである。楚には殷系の鉦の遺存も多くみられるが、これを鐘、鎛のように、繋けてたたく形式に改めたのは、おそらく南人のもつ南、すなわちのちの銅鼓からヒントをえたものであろう。周では宗周鐘が最も古く、その器は昭王が南征して還らず、江漢の域に没したのを弔うために、その南征によって国を保ちえた鈇《ほ》侯、すなわち姜姓四国の一つである甫《ほ》（呂）侯が、その祭器として作ったものである。西周中期のことで、穆《ぼく》王期になると音階的な編成をもつ編鐘も作られている。楚鐘はそれにつぐ古いもので、鐘制の起原を南人との接触に求めることは、必ずしも不自然なことではない。

楚の思想家たちも、巫祝のさかんなこの地では、神話的な伝承をその媒材とした。荘子はその代表的な思想家である。『荘子』には寓言《ぐうげん》が多いが、それはイソップのような寓話とはきびしく区別すべきものである。『荘子』の巻頭を飾る大鵬の逍遥遊の姿には、風神を鳳皇を以て示す殷人の思考が、そのまま継承されている。『荘子』には、古帝王として黄帝、顓頊《せんぎょく》、燧人《すいじん》、伏羲《ふくぎ》、尭、舜、禹、湯や羿《げい》、有道のものに彭祖《ほうそ》、巫咸、伯夷、叔斉、許由、伊尹、傅説《ふえつ》、卞随《べんずい》、務光《むこう》、神話的な神々に河伯、北海若、馮夷《ひょうい》、西王母、雲将《うんしょう》、鴻蒙《こうもう》、夔《き》や四凶の徒、その他に十日説話や藐姑射《ぼうこや》の神人、崑崙《こんろん》の丘、空同《くうどう》の山、咸池《かんち》、九韶《きゅうしょう》などがみえ、この書ほど神話的な賦彩に富むものはない。『荘子』の文章が祭司者のそれに近いものであることは、かつて『孔子伝』において指摘しておいたが、その思想表現の方法においても、同じことを指摘しうるのである。その文が深い論理を包むものでありながら、全体として神秘主義的であるのもそのゆえであろう。

　西周後期の詩篇にみえる南は、南方の異族神に対するはるかな憧れを含む語であった。そしてその地は楚人の進出によって、また新たな巫祝的な世界を生み出すのである。戦国期の楚墓から出土する奇怪な神像図や獣鎮、またははるか下って長沙の馬王堆第一号墓、第三号墓から出土した帛画や漆棺画などは、南方の世界に成立した信仰や祭祀が、どのように古い神話的伝承にもとづき、またその生活化に成功したものであ

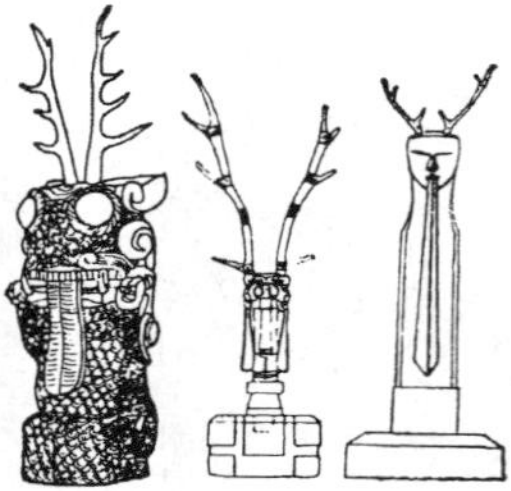

図 41　獣形墓鎮

図 42　馬王堆第一号帛画

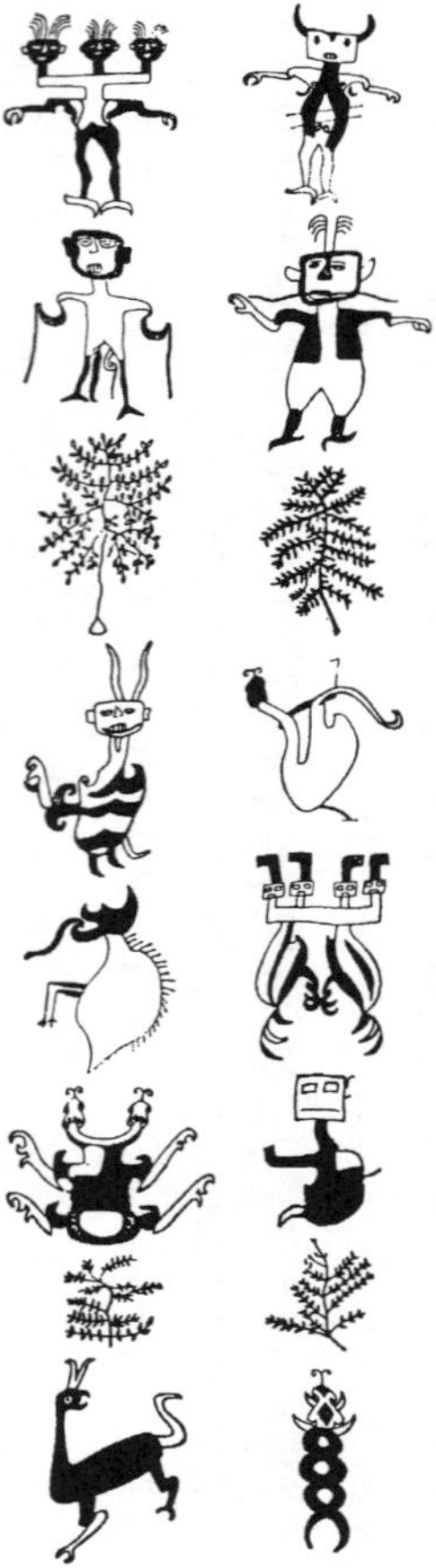

図 40　長沙出土戦国期帛書十二神

るかを示していよう。しかし異族神の世界は、南方だけではない。西方に限りなくつづく奇峰雪山のかなたに、新しい夢は開ける。『楚辞』の作者たちも、しばしば崑崙への憧憬をはせている。〔離騒〕には、羲和《ぎか》を御者として天路を遠く西に旅する描写が二度あらわれるが、それはおそらく衰落の運命をたどる楚巫たちの新しい思慕の対象が、西方に向けられていたことを示すものかも知れない。

〔離騒〕において、沅湘をわたって南に往き、重華《ちようか》（舜）に祈りをささげた作者は、そこからさらに崑崙に向って出発する。「朝《あした》に軔《じん》（車のとめ木）を蒼梧《さうご》に発し　夕にわれ県圃《けんぽ》（崑崙）に至る」というように。やがて羲和に命じて車をゆるやかにし、月神望舒《ぼうじよ》を先駆とし、風神飛廉《ひれん》を奔属せしめ、鸞鳳《らんぽう》を使者としてはるかに天界を旅し、朝に白水《はくすい》をわたり、洛神宓妃《ふくひ》の所在を求めるがえず、夕に西極の窮石《きゆうせき》の山にやどり、周流して再び下界にもどった。これが第一次の天路歴程である。しかし下界には、もとより安住の地はない。かくてまた「勉めて遠く逝きて狐疑《こぎ》することなかれ」という神占にうながされて、再び天路に向う。「めぐりてわれかの崑崙に道すれば　路、修遠《しうゑん》にして以て周流す」、やがて崑崙西北の不周山を左にめぐり、西海を志して、八竜に駕し雲旗をたて、千乗の車をつらねて邈《ばく》々《ばく》たる空を馳《は》せ、九歌を奏し韶《しよう》（舜の楽）を舞い、天路の楽しみを極めようとするが、たまたま雲間からなつかしい故郷の姿がみえた。そのためたちまち「僕夫《ぼくふ》悲しみ、わが馬懐《おも》ひ」、むなしくあがきするのみで車は進もうとしない。深い絶望のうちに再び下界に降る作者は、「やんぬるかな、国に人なし　我を知るものなし　また何ぞ故都をのみ懐はんや」と歎き、「われまさに彭咸の居るところに従はんとす」という現世との隔絶を宣言して、この長篇を結んでいる。

三　崑崙と西王母

楚巫たちが、西方にまた新しい異族神を求めようとしたのは、それなりの理由があった。楚の勢力が長江に沿うて雲夢《うんぼう》をこえ、江漢の域より四川に近づくにつれて、この西方の山々に群神が住むという異郷観が、かれらを支配したであろう。そして現実に、西方からの文化が、この重畳《ちょうじょう》たる山なみを超えて、楚にも滲透《しんとう》してきている。〔離騒〕の首章に、作者はその出自を歌い、帝高陽のはるかなる子孫であるわれは、摂提《せってい》格《かく》の孟陬《もうすう》（正月）の庚寅《かのえとら》のめでたい日に生まれたことを述べている。摂提格とは、歳星といわれる木星が、十二年にして天を一周するその軌道を、十二分した十二辰の名で、十二支の寅にあたるものを摂提格、以下卯《う》は単閼《せんおう》、辰《たつ》は執徐《しつじょ》、巳《み》は大荒落《だいこうらく》、午《うま》は敦牂《とんしょう》、未《ひつじ》は協洽《きょうこう》のようにいい、亥は大淵献《だいえんけん》、子《ね》は困敦《こんとん》、丑《うし》は赤奮若《せきふんじゃく》である。一見して明らかなように、それらは音訳の語であるが、その原音は、岑《しん》仲勉氏の『両周文史論叢』によると、もと古代イラン語であるという。この木星十二辰はもとバビロニアに起原するもので、西はギリシアに及び、東はイランを経て中央アジアに伝えられ、中国に入ったのは西方の通路からのようである。秦の宰相であった呂不韋《りょふい》の編した『呂氏春秋』に、はじめてその名がしるされている。おそらくそれよりもはるか以前に、西方から秦の地にその知識がもたらされていたのであろう。その摂提格が、まずこの〔離騒〕に用いられているのである。郭沫若氏はギリシアの Spica をあて、他にカルディヤの歳星 Dibbat Guttao、バビロニアの Shepat をあてるものなどもあるが、岑氏はそれをウパニシャッドの北斗の七を示す saptaka の転音であろうとしている。その当否は別としても、このような多音節的な語が外来のものであることは疑いがなく、かつ木星周年の知識が西方からもたらされたものであるとすれば、それに随伴するものであることも明らかである。

西方に対する憧憬を示す最初の文献は、『穆《ぼく》天子伝』である。『穆天子伝』は、六朝の晋《しん》のとき、汲冢《きゅうちょう》の魏《ぎ》王の墓から汲冢『竹書紀年』などとともに出土したものであるが、両書とも荒誕な記述を含み、おそらく戦国末期のものであろう。穆天子が西方に遊行したことは、『左伝』〔昭公十二年〕に「むかし穆王、その心を肆《ほしいまま》にせんと欲し、天下に周行してまさにみな必ず車轍馬跡《しゃてつばせき》あらしめんとす」とみえ、古く何らかの説話のあったことが知られ、また『史記』の〔秦本紀〕、『列子』の〔周穆王〕にもその西遊のことをしるしている。〔周本紀〕では、ただ犬戎を伐つ物語であるが、〔秦本紀〕に造父《ぞうほ》の説話、『列子』には化人工師の説話があり、穆王に附会した種々の物語が行なわれていたようである。

『穆天子伝』はその首文を欠き、巻一にまず北方の虖沱《こだ》河をわたり、北征して犬戎の地に入り、西征して河宗に達することをいう。河宗柏夭《はくよう》は天子を燕然《えんぜん》の山に迎えて宴し、璧と牛馬豕羊を以て河に沈めて祀る。それより崑崙の丘に至り、その宝玉や奇獣をみて、八駿《しゅん》に乗じて積石の山に赴く。巻二は河宗柏夭に導かれてついに崑崙に登り、黄帝の丘をみて祀り、飛鳥百獣の飲食するところの県圃《けんぽ》など、その地の諸山をめぐる。そこには周の太王、呉の太伯なども封ぜられている。それより赤烏氏に入り、貝帯五十を与え、また北征し、曹奴《そうど》の人である戯《ぎ》の享献を受け、金銀の鹿や麕《くじか》、また貝帯四十を与え、東して黒水に至る。のちさらに北より西に諸国をめぐり、また西征して百六十余日にしてついに西王母の国に至る。

巻三は、西王母との瑶池《ようち》における会見をしるし、西王母は觴《さかずき》を引いて「白雲、天にあり　山陵よりして出づ　道里悠遠《いうゑん》にして　山川これを間《へだ》つ　将《ねが》はくは子《し》、死することなかれ　尚《ねが》はくはよく復《ま》た来たれ」などと歌う。天子もこれにこたえて歌をかえしている。そこより叢沢《そうたく》と陵陸《りようりく》、また碩鳥《せきちよう》の羽を解くという曠原を過ぎて、東にめぐり、閼《あつ》氏、胡《こ》氏をすぎ、沙中に渇しては車の左の驂《そえうま》の頸血を飲み、それよりまた南征する。巻四はまたそこより黒水のほとりに向うが、途中に野生の麦や木禾《ぼくか》などがあり、東征して長沙の山に至る。河宗柏夭がまたこれを迎えたが、そこは三苗の放竄されたところである。それより天子は八駿の馬にひかせた車を命じ、造父《ぞうほ》が御となって東南に翔行すること千里、巨蒐《きよしゆう》を経て河東の雷首山にもどる。さらに南行して太行にのぼり、ついに宗周に帰還した。その全行程は三万五千里に及んでいる。もとより荒誕な物語にすぎないが、ここに崑崙と西王母の説話のみえることが注意される。

それらは何れも『山海経』にみえるものよりもなお展開した形のものであり、それを穆天子の周遊という物語にしたのは、もとよりのちの附会であろう。しかし『穆天子伝』にはまた、多くの駿馬を諸処でえたことがしるされており、造父の説話とあわせて、中国における馬政の問題とも関連するところがあるようである。

馬は卜辞にも車馬の語があり、殷墓からは車馬をそのまま副葬する車馬坑も発見されているから、古くから車乗に用いたのであろう。周初の小盂鼎《しょううてい》にも、鬼方《きほう》を伐って多くの車馬をえたことをしるしているから、狄《てき》系の鬼方も車馬戦を行なったものとみられる。周は西北の地に国しており、そこには良馬を産したと思われるが、金文には穆王期の盠《れい》の器に駒尊《くそん》の類があって、その銘文によると、そのころ周の馬政は大いにさかんであったらしい。穆天子説話の原型は、おそらくそのような馬政に関し、良馬を西方に求めることが行なわれたこととも関係があろう。その先導をなしたものが西方の秦であり、秦の造父であった。

西王母は、卜辞に東母、西母とみえてもと日神であったのであろうが、『山海経』〈大荒西経〉には、西海の南、流沙の浜《ほとり》に、赤水を前にし黒水を後にした大山崑崙の丘があり、その神は人面虎身、その下には弱水の淵をめぐらし、その外には炎火の山があり、そこに虎歯豹尾《ひょうび》、頭に勝《しょう》（髪飾り）を戴くものが西王母であるという。漢代の神仙化した画像にも、なお虎を従えた形にかかれている。『穆天子伝』に、天子に觴して恋の歌を歌う西王母は、すでにその原型からは遠い永遠の女性である。まして楚の襄《じょう》王と相会して、朝雲暮雨となる巫山の神女は、その最も後の姿である。西王母の

図43　東王父・西王母

仙女化は、崑崙の仙境化と相応ずるものであった。そのことを最も早く指摘したものは、小川琢治博士の「崑崙と西王母」である。

　崑崙の名は『書』の〔禹貢〕雍《よう》州にみえ、西戎の国とする。西域に使した漢の張騫《ちょうけん》は、安息《パルテイア》の長老たちに問うても、条支《じょうし》にあるという弱水の西王母のあとをみるをえなかったとするが、

司馬遷は『史記』〔大宛列伝〕の論賛に『禹本紀』というものを引き、河は崑崙に出で、崑崙の高さは二千五百余里、日月もこれを避け、その上に醴泉瑶池《れいせんようち》がある。張騫が大夏に使してなおそれを見ていないとすれば、『禹本紀』、『山海経』のいうところは信じがたいとしている。この種の説話をしるした『禹本紀』というものがあったのであろう。

西方に崑崙とよばれる聖地があることは、『山海経』の作者には知られていたらしく、〔西山経〕には不周の山に桃のような嘉果があり、また黄帝の住む山にあるという玉《ぎよく》膏《こう》丹木のことを、美しい韻文で叙している。さらに鍾《しよう》山には北光《オーロラ》の神かとされる燭《しよく》陰《いん》がおり、槐江《かいこう》の山は帝の平圃《へいほ》にして馬身人面、虎文鳥翼の英招という神があって、南のかた崑崙を望む。その西南にある崑崙の丘は帝の下都《かと》であり、虎身九尾、人面虎爪の神陸吾《りくご》がこれを守る。土螻《どろう》という人をも食う大蟻、鳥獣でも木でもさし殺す鴛鴦《えんおう》ほどもある大蜂も、そこにいる。さらに流沙をこえたところに群玉の山があり、豹尾虎歯の西王母がいて、天の厲《れい》神〔悪病神〕と五残《ざん》〔鬼〕とを従えている。またその西に草木を生ずることもない軒轅の丘、さらに白帝少昊《しようこう》のいる積石の山があり、また渾敦《こんとん》にして面目がなく、ただ歌舞することを識る帝江《ていこう》という神のいる天山、そのはてに太陽の沈む山があって、神蓐収《じよくしゆう》がこれを司る。河南輝県の出土かといわれる竜山系の黒陶舞人俑《よう》は、ただ鼻梁だけで面目のないものであるが、あるいはこの帝江などを示すものかも知れない。崑崙の諸山はこのような群神のおるところであり、『荘子』〔逍遥遊〕篇に神人の住むという藐姑射《ぼうこや》の山とは、このようなところであろう。

崑崙は図にも描かれていたらしく、『楚辞』〔天問〕にはその描写がある。「崑崙県圃《けんぼ》　その尻《はて》はいづくにかある　増城九重　その高さ幾里ぞ　四方の門　それたれかこよりする　西北の辟《ひら》き啓《ひら》けたるは　何の気か通ずる」とは、崑崙の丘の状をいう。その西北の門よりは、不周の風が流れこむのである。北に燭竜がかがやき、羲和が日をめぐらさずとも、若木《じやくぼく》は光を放つ。そこは冬も暖く夏も涼しく、石林があってよく人語する怪獣がおり、竜虬（みずち）は熊を負うて遊び、雄虺《ゆうき》（蛇）九首、長人がこれを守る。象をも呑むという霊蛇がおり、三危の山の露を飲めば、長生にして不死をうるという。それはまさに天の楽園である。これこそ〔離騒〕において、作者が天路を駆《は》せて求めようとした神境であった。

四　西方のパラダイス

パラダイス崑崙とは、何であろう。そもそも崑崙とは、どういう意味であろう。凌純声氏に「昆侖と西王母」の一篇があり、その諸義を論じている。まず最も古い字書である『爾雅《じが》』〔釈丘〕に「三成を昆侖丘と為す」とみえ、三段の丘より成る建造物である。丁山氏はそれを、羌人の火山をいう語である Poulo Condore あるいは Pulan Kundar の音訳で、陸渾《りくこん》の戎の陸渾、『穆天子伝』の昆留《こんりゅう》も同じく、瓜州もその対音であるとする。またその古い転音である先兪《せんゆ》、西兪《せいゆ》などは、インドの Sumeru と関係があり、崑崙とはインドの須弥山《しゅみせん》と同じく、その説話もインド説話に由来するという。衛聚賢氏も陸渾との音の関係よりこれを蒙古語とし、また蘇雪林氏はバビロンの古い説話に、仙山を Khursag, Kurkura とよび、群神の住む山でその誕生の地であり、バビロンではその神廟と七星壇の建築をいうものであるから、中国の崑崙、ギリシャのオリンポス、インドのシュメルはみな同じものであるとする。それは『山海経』〔海内西経〕に、崑崙の城に九井九門あり、開明獣がその門を守り、人面虎身、東嚮して崑崙上に立ち、鸞鳳などがその盾《たて》の上にいるというのに似ている。開明獣とは、智慧を意味するスフィンクスと同じ名義である。〔海外北経〕にいう共工の台もそれに近く、四方の台上に、一蛇が首をあげて南方に向うという。凌氏の引用する程発軔《ていはつじん》によると、西戎の語では崇高と玄黒の二義があり、その原音は kara で、いまも新疆にカラを冠する語が多く、大、玄の義をもつとする。それで『晋書』に、孝武文李太后が長身で黒いというので、宮人はこれを崑崙とよんだという話を引く。また杜而未氏の月光とする説、徐高阮氏の両河流域のジグラットと同系とする説などをあげたのち、凌氏はこれをいわゆる封禅《ほうぜん》の台であり、祖、社、畤《じ》、台はみな Ziggurat の初音の音写、また崑崙はその第二、三音の音写であるとしている。

崑崙の語原がジグラットから出ているとはなお定めがたいことであるが、崑崙が三成あるいは九層のように高台の形式のものであるとされるのは、それがもと天を祀るための祀処であったことを示すものとみてよい。それはまた、天文の観測に用いることもあった。董作賓氏によって報告された周公測景台のことが、凌氏の論文にも言及されている。それは河南偃師《えんし》県の南、登封《とうほう》のやや西南の山中にあって、南向きに大門があり、門内に石台、その後に村人のいう観星台がある。台は高さ三丈余、その両旁に階段がつけられ、方形の台上に達する。『史記』の〔封禅書〕に、「複道《ふくだう》を為《つく》り、上に楼あり、西南より入る。命じて昆侖といふ」、「天子、昆侖道より入り、始めて明堂を拝すること郊の礼の如し」とみえるものと、構造が一致する。そのことから凌氏は、古の天を祀る明堂も、このような構造のものであったとしている。明堂の古い形態は、西周の金文に辟雍《へきよう》としてみえるもので、それは周囲に大池をめぐらし、島の上に高い楼台を作ったものであったと思われる。北京の天壇は、その最も新しい形態のものである。

この形式のものは、ほとんど世界的に分布しており、最も遠いところではマヤのチッチェーン・イッサの円形の天体観測台、ペテーンのワシャクトゥーンの平列する三神殿の正面にある天体観測台などがそれである。凌氏は別の論文である〔北平的封禅文化〕に、封禅の古制が同じ起原をもつものであることを論じ、成都羊子壇《ようしだん》の三級の壇台、メソポタミアのジグラット、ベトナム、ビルマ、ハワイや南北アメリカの大壇の図などを録している。それらはいわゆる崑崙の一面を示すものであるが、崑崙と西王母説話の結合や、そのパラダイス的な性格は、崑崙よりもなお固定的なものとして、どこかに発源するところがなければならない。

正統的な文献としては、西王母のことは『史記』の〔大宛《だいえん》列伝〕にみえるものをあげなければならない。「安息《パルテイア》（今のイラン）は大月氏《アフガニスタン》の西数千里ばかりに在り。その俗は土著耕田、稲麦を田《う》う。蒲陶酒あり。……条枝は安息の西数千里に在り。西海に臨み、暑湿、耕田して稲を田う。大鳥あり、卵甕《かめ》の如し。人衆甚だ多く、往往にして小君長あり。安息これを役属し、以て外国となす。国、善く眩《げん》す。安息の長老伝ふ。条枝に弱水、西王母あるを聞くも、いまだ嘗て見ずと」。『後漢書』の〔西域伝〕にも条支国の記事があり、「条枝国城は山上に在り。周回四十余里、西海に臨み、海水その南及び東北を曲環し、三面は路絶ゆ。ただ西北隅のみ陸道を通ず。土地暑湿、師子《しし》、犀牛、封牛、孔雀、大雀を出だす。大雀はその卵、甕の如し」とみえ、つづいて和帝永元十三年、安息王が師子と条支大鳥を献じたこと、また桓帝の延熹《えんぎ》九年、大秦王安敦が日南より象牙、犀角、瑇瑁《たいまい》を献じたことなどを録する。安敦はローマのアントニオである。このとき中国はローマと連絡をもつに至っている。また「あるいはいふ。その（大秦）国の西に弱水流沙あり。西王母の居るところの処に近し。日の入るところに幾《ちか》きなり。漢書にいふ。条枝より西行二百余日、日の入る所に近しと、則ち今の書と異なり」ともいう。これらの記述によると、『史記』〔大宛列伝〕の〔正義〕に引く〔大荒西経〕に「弱水に二源あり。ともに女国の北、阿耨達《あのくた》山より出づ。南流して女国の東に会す」という弱水、西王母は、まさに実在の国である。

小川琢治博士の「穆天子伝考」には、地名に関して詳しい考証が試みられているが、西王母国の瑶《よう》池をバルクル・ノール、すなわち漢代の蒲類にあたるとし、そこに春秋晴爽のとき蜃気楼が発生すること、近代においてもなお霊池としての信仰を有することがしるされている。『穆天子伝』にいう里程などから考えて、ほぼそのあたりと考えられるが、土居光知氏の『神話・伝説の研究』には、タリム河の上流、新疆の西端パミール高地の東麓、カシュガルの仙境と想像しうるという。しかし〔大宛列伝〕にいう「条枝は安息《パルティア》の西数千里」、また『山海経』〔大荒西経〕の弱水二源、南流して女国に会すという記述の条件から考えて、土居氏はこれをチグリス、ユーフラテス河に充て、条支とはゲオルギアの転音を写したものとする。そして崑崙山を両河の源をなす火山アララット山であるという。その条支国には月の女神をまつり、女神は薬草アルテミシアと芥子《けし》などをもち、女人の守護神であった。

『穆天子伝』にみえる西王母の国は、おそらく小川博士の説に想定されているバルクル・ノールあたりであろう。しかし『山海経』や『史記』にいう西王母の国は、土居氏の説のように安息よりもなお西方の国である。仙郷はその知見の広まりとともに移動し、新たな未知の世界に移される。〔大宛列伝〕によると、大宛以西はその俗ほぼ同じく、言語相通じ、みな深眼にして多鬚髯《しゆぜん》、女子を貴んで、女子のいうところによってことを定めるという。これがかつての女国であり、西王母の国であろう。しかし崑崙といわれる神殿と、そこに営まれる楽園は、さらに西方の世界にひろく存するものであった。西王母が穆天子に款《かん》を通じたというエデンは、「エゼキエル書」ではあらゆる珠玉のみちあふれる聖山であるが、堕落者は直ちに焼き殺される火をもつ山である。『新約』の「黙示録」にみえるパラダイスは、生命の樹のある楽園である。土居氏はそれらを西方の楽園としてあげたのち、『旧約』の外伝「エノク書」の中から、その東方への伝播をみようとする。「それより我は土地の西のはてに到り、休むことなく燃ゆる火を見たり。それよりさらに進みゆき、七つの山を見たり。山各々その形を異にし、岩はさまざまの美しき宝石よりなれり。その中央の山は最も高く、形は神の玉座に似て、玉座のまわりには馨りいみじき木茂れり。その中に他の木とは全く異なる一つの木あり。その馨り特に優れ、その葉も枝も永遠に枯るることなし。その実は美わしく、棗椰子《なつめやし》の実に似たり」。

その七つの山はコーカサスの連山、中央の山はアルプスであろうかと、土居氏は推測する。ウル第一王朝の墓地から出土した黄金の頭飾には、十一葉と十四葉の木の枝、銀の髪飾には黄金の八弁の花を開く。フレーザーのいう黄金の枝の最も古いものであるらしく、〔離騒〕にいう若木もその類のものであろう。土居氏の「楽園のものがたり」(『神話・伝説の研究』第六章)には、その楽園がさらに西の果てに求められてゆく過程が語られているが、それは西王母の国が、日の入るところを追うて、次第にはるかな西方に求められてゆくのと同じである。

『淮南子』の〔覧冥訓〕に、羿《げい》が不死の薬を西王母に求めたところ、恒娥《こうが》がこれを窃《ぬす》んで月に奔ったという話がみえている。羿は后羿、夷羿ともいわれる東北系の神で、狄系の夏と争うて一時その国を奪ったものである。羿が不死の薬を求めたという西王母の国は、月神とともにある西方のさいはての地である。この説話の意味するところは、華北の諸族が、かつてオルドスをこえて、西方への交通をもっていたことを示すものであろう。

華北の諸族のさらに北方には、スキタイ文化があった。ヘロドトスが確信を以て語るところによると、それは本来アジアの遊牧族であり、のち次第に追われて黒海の方面に移動したという。この部族連合国家の最も東にあるものが、支配部族である遊牧族であり、西方のものが農耕者であった。かれらはすでに前二千年紀に青銅器文化をもち、前千年紀初頭には木槨墳《もくかくふん》文化をもち、アキナケス型短剣の祖型とみられるものも出土している。かれらは敵酋の髑髏《どくろ》で盃を作り、戦功を賞する賜盃に用いたが、その風習はのちの匈奴にも残されている。護《もり》雅夫氏の『中国文明と内陸アジア』によると、ヘロドトスが語るスキタイ人の習俗には、匈奴、突厥、契丹、モンゴルなどに共通してみられるものが多いという。殷の青銅器文化が、このスキタイによってもたらされたものかどうかはなお明らかでないが、『逸周書』の〔克殷解〕や『史記』〔周本紀〕にみえる軽剣、軽呂《けいろ》や、『漢書』〔匈奴伝〕の径路《けいろ》は匈奴系の語で、おそらくkilidjiの対音であり、また三晋や燕の列国器には、北方系の要素をみることができる。内陸アジアの知識はかれらによってもたらされたものであろうが、秦が西方に崛起して西戎の地域にもその勢力を及ぼすようになると、タクラマカンのかなたから、バビロニア、イランの文化を伝えるオアシス国家群が、その知識の豊富な供給者となった。そしてそれは、はじめ秦に伝えられ、のち当時学術の中心であった斉の都臨淄《りんし》にまでもたらされたであろう。木星の運行観測による十二支辰や二十八宿説、天体の構造に関する知識や五行説などが、相ついで中国の古代学術の上に大きな影響を与える。古帝王の系譜なども、それらからえられた新しい原理によって再整理され、統一される。

中国の古代神話は、唐虞《とうぐ》より夏殷周三代の道統的理念によって一たび経典化されるが、その経典化ののちを受けて、また新しい体系を求めて系統化される。すなわち黄帝を中心とする古帝王の系譜化がそれである。そしてそれは、古い伝承のなかに生きた巫史の徒の間にも、支配的な勢力を及ぼした。『楚辞』の〔天問〕篇に歌われている古代神話は、この新しい風潮によって、いわば再編成され、体系化されたものである。神話に体系を与える主体としての神聖国家は、すでになかった。したがってそれは、天下的世界のなかで、独自の体系を志向する。それは古帝王の系譜を中心とする包括的な体系であり、列国のもつ諸伝承も、みなそのなかに解体包摂されてゆく。その体系の中心をなす黄帝を、斉の田《でん》氏の器である陳侯《ちんこう》の器に、皇祖黄帝と称している。『史記』の〔五帝本紀〕には陳を虞舜《ぐしゅん》の後とするが、舜もなお黄帝八世の孫とされる。五帝の体系が斉で成立したものであることは、ほとんど疑う余地のないことである。

客神は海上からくるというのが、わが国の古い伝承であった。しかし東方を除いて、はて知らぬ山谷を擁する中国では、まず長江のかなた、太陽のかがやく南方温暖の地に異様な生活をつづける南人たちに、異族神へのはるかな惝怳《しょうこう》をよせた。また日の入るかなたの西方の地は、遠く文化の始源の地に連なっている。そこはまた深目高鼻、鬚髯の多い異族による、夢幻のような生活があった。その西方の知識は、北方の遊牧的な諸族、また西戎たちのたゆみない往来によって、関中を経て中原にもたらされた。神話や説話は、またそのなかから生まれ、展開する。崑崙西王母の物語は、その中国的な結実である。そして最後に、かつて経典としての『書』が、神話を母胎として古聖王の物語を形成したように、列国の伝承はまた新しい体系として組織される。中国の神話は、このようなペーガニズムの流れを通じて、不断の形成をつづけたのである。

第七章　古帝王の系譜

一　歳星と分野説

『史記』はその叙述を五帝よりはじめている。五帝とは黄帝軒轅《けんえん》、黄帝の子昌意《しょうい》の孫帝顓頊《せんぎょく》高陽、黄帝の子玄囂《げんごう》の孫帝嚳《ていこく》高辛、帝嚳の次子帝尭陶唐《ぎょうとうとう》、尭の女婿《じょせい》帝舜有虞《ゆうぐ》、舜よりしてのちは夏殷周の三代となる。遷が『史記』を著わすにあたって、西のかた空桐《くうどう》に至り、北のかた涿鹿《たくろく》を過《よぎ》り、東は海にいたり、南は江淮に浮かんでその遺聞を求めたが、故老は往々にして黄帝尭舜を称するも他に伝承をえがたく、孔子が弟子の宰予《さいよ》に伝えたという〔五帝徳〕、〔帝繋姓《ていけいせい》〕を『春秋国語』に考え、それによって論次したという。〔五帝徳〕、〔帝繋姓〕は前漢の戴徳《たいとく》が編した『大戴礼《だたいれい》』にその篇を存するが、〔五帝本紀〕はその説話的集成とみるべきものである。

この五帝以前にもなお古帝王があることは、〔五帝本紀〕中に黄帝を少典の子とし、黄帝は神農の衰世に出て、炎帝と蚩尤《しゆう》とが乱をなすのを治めて神農の後をついだとしていることからも知られるが、遷はこれを古史以前のこととしてその歴史叙述から省き、のち唐に至って、司馬貞が〔三皇本紀〕を補作した。すなわち大皞庖犧《たいこうほうぎ》氏、女媧《じょか》氏、炎帝神農氏であり、また一説として天地人三皇各々一万八千歳、のちまた五竜氏、燧人《すいじん》氏等十五君があるというが、いよいよ荒誕の説である。伏羲・女媧はその図像からみても洪水説話の神であり、しかももと南人の伝承するものであった。『荘子』の〔胠篋《きょきょう》〕篇に祝融《しゅくゆう》、伏戯《ふくぎ》、神農、『白虎通』、『風俗通』など漢代のものには伏羲、神農、祝融を三皇としているが、これらの方がなお古説であろう。

いま残されている文献資料は、『詩』、『書』の一部を除いて、他はみな戦国期以後のものである。古帝王説話の混乱は、戦国期に西方の知識がもたらされ、斉の臨淄《りんし》の稷下《しょくか》の学士たちによって種々の説がとなえられるに至って起ったもので、これを十分に整理することは、かつて民国初年、顧頡剛《こけつごう》氏らの疑古派が、その古史層累造成説を以て、きわめて精力的な分析を試みたにかかわらず、なお満足すべき成果をあげることができなかった。中国の神話の整理には、まず相接触し交錯する神話的葛藤を分析して、それをそれぞれの発生基盤に還元して考えることが必要である。すなわち原初的な神話要素を確かめ、その系列化が試みられなければならない。鯀《こん》、禹や共工、女媧の洪水説話や大地造成の説話は、もとそれぞれ異なる種族の伝承として成立し、その神話的な葛藤は、種族間の闘争の過程を表象するものに外ならない。しかし類似した説話は混淆《こんこう》しやすく、のちの伝承ではその区別を失うことがある。そのような説話展開上の混乱を、なるべく除去しなくてはならない。さらに外部的な事情による種々の移入や創作がこれに加わることがある。説話の重層や変容を整理することは、複雑にして困難な作業である。疑古派の運動は、神話伝説的な古史批判の分野においては、その方法がなお十分でなかったとしなければならぬ。

古帝王説話における外来的要素としては、たとえば木星の周期を示す十二辰や二十八宿説、またそのような新しい天文学や占星術によって列国の主神を作り出した分野説などが生まれ、いよいよ複雑な様相をもつことになった。天文暦法や占星術はバビロニアで成立し、中国に入るまでにまた種々変改されている。『左伝』には分野説と占星術との結合した説話が多くみられるが、それはおそらく戦国期の初年に、秦、晋の地にもたらされた知識によるものではないかと思われる。ヘロドトスが「越えがたい険峻な山」としたものが護氏の説かれるようにアルタイ山脈であり、西方の交易人たちが当時この地にまで赴いていたことは確かであると思われるが、前七世紀～五世紀間に、東西の商人たちはその地で相接することができたのであろう。ここでは毛皮や黄金が、西方の交易者に渡された。西戎を支配したといわれる秦、北方族と接触をもつ晋が、西方の知識の最初の受け容れ者であったはずである。秦には、科学的な知識をもつ制作者たちを擁する墨者の集団が、秦墨として活躍しており、また『書』の〔禹貢〕や『山海経』の新しい部分には、秦人によってえたであろう西域の地理的な知識を含んでいる。また晋には古い巫祝者の伝統があり、西方の占星術の知識を受け容れたであろう。西方の知識は、その後のアレキサンダーの遠征によって追われた西アジアの人々を、相ついでその辺境の近くに送りこんできた結果、さらに豊かさを加えたものと思われる。

『左伝』、『国語』を通じて、占星術的な分野説は晋に最も多く、周、鄭がこれに次ぐ。楚の巫史である左史倚相《いしょう》が『三墳《ぶん》』『五典』『八索《さく》』『九邱《きゅう》』のような古伝承をしるす文献に依拠したのに対して、北方の巫祝者は西域からえた新しい占星術を使用した。早い時期の説話では、晋の文公の貴種流離譚《きしゆりゆうりたん》にそれがみえている。『国語』〔晋語四〕に、文公が狄に在ること十二年、いよいよ諸国を国めぐりするとき、斉に赴こうとして五鹿《ごろく》をよぎり、饑えて食を農夫に求めると、農夫はこの流落の人をあなどって土くれを投げ与える。公子は怒ってこれを鞭《むち》うとうとするが、従者の一人である子犯《しはん》がその土くれをおし戴き、これぞやがては天がわれわれにこの地を与えたまう徴であると、ことば改めをした上、次のようにいう。「天の事は必ず象《しやう》あり。十有二年にして必ずこの土を獲ん。二三子（人々よ）これを志《しる》せ。歳《ほし》（木星）の寿星及び鶉尾《じゆんび》（星名）に在るとき、それこの土《くに》を有《たも》たんか。天すでに命ぜり。また寿星において、必ず諸侯を獲ん。天の道なり。これより始めて、これを有《たも》つにそれ戊申《つちのえさる》を以てせんか。土を申《ひろ》むる所以なり」。十二年後にこの土地を領有し、さらに十二年後には、覇者となるであろうという予言である。

また文公が秦伯の支援でいよいよ晋国にもどろうとするとき、董因《とういん》が文公を河に迎え、「吾はそれ済《な》らんか」という文公の問いにこたえて、それは天の数であるとしていう。「歳《ほし》は大梁《たいりやう》に在り。まさに天行を集《な》さんとす。元年に始めて受くるは、実沈《じつちん》の星なり。実沈の墟は、晋人これに居る。興る所以なり。いま君これに当る。済らざるなからん。君の行《さ》りしとき、歳は大火に在り。大火は閼伯《あつはく》の星なり。これを大辰といふ。辰は以て善を成す。后稷《こうしよく》（周の始祖）これ相《しやう》となり、唐叔（唐の始祖）以て封ぜらる。……かつ辰を以て出で、参《しん》を以て入るは、みな晋の祥なり。しかして天の大紀（十二年）なり」。これを『左伝』を以ていえば、僖公五年大火のとし、文公は狄に走り、僖公十二年寿星のとし、五鹿をよぎって天の祥をえ、僖公二十三年大梁のとし、二十四年実沈、参宿のとき晋に入り、二十七年鶉尾の年に五鹿を取り、二十八年寿星、践土《せんど》の盟において文公はついに覇業を成就する。文公の一代はすべて歳星の次第を以て語られているが、これはあるいは西域からえた説話の形態であるかも知れない。その説話の中に「西方の書にこれあり」というような語がみえるのも、他に例のないことである。

歳星の運行にもしみだれがあるときは、その分野の国に必ず不祥が起るとされた。『左伝』〔襄公二十八年〕に、魯の梓慎《ししん》が宋、鄭の饑饉を予言したことがある。「ことし宋、鄭はそれ饑ゑんか。歳《ほし》は星紀《せいき》に在りて、玄枵《げんけう》に淫（侵）す。ゆゑに時の菑あり。（この春、氷なきをいう。）陰、陽に堪へず。蛇（北方玄武）、竜（陽）に乗る。竜（東方）は宋、鄭の星なり。宋、鄭必ず饑ゑん」。その理由は、玄枵は中が虚《むな》しくなる意であり、枵は耗亡《こうぼう》を意味し、土が虚しくして民耗《こう》すれば、どうして饑えぬことがあろうかとするのである。星宿の名義によって占断をなすもので、そのような不祥は、星紀が玄枵を侵すという歳星の運行のみだれによるという。木星の周期はほぼ十一年と$\frac{6}{7}$であるから、バビロニアのように八十三年周期としないかぎり、適時に修正を要するのである。そのため十二宮の配当は、インドにおいても三たび変改が加えられている。

　またその年、鄭の裨竈《ひそう》が、「ことし周王、楚子《そし》と、みな将《まさ》に死せんとす」と予言した。それは「歳《ほし》、その次《やど》（運行の星宿）を棄てて、明年の次に旅し、以て鳥帑《てうど》（朱鳥の尾）を害す。周、楚これに悪《わろ》し」という歳星運行のみだれによる。『春秋』の経には、その年十二月甲寅《きのえとら》に天王（霊王）崩じ、乙未《きのとひつじ》に楚子昭《しょう》（康王）の卒することをしるしている。裨竈はまた、襄公三十年に鄭の伯有の死を予言し、歳《ほし》は降婁《こうろう》に在り、旦明にその星がみえたのを指して、「それなほ以て歳を終ふべきも、歳この次（降婁）に及ばざらん。その亡するに及びてや、歳は娵訾《しゅし》の口（営室、東壁）に在り」といったが、明年降婁の年に、伯有は乱を以てその徒党とともに死んだ。

　この歳星による占卜に、さらに、五行説が加わると、その方法はいっそう複雑となる。同じく鄭の裨竈が、陳の滅亡を予言した話が、『左伝』（昭公九年）にみえる。「夏四月、陳に災あり。鄭の裨竈曰く、五年にして陳まさにまた封ぜられんとす。封ぜらるること五十二年にして遂に亡びんと。子産その故を問ふ。対へて曰く、陳は水の属なり。火は水の妃《ひ》なり。しかして楚の相《をさ》むるところなり。今、火（星）出でて陳に火（災）あるは、楚を逐ひて陳を建つるなり。妃は五を以て成る。故に五年といふ。歳五たび鶉火《じゆんくわ》に及んで、しかるのち陳つひに亡び、楚よくこれを有《たも》たん。天の道なり。故に五十二年といふ」。陳は帝顓頊《せんぎよく》の後裔とされて水徳、楚は祝融の後裔とされて火徳、ゆえに夏四月、すなわち大火のあらわれるときに陳に天火の災があるのは、水火相よるものであるから陳の復興の兆であり、妃は五行に配していえば五年、五たび鶉火に

	十二辰	十二次	月名	太歳	二十八宿	九州	列国
	摂提格	析木	十月	寅	尾箕	幽	燕
	赤奮若	星紀	十一月	丑	斗牛	揚	呉越
北（玄武）	困敦	玄枵	十二月	子	女虚危	青	斉
	大淵献	娵訾	一月	亥	室壁	井	衛
	掩茂	降婁	二月	戌	奎婁	徐	魯
西（白虎）	作鄂	大梁	三月	酉	胃昴畢	冀	趙
	涒灘	実沈	四月	申	觜参	益	魏
	協洽	鶉首	五月	未	井鬼	雍	秦
南（朱雀）	敦牂	鶉火	六月	牛	柳星張	三河	周
	大荒落	鶉尾	七月	巳	翼軫	荊	楚
	執徐	寿星	八月	辰	角亢	兗	鄭
東（蒼竜）	単閼	大火	九月	卯	氐房心	予	宋

図 44　歳星分野

めぐって滅びるとすれば、いまは星紀《せいき》の歳であるから、五年して大梁の年に陳がまた封ぜられ、それより四周四十八年して五たび鶉火に至るのは、五十二年となる。『左伝』成立の当時、このように煩瑣な卜占が、巫史の間に行なわれていたのであろう。バビロニアの占星術が歳星、五行説と混じ、その上にさらに神話が組み合わされている。神話は主として分野説から取り入れられてゆくようである。

その過程を示すらしい説話を、もう一つ録しておこう。鄭の賢者として聞え、孔子がその死を「古の遺愛なり」と歎いたという子産が、巫祝者のような古伝承を物語っているもので、『左伝』〔昭公元年〕にその話がしるされている。

晋侯が病気ということで、鄭から子産が見舞いにゆき、晋の叔向《しゆくしよう》に、侯はどういう病気かとたずねる。すると叔向は、卜人の話では実沈《じつちん》、台駘《たいたい》の祟《たたり》であるというが、巫史にもこれを知るものがなく、どういう神なのだろうと、子産に問うた。そこで子産がその二神の話をする。むかし高辛氏に閼伯《あつはく》と実沈という二子があった。曠林《こうりん》にいたが仲がわるく、争いばかりしている。后帝《こうてい》が心配されて、閼伯を河南の商丘に移して、辰《しん》（大火という星）を祀らせたが、商はその地に国したので、辰を商星という。また実沈を大夏に遷して参《しん》を祀らせ、唐がこの地に封ぜられて夏と商とにつかえた。

唐の季世を唐叔虞《とうしゆくぐ》という。周の武王の妃邑姜《ゆうきよう》がはらんだとき、帝が夢にあらわれて、その子を虞と名づけよといわれた。生まれたとき、手に虞という文字があるので虞と名づけ、成王が唐を滅ぼすとこの大叔をそのあとに封じ、参星を祀らせたので、参は晋の星である。したがって実沈は参神である。

またむかし金天氏の裔孫に昧《まい》というものがあり、玄冥《げんめい》の師となって允格《いんかく》、台駘《たいたい》を生んだ。台駘は汾《ふん》・洮《とう》の河を通じ、大沢の水をふせぎ、山西の大原におり、沈《ちん》・姒《じ》・蓐《じよく》・黄《こう》がその祀を守ったが、晋は汾水の流域を支配し、沈などの四国を滅ぼしている。台駘は汾水の神である。しかしこの実沈、台駘が君の身に病をもたらすはずはない。山川の神は水旱や癘疫《れいえき》のときにまつり、日月星辰の神は雪霜、風雨の季節をはずしたときにまつる。国君の病は飲食哀楽などのために起るもので、みだりに姓をもトせず、同姓の女などを納れられるからであろう。以上が、博物の君子といわれる子産の答えであった。叔向が秦から医和を招いて診察させたところ、やはり病因は女室に近づき過ぎたためであるということであった。この頃、秦医にすぐれたものが多いとされたのも、秦と西方との関係を思わせるものがある。

辰（大火）と参とは東西に相対するもので、同時にみえることのない星宿である。

それで参、辰相闘うという説話を生んだのであろうが、その神閼伯と実沈のうち、閼伯は『左伝』〔襄公九年〕によると陶唐氏の火正で、殷の相土《しようど》がその官をついだという。『国語』〔鄭語〕には、高辛氏の火正黎《れい》はまた祝融であったとし、『荀子』の〔成相〕篇にはそれを昭明とする。すなわち閼伯、昭明、祝融は同じく大火を祀るもので、〔殷本紀〕にみえる昭明、相土は、この説話によって殷の先公とされ、契《せつ》、昭明、相土というその系譜が作られたのである。さきに殷の神話的系譜の第一系が、卜辞にみえる高祖神と一致しがたいところがあり、後起の神名を含むことを述べておいたが、その系譜は戦国のとき、このような分野説によって構成されたものであった。それはしたがって、殷本来の高祖神の系譜ではない。

次に実沈は歳名の一つであり、岑《しん》仲勉氏の『両周文史論叢』によると、古イランの神名から出ているという。玄枵《げんきよう》、娵訾《しゆし》、降婁《こうろう》など、それらの異様な名からみても、もと外来語であることは明らかであるが、ただ岑氏がいうように、大梁がアンドラの転音であるというような対比は確かなものとはいえず、もっと適当なものが他にあるかも知れない。岑氏は大火、鶉火や火正などは、もとゾロアスタ教と関係があろうとしているが、その十二次名の名義についての論説には、なお疑問とすべきものが多い。

しかしいずれにしても、これらが歳星の知識に伴う外来のものであることは明らかであり、その神も中国固有のものではない。

閼伯が火正であるのに対して、実沈は水神である。実沈とともに晋侯に祟をなしたとされる台駘は玄冥の子であるが、『左伝』〔昭公二十九年〕に「水正を玄冥といふ」、また昭公十八年に鄭の大火のことをしるして、「郊人、祝史を助けて国〔城〕の北に〔地を〕除《はら》ひ、火を玄冥・回禄に禳《はら》ふ」とみえている。実沈を大夏に遷したというのは、参、辰の闘争を水火の闘争と解釈した古代占星術からの配比であって、これもまた固有の神ではない。また殷の先公世系にみえる冥は、『国語』〔魯語上〕、『礼記』〔祭法〕に、「冥、その官に勤めて水死す」とあるように水神であるが、これも昭明が火神とされているのと同じく、五行的な観念による配比である。殷の先公第一系は、殷の本来的な伝承によるものでなく、その伝承の失われた戦国期に至って行なわれた五行説によって、後次的に構成されたものというべきであろう。

二　黄帝と五行説

　五行説の神話への移入は、すでに『左伝』、『国語』の説話の中に多くみることができる。『左伝』〔昭公二十九年〕に「少皞氏に四叔あり。重《ちょう》と曰ひ、該《がい》と曰ひ、修と曰ひ、熙《き》と曰ふ。実に金木及び水を能くす。重をして句芒《こうばう》たらしめ、該を蓐収《じょくしゅう》たらしめ、修と熙とを玄冥《げんめい》たらしむ」とみえ、句芒は木、蓐収は金、玄冥は水を治める。五帝と五行との関係は、大皞〔伏羲〕＝句芒　木、炎帝〔神農〕＝祝融　火、黄帝〔軒轅〕＝后土　土、少皞〔金天〕＝蓐収　金、顓頊〔高陽〕＝玄冥　水、であるが、このように古帝王を五行に配して祀ることは、早く秦において行なわれたようである。いわゆる五時《じ》がそれであろう。五時では犬牲を用いる伏という祀礼が行なわれたが、岑仲勉氏は伏を、ゾロアスタ教の妖厲を意味する apaoša、すなわち apatusa の前半の転音であり、犬牲を用いることもゾロアスタ教の俗であるという。

　黄帝のことは、司馬遷によると百家の言でその文雅馴ならず、搢紳《しんしん》先生のいうをはばかるところで、儒者もこれをいうものは少ないとしているが、一九七三年、長沙の馬王堆漢墓からは、漢初の黄帝関係の書が帛書として出土している。また五帝説はその当時すでに一般に承認されていたもので、遷もこれをその〈五帝本紀〉に録したのである。五帝説はもと秦に起ったものであろう。『史記』の〈封禅書《ほうぜんしょ》〉に、秦の襄公《じょう》（前七七七～七六六）がすでに諸侯の地位をえて西の辺裔に居り、はじめて西時《せいじ》を作り白帝を祀った。ついで文公（前七六五～七一六）が鄜《ふ》時を作り、また白帝を祀っている。宣公（前六七五～六六四）のとき密時を渭《い》水の南に作って青帝を祀り、霊公（前四二四～四一五）は呉陽の上時に黄帝、下時に炎帝を祀った。秦の献公（前三八四～三六二）は金が雨ふるという異瑞によって畦時を櫟陽《やくよう》に作り、白帝を祀っている。白帝の祭祀は春秋以前よりのことであるが、四帝の祭祀は霊公以来のことで、やがて黄帝説をとって五帝を祀るに至ったのであろう。黄帝の名は、『穆天子伝』や『山海経』にみえる。『穆天子伝』巻二に「天子、崑崙の丘に升りて、以て黄帝の宮を観る」とあり、『荘子』〈至楽〉に「崑崙の虚は、黄帝の休《いこ》ふところ」という。黄帝はもと崑崙説話と分離しがたいものであり、その神殿も山上に築かれていて、西方のジグラット形式のものとされたのであろう。『山海経』には、崑崙の西方あるいは北方に、神話的な諸神を祀る台のことが多くしるされている。

衆帝の台（〔外北〕）　共工の台（〔外北〕〔荒北〕）　帝台の棋《き》（〔中山〕）　群帝の台（〔荒北〕）　帝尭台・帝嚳台・帝丹朱台・帝舜台（各二〔内北〕）　軒轅の台（〔荒西〕）

すなわちその最も古い部分とされる〔五蔵山経〕のうちでは、〔中山経〕に帝台というものがあり、百神の聚まるところとされている。その上に石あり、虫などの呪霊を用いるわざわいを祓うという。なお〔海外北経〕に、衆帝の台が崑崙の北にあるという。〔大荒経〕では西に軒轅の台があり、南に天台・高山がある。ただ東は〔海内東経〕に琅邪《ろうや》台がみえ、北に帝尭以下の諸台それぞれ二基が、崑崙の東北にあるという。すなわちこれらの台は、もと崑崙を中心として、北あるいは西にあるものとされていたのである。秦の五時の成立の過程と、かなり似たところがあることが注意される。もっとも白帝を祀るものが三所というのは、秦を西方にして白とする五行配当の思想によるものと思われ、時は本来は秦がその上帝を祀るところであったのであろう。それが襄公のときに起源するものとすれば、西周末期のことである。当時すでに秦は西戎に覇をとなえており、ジグラット形式の祀壇の知識をもっていたものと思われる。

秦の霊公が呉陽《ごよう》に上時を作って黄帝を祀り、下時に炎帝を祀ったとき、黄帝を中心

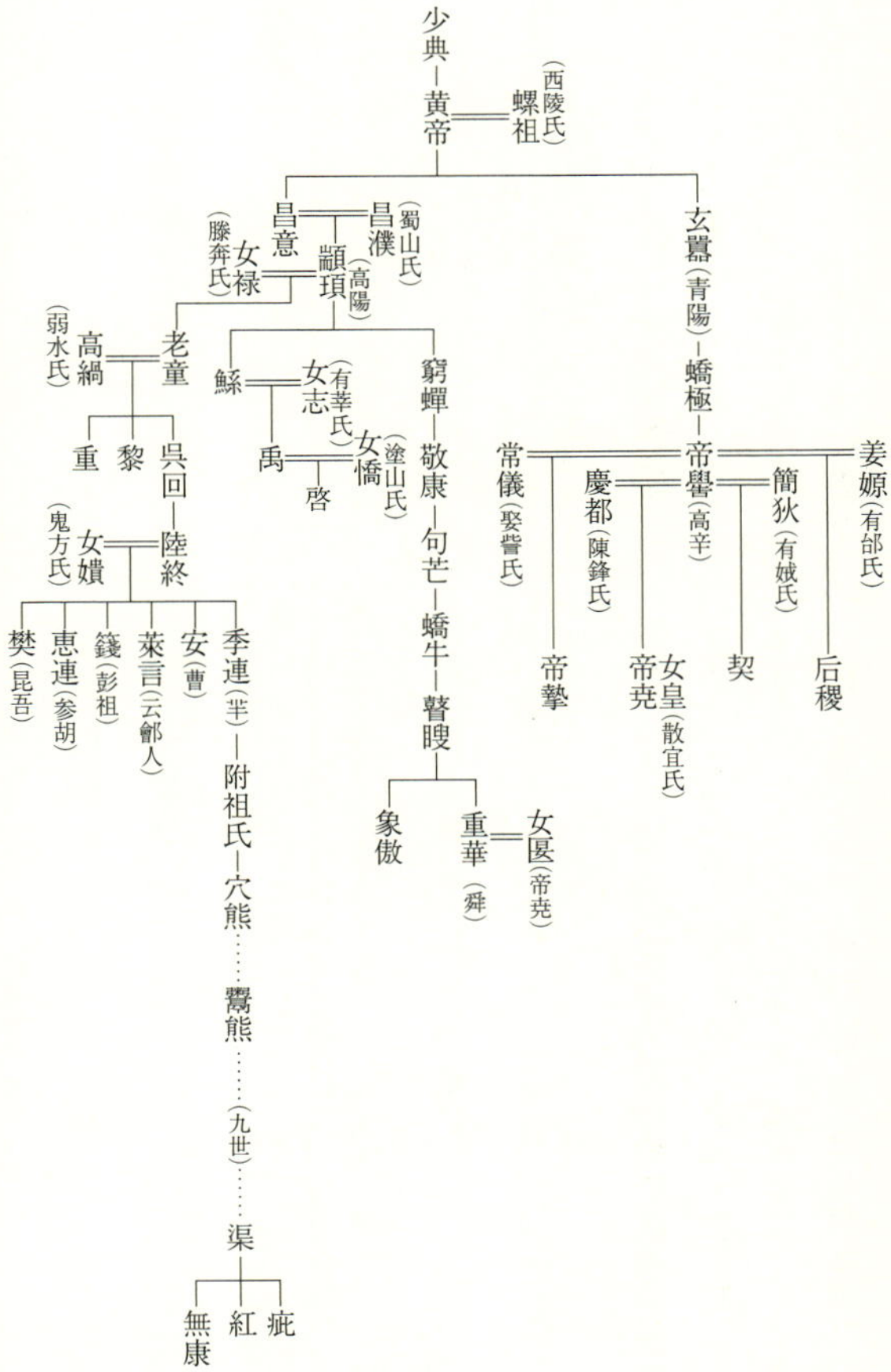

図 45　『大戴礼』帝繫世系表

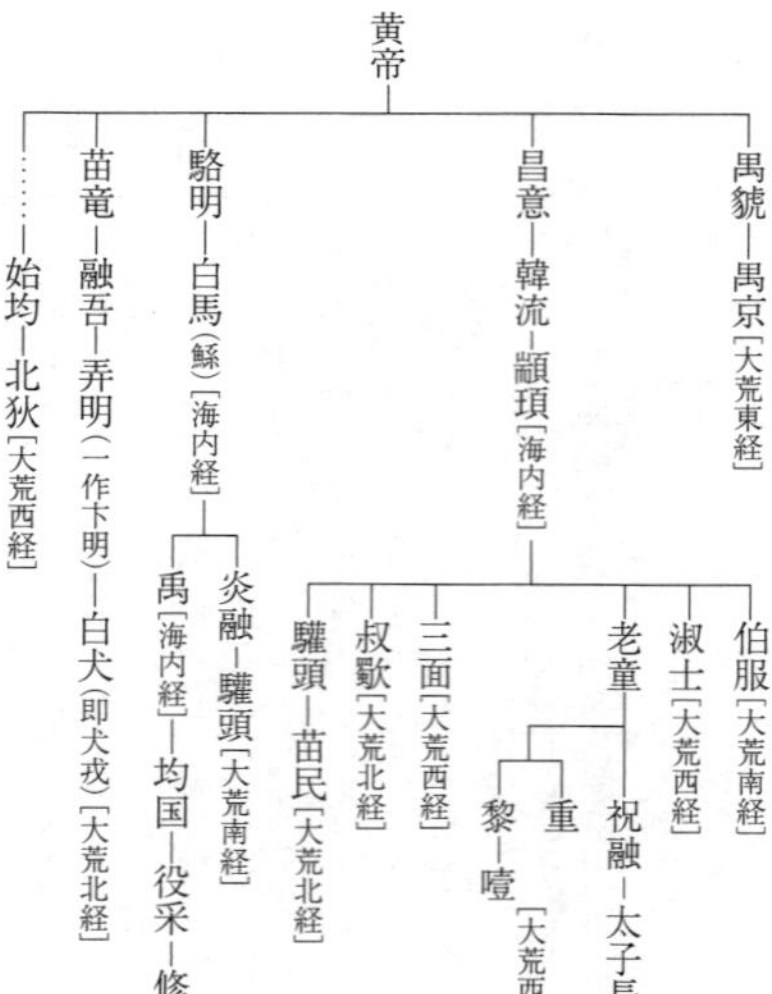

図46　『山海経』黄帝世系表

とする古帝王の系譜はいちおう考えられていたであろう。東方では斉の陳侯の𣪘《き》に、高祖黄帝の名がみえるが、その器はおそらく斉の威王の二（前三五五）年の制作と考えられるもので、陳を黄帝の苗裔とする系譜は、この斉において成立したようである。威王の末年には孟子も斉に遊び、その都である臨淄《りんし》の稷門《しょくもん》には、いわゆる稷下の学士が雲のごとく集まっていた。陳は舜の後とされる国であるが、それをさらに黄帝にまで遡らせたのである。黄帝を始祖とする古帝王の系譜も、かれらによって作られたのであろうが、そのとき、山東やその他各地の故国の伝承も、みなその体系の中に包摂された。しかしそのような古帝王の系譜化は、単に陰陽五行説を唱えた鄒衍《すうえん》、田駢《でんべん》の徒の思弁になるものではなく、祭祀の伝統に与《あずか》る巫史たちによって、それぞれ多様な系譜化が試みられていたのである。

黄帝を始祖とする古帝王の系譜はきわめて多様であるが、それは黄帝系譜の中に諸伝承を一元化しようとするために起ったものであろう。そのうち最も古くて組織的なものは、『国語』〔晋語四〕の文公の流離譚中、秦にあるときの説話にみえる。黄帝の子は二十五人、姓をうるもの十四人、同姓二人で、姓としては姫《き》、酉《ゆう》、祁《き》、己《き》、滕《とう》、箴《しん》、任《じん》、荀《じゅん》、僖《き》、姞《きつ》、儇《かん》、依《い》の十二であるとするが、同姓二人ならば十三姓となるはずである。なおつづいて黄帝を姫姓とするのに対し、炎帝を姜姓とし、ともに少典の子としているので、この系譜は姫、姜の二系列を説明するためのものであろう。

『山海経』にみえるものでは、黄帝より分れて五系となり、aは禺虢《ぐうこ》、禺京、bは昌意、韓流、顓頊《せんぎょく》、顓頊ののち伯服、淑士、老童、三面など六系、老童の子は三人〔祝融、重、黎）、ｃは駱明《ろめい》、白馬（鯀）ののち、炎融と禹の両系となる。ｄは苗竜の裔に白犬すなわち犬戎、ｅは始均ののちの北狄である。いずれも〔大荒〕、〔海内〕の二経にみえるもので十分体系的でないが、ａ、ｂの系列から『世本』〔帝繫〕篇、『大戴礼《だたいれい》』〔五帝徳〕、『史記』〔五帝本紀〕の系譜が生まれる。それによると、ａは玄囂《げんごう》、蟜極《きょうきょく》、帝《てい》嚳《こく》ののち、その三子として契《せつ》、帝尭《ていぎょう》、稷《しょく》、ｂは昌意、顓頊ののち、その三子窮蟬《きゅうぜん》、鯀、老童、窮蟬ののちまた敬康、句芒《こうぼう》、蟜牛《きょうぎゅう》、瞽瞍《こそう》、舜があり、鯀の子は禹、老童ののちは重、黎と呉回である。両者を比較してみると、『山海経』のａ、ｂ両系列に、古帝王の諸系を接続したにすぎないまことに雑然たるものであることが、一見して明らかである。『史記』の〔五帝本紀〕は、その中から黄帝とａ系の顓頊、帝嚳、尭、ｂ系の舜、禹をとり、またａ系の契、稷をつづけて三代としたものであるが、まったく意味のない系譜化である。

黄帝系譜が各地でそれぞれ自己の族祖伝説に結合されつつあるとき、斉の稷下学士によって組織された五行説が、原理的にそれに適用された。黄は五行において中央であり、土である。これを中心として木火土金水、すなわち五行相生説によって五帝を配した。その方神名をあげると、木（大皞、句芒）、火（炎帝、祝融）、土（黄帝、后土）、

図 47　三皇五帝

金（少皞、蓐収）、水（顓頊、玄冥）となる。これはいわば平面的、空間的な配列であるが、これをまた時間的におきかえることもできる。その場合、相生説による木火土金水は、たとえば伏羲（木）、神農（火）、軒轅（土）のように配次する。また王朝の革命交替ということからいえば、水は火に克ち、火は金に克ち、金は木に克ち、木は土に克ち、土は水に克つのであるから、その次序は水火金木土となり、そのため漢にも火徳説、土徳説を生じた。他にも漢代にはこの五徳の配比について多くの説がみえるが、それは黄帝を首とする古帝王の系譜と同じく、いよいよ紛乱して収拾しがたい状態である。顧頡剛氏らの『古史弁』第七冊の中編全体が、この三皇五帝説の研究に充てられているほどである。

神話学的にはあまり意味のない、かつほとんど整理しがたいこの複雑な問題に論及せざるをえなかったのは、中国における神話の体系が、神話の本来的な秩序のありかたから逸脱して、黄帝を中心とする系譜の構成により大きな現実的意味を求めていった、その特異性を指摘するためであった。系譜もまた神話である。神々の関係は、一般に系譜的な関係において示される。しかしそれは、その背後にある神話的思惟の表象として、はじめて意味をもちうることはいうまでもない。王朝の交替の原理として、思弁的に構成された古帝王の系譜は、すでにその神話的基盤をすてたものであり、観念的な仮構にすぎない。しかし中国においては、そこに特別の意味が寄せられていたようである。神話は単一の種族の、あるいは国家の理念を表象しようとするものではない。春秋戦国を経て、多数の国家を含む政治的な世界が、そのまま中華的な世界、すなわち天下とされた。各国の神話はその天下的な世界の中で、自己の特殊的具体性をいつまでも保持することができない。そのような天下的世界において、みずからを全体の中に位置づけることが、新しい神話の役割であった。逆にいえば、神話を通じてそれは天下的世界に参加することができ、また天下的世界が成立するのである。わが国の神話が、古代の諸氏族を王室と関連づけることをその重要な機能の一つとしているように、この古帝王の系譜の成立は、政治的統一体としての中国の成立の過程において、欠くことのできない精神的結合の役割を果たしてきたのである。

三　列国の説話と姓組織

中国古代の諸種族の関係は、主として姓組織によって示されている。『国語』〔晋語四〕にみえる黄帝十二姓、そのうち姓と認められるものは姫、己、任、姞などの数姓にすぎないが、春秋期の列国は、概ねその姓によって系列化されており、族祖の説話を共有するものとされる。いま三皇五帝の次序を以ていえば、大皞伏羲氏は風姓であり、任宿、須句《しゅく》、顓臾《せんゆ》の諸国、炎帝神農氏は姜姓であり、斉、申、呂、許、紀、州、向の諸国、また同じく祝融氏に芈《び》（楚、夔《き》、権）、妘《うん》（鄅《う》、偪陽《ふくよう》）、曹（邾《ちゅ》、郳《げい》）、董《とう》（鬷夷《そうい》）の四姓があり、黄帝軒轅氏は姫姓であり、周、魯、衛など約四十国、少皞金天氏は嬴姓、秦、趙、梁、徐、江、黄など九国、顓頊高陽氏には嬀《ぎ》（陳）、姒《じ》（夏、杞、鄫、越）の両姓がある。以上の五帝のほか、陶唐帝堯氏より祁《き》（杜《と》）、咎繇《こうよう》より偃《えん》（蓼《りょう》、六《りく》、舒《じょ》、舒鳩《じょきゅう》）、その他に曼《まん》、隗《かい》、漆《しつ》、允《いん》の諸姓のように出自の明らかでないものもあるが、要するに顧炎武がいうように、二十二姓みなその源を五帝に発するということになる。またその五帝がみな黄帝と前後に相連なるとすれば、諸姓はみな一元ということになるが、かれらがその初期に抱いていた神話は、むしろ諸族の分立とその壮烈な争闘の事実を表象するものであることは、すでにみてきたところである。

古帝王の系譜の一元化は、この多元的な民族が、その政治的統一と民族的な統一とを達成するための、いわば神話的な方法であった。神話はその基盤である祭儀的実修の場を失って、観念的に諸姓を系譜化する整合の場となり、したがってまた虚構の系譜となる。その具体的な例は、本来は中華の種族とされなかった楚や秦など、辺境の諸族でありながら、のちに有力な国家形成をなしとげた国において著しい。

たとえば楚は、荘王が「我は蛮夷なり」と呼号してはばからなかったように、もと江淮の間にいた異種族で、言語もむしろ南方系に属するものであった。しかし『史記』の〔楚世家〕には、その始祖を黄帝の曾孫である帝顓頊高陽とし、昌意、高陽、称、巻章《けんしょう》、重黎の系譜をあげ、重黎を帝嚳高辛氏の火正となり、祝融の号をえたものとする。その祝融は南方で火に配せられる神である。そのとき共工氏が乱をなし、帝嚳は重黎に命じてこれを誅せしめたが成功しなかったので、庚寅の日を以て重黎を誅し、その弟呉回を重黎についで火正祝融とした。呉回の子陸終が昆吾、参胡、彭祖、会人、曹姓、季連を生み、附沮《ふそ》、穴熊《けつゆう》とつづいたが、その後衰え、ときに蛮夷のうちに在って世次も知られぬという。季連の苗裔鬻熊《いくゆう》の子は、周の文王につかえた。そののち成王のとき、熊繹《ゆうえき》が楚蛮に封ぜられ、丹陽に都したという。丹陽は湖北宜昌にあり、のち鄂《がく》すなわち武昌に遷ったとする西方起源説をしるしている。

楚がおそらく青蓮崗の土器文化をもち、東方に起源するものであることについてはすでに述べたが、〔世家〕の文はその系譜とともに、かなりのちの知識によるものであることが知られる。すなわち系譜は黄帝説話の成立以後のものであり、おそらく陸終六子より以後が、本来の伝承によるものであろう。山東の邾《ちゆ》すなわち邾婁《ちゆる》は、またのち鄒《すう》ともよばれる国であるが、春秋期の邾の鐘に、「陸終の子邾公」としるすものがある。『国語』〔魯語下〕にはその国を、蛮夷と称している。楚とは同系の国である。また楚が丹陽や鄂《がく》に都したというのは、楚が西して雲夢《うんぼう》、百濮《ひやくぼく》の地に入ってからのちのことであり、殷周の際にはその地はなお南人の占居するところであった。系譜中にみえる重黎なども、『書』の〔呂刑〕にみえる開闢説話に関する神であって、〔楚世家〕では共工の乱を治めえずして誅せられたものとしており、古い伝承と異なるようである。楚が荊《けい》楚として金文にあらわれるのは、西周初期以後のことである。「我は蛮夷なり」と称して周の体制に反抗した熊渠《ゆうきよ》は、西周後期の夷王のときにあたる。〔世家〕の文において、年紀をしるすものは西周滅亡の前後からであり、それ以前の記述はほとんど伝説と虚構と相半ばするものとすべきであろう。

南方の楚に対して、西方に雄飛した秦もまた神話的な系譜を伝えている。『史記』の〔秦本紀〕によると、「秦の先は帝顓頊の苗裔」であり、また黄帝系譜に属するものとされる。顓頊の孫の女脩《じょしゅう》に玄鳥説話があり、女脩がはた織りしているとき玄鳥が卵をおとし、それを呑んで生まれた大業が、秦の遠祖とされていることは、すでに述べた。大業は黄帝の父である少典の女、すなわち黄帝の姉妹である女華を娶って大費を生んだ。大費は禹の治水を佐け、姚《よう》姓の舜の玉女を受け、鳥獣を率いて柏翳《はくえい》と称し、嬴《えい》姓を賜うたというが、これらは黄帝説話に属し、その世代関係をまったく無視した説話である。大費に二子があり、一を大廉といい鳥俗氏、二は若木といい費氏である。女脩、女華を祖とし、卵生説話をもち、鳥俗氏というなど、もと鳥トーテムをもつ母系的な種族であったらしい。その玄孫の費昌は、楚と同じように「あるいは中国に在り、あるいは夷狄に在り」としるされており、もと中原の文化を享有しない異種族であることは明らかである。大廉の玄孫の孟戯《もうぎ》中衍《ちゅうえん》も鳥身人言にして殷につかえ、中衍の玄孫は西戎にあり、西垂にあって蜚廉と悪来とを生んだ。

蜚廉ののちに造父があり、穆王の西遊に従って馬を御していたが、東のかた徐偃《じょえん》王の乱が起るや、一日千里、長駆して周にかえり、その乱を治めた。その功により趙城を賜うたので、その族より趙氏が出ている。蜚廉の子に悪来があり、その女である女防の子孫に非子《ひし》というものがあって犬丘におり、周の孝王のために馬の畜養のことに従って汧《けん》・渭《い》（水名）の間に住んだ。非子の父大駱《たいろ》は申《しん》侯の女を納れて秦嬴《しんえい》を生み、これが秦の嫡系となった。その孫の秦仲は、厲王の大乱の際に犬丘の大駱の族を滅ぼした西戎を攻めて戦死したが、その子五人が西戎と相争い、周の東遷後は陝西のその故地を占めた。秦史はこの秦嬴より以後はじめて紀年があり、それ以前は伝承の時代であるが、鳥トーテムや女系の多いことが注意される。この秦と相抗争した西戎がどの種族であるのかは、明らかでない。それはおそらく羌族、すなわちチベット系のものであろう。羌戎はかつて河南西部にあり、岳神の子孫と称するものであるが、そののち西に赴いて岍隴《けんろう》、洮《とう》域の地にあり、おそらくはその地の後期彩陶文化を展開させたものであろうと思われる。

秦と同じ嬴姓の諸族は、河南の商邱に近い葛、安徽北方の徐、河南南部の黄・江、湖北襄陽の穀《こく》、陝西韓城の梁など各地に分散しているが、そのうち伯益の後とされるものは秦と徐のみである。姓組織は比較的に古い種族関係を保持するものであるから、起源的にはこれらの間に何らかの関係があったのかも知れないが、江淮の域では殊に各種族間の角逐がはなはだしく、あるいは分散し、あるいは遷徙したあとが著しい。それで山東、安徽、湖北の間には、それぞれの古い伝承をもつ小国家が群立しており、また出自関係の不明なものも少なくない。殷周の支配に直接に属することのなかったこれらの諸国では、古い伝承をなお存するものもあって、孔子が「学は四夷にあり」というのは、おそらく事実であろう。しかし文化的統一が進んだ戦国期以後には、そのような古伝承も、やがて政治的イデオロギーに変質した神話の世界のなかで、新しく塗りかえられてゆくのである。

秦もおそらく、もとこの江淮の域にあった古族であろう。鳥トーテムをもつものには、東方の山東に郯子《たんし》のような国があるが、その伝承には、黄帝は雲、炎帝は火、共工は水、大皞は竜を以て官を紀《しる》したというように、後の帝王系譜によって整合されたとみるべき疑問のところがあり、本来の伝承のままであるとは思われない。しかし秦の伝承は、卵生説話にはじまり、鳥首人身の神を祖とするなど、その神話に由来するものがあることも考えられ、本来的な伝承とみてよいようである。中国の古代において異鳥を産する地は、多く江漢の域をめぐる山陵の地帯であった。古くその地域は森林の密集するところであったことが、のちの地相や景観の上からも推測されている。『逸周書』の〔王会〕篇によると、この方面の異族は、成周で行なわれた王会の儀礼に、多く奇鳥瑞禽の類を献じている。

『逸周書』の〔王会解〕篇は、成周すなわちいまの洛陽に、壇を築いて周王が万国を会集する状を述べたものであるが、その儀礼はジグラットにおける神壇の祭祀を思わせる形式のものである。天子は堂上に南面し、その左に康叔、荀叔、周公、右に太公望呂尚《りょしょう》が立ち、堂下の右に唐公、虞《ぐ》公が南面し、左に殷《いん》公、夏公が立つ。その旁に巫医や祝史、内台には封建の諸侯をはじめ、要服（方二千里の内）、荒服（方三千里の内）の諸侯が次を以てならび、車馬や旌旗、珠玉、虎豹の皮などを列ね、外台の四隅にも張幕などをめぐらす。その外に四方の異族が参向するが、東北の穢《かい》人は獮猴《びこう》（さる）、楽浪の夷良夷は在子という奇獣、揚州は禺《ぐ》という文魚や解隃《かいゆ》の冠、発人は鹿の一種である麃《ひょう》、その他十数国からその異物を献ずることをしるすが、西方からは西申《しん》が鳳凰《ほうおう》、氐《てい》・羌は鸞鳳《らんぽう》、巴《は》人は比翼の鳥、西戎の方煬《ほうよう》は皇鳥、蜀人は雉の一種である文翰《ぶんかん》、西戎の方《ほう》人は孔鳥を献じ、北方の諸族は多く奇獣を献じている。

台は内台、外台など数層より成り、そこに天下の異物、奇鳥怪獣がことごとく集まるというこの構想は、明らかに西方のジグラット形式の中国的形態とみるべきものであろう。この四方の種族のうちに、秦人は含まれていない。秦はおそらくすでに列国の一つとして扱われているのであろうが、西方の諸夷がことごとく奇鳥を献じていることからいえば、鳥トーテムをもつ秦の出自がこの方面にあることは疑いを容れない。しかも嬴《えい》姓の諸国が多く江淮の東部におり、秦がひとり西方に隔在しているのは、おそらくその故地が他種族の勢力によって分断され、嬴姓の諸族が東西に分散するという結果となったものであろう。それはたとえば、もとモンゴル系とみられる南人の諸系が、のち南北に分断されているのと同様の事情にあるものとみられる。

このような諸種族間の複雑な関係は、わずかに姓組織によってその系統を伝えるが、しかし姓組織そのものも制度的に固定するのはおそらく周以後のことであり、殷には姓組織があったのかどうかも明らかではない。殷代の資料には、エキソガミーの俗が行なわれたことを証する明確な証拠が残されていないように思われる。おそらく春秋期の群小国家の姓なども、トーテム的起源をもつものや外婚制によるもののほかは、擬制的なものが多かったのであろう。姓はその出自の伝承によって定められることが多いが、そのため擬制的に作られたものも少なくないようである。たとえば岳神伯夷がまた皋陶《こうよう》であることは、『書』の〔尭典〕〔皋陶謨〕における説話の内容からも知りうることである。岳神伯夷の後はいうまでもなく姜姓であるが、皋陶の後は偃《えん》姓とされ、江域の英《えい》、六《りく》、蓼《りく》、舒蓼《じよりく》などがこれに属する。また伯益も伯夷の転音と考えられるものであるが、徐偃王の徐は秦とともにその後とされている。『史記』の〔秦本紀〕に、「秦の先を嬴《えい》姓となす。その後分封し、国を以て姓となす。徐氏、郯《たん》氏……あり」とする。このうち徐は明らかに夷系とされている国である。『後漢書』の〔東夷伝〕に、「徐夷僭号《せんがう》し、乃ち九夷を率ゐて以て宗周を伐ち、西のかた河上に至る。穆王そのまさに熾《さかん》なるを畏れ、乃ち東方の諸侯を分ちて、徐偃王に命じてこれを主《つかさど》らしむ。偃王、潢池《くわうち》の東に処り、地、方五百里、仁義を行なうて、陸地にして朝するもの三十有六国」とあり、穆王は西王母の国に遠遊している途次にその叛乱を聞き、秦の祖である造父を楚に使せしめ、千里を一日にして至った。このとき楚の文王が大兵を以て徐を攻めたが、徐偃王は仁慈にして人を戦わせるを欲せず、北走して彭城《ほうじよう》武原の東山の下《もと》に赴き、これに従うもの数万であったという。そこになお徐山石室があると、晋《しん》の張華の『博物志』にしるしている。

この徐偃王もまた感生帝説話をもつものであることは、よく知られているところである。『博物志』に、徐君の宮人が娠んで卵を生んだが、不祥としてこれを水瀕《すいひん》に棄てた。孤独母《こどくぼ》は鵠倉《こくそう》という犬を飼っていたが、その犬が卵を拾って孤独母にとどけたので、これを暖めると小児が生まれた。生まれながらにして足なえであるので、偃と名づけたという。骨がないものを偃というからである。生まれて妖異非常、陳《ちん》・蔡《さい》の間に溝通《こうつう》し、朱弓朱矢を得て天瑞となし、みずから王と称した。宋の羅泌《らひつ》の『路史』〔国名紀〕には徐を姫《き》姓とし、民国初年の劉師培《りゅうしばい》の『左《さ》盦《あん》集』には偃姓即嬴姓説があるが、徐は舒《じょ》と音が近く、もとは淮夷系の種族であろう。

皐陶や伯益は、いわゆる黄帝系譜の中にはない。もし加わるとしても、秦のように顓頊系譜を媒介としている。それはかつて顓頊系譜が黄帝系譜の全体が成立する以前に、その祖型として存していたことを示唆するものではないかと思う。その黄帝譜b系からは夏殷、a系から周が出ている。黄帝系譜の全体が、古代神話の体系に特に意味を与えうるものとはしがたいが、そのような系譜化は、神話が政治的、文化的統一を意味する表象として考えられる場合、包括的、統合的志向がそこにはたらいているであろう。そしてその系列から除外されたものは、天下的世界に参加することはできなかった。拒否された系譜は、すなわち敗北の神話である。

敗北の神話は、その神が悪神と化するか、孤立するか、あるいはその説話のうちにみずから敗北を表象した。四凶放竄の説話における共工、三苗が、羌人、南人の運命を示すものであることはすでに述べた。孤立化した神の例としては、羿《げい》や蚩尤《しゆう》をあげることができよう。羿は『左伝』〔襄公〕四年の「虞人《ぐ》（狩猟官）の箴《しん》」に「帝夷羿」とよばれているように、かつてはその部族の最高神であったはずであるが、その部族はのち東北に去った東明《とうめい》・朱蒙《しゆもう》説話をもつものが、それであったかも知れない。羿は十日説話にみえるように、弓の名手であった。『孟子』〔離婁下〕に「逢蒙《ほうもう》は射を羿に学ぶ」とあり、『荀子』の〔正論〕篇、〔王覇〕篇に、羿、蠭門《ほうもん》を天下の善射の人とする。楊寛氏は蠭門を東明、朱明、朱蒙と同じであろうとし、『論衡』〔吉験〕篇、『後漢書』〔扶余伝〕にも東明の善射の話をしるし、『魏書《ぎしよ》』〔高句麗伝〕、『三国史記』〔高句驪紀〕などにも朱蒙善射のことがみえるのを、その証としている。山東と東北地区との関連の深さからいえば、夏の革命をはかり、九日を射ち、鑿歯《さくし》などの南方の部族を殺し、河伯を射て雒嬪《らくひん》を妻としたという羿は、狄系の夏、夷系の殷にとっても容易ならぬ強敵であったに違いない。『山海経』〔海内西経〕には、崑崙の虚の方八百里のうちに「高さ万仞、仁羿に非ざれば能く上ることなき岡の巌」があるという。おそらく武神として特別の扱いを受け、ジグラットの中でもその勇武にふさわしい場所が与えられていたのであろう。

蚩尤も孤独な神であった。黄帝と涿鹿《たくろく》の野に戦ったという話は、古く『書』の〔呂刑〕にもみえ、〔大荒北経〕では風伯、雨師を率いて黄帝の女魃と戦って敗れたという。それは『左伝』〔僖公二十五年〕に「黄帝、阪泉《ばんせん》に戦ふ」というのと同じく、『呂氏春秋』〔蕩兵〕篇に「黄炎、故《もと》より水火を用ふ」ともみえ、黄帝、炎帝の争いとされている。しかし蚩尤も羿と同じく、もと東方の帝であったのであろう。『逸周書』の〔嘗麦解《しょうばくかい》〕に、蚩尤は赤帝に命ぜられて少昊《しょうこう》におり、四方に臨み百工を司ったとされている。少昊は金天少昊氏、山東の郯子と同じ系列に属する。蚩尤には風神としての性格が認められ、蚩尤の風という語もあり、星では蚩尤旗とよばれる妖星がある。『史記』〔五帝本紀〕注に引く『皇覧』によると、山東の寿張に蚩尤の冢《つか》があり、高さ七丈、十月に行なわれるその祭には赤気があらわれて絳《こう》（あか）帛《はく》のように流れ、人は蚩尤旗とよぶという。蚩尤が黄帝と帝たることを争って敗れたというのは、黄帝説話によって作られたもので、その部族の中原よりの敗退を語るものであろう。

山西の解州に塩沢《えんたく》があり、方百二十里、その色赤く、その俗にこれを蚩尤血とよぶ。その地は秋夏の間に大風があり、また汝南の地にも大風が多く、それは風穴山中より吹く風とされていることが、宋の沈活《しんかつ》の『夢渓筆談《むけいひつだん》』〔巻二十四〕にみえる。黄帝が指南車を作ったという話も、蚩尤が風神であったことを示すものであろう。山東にはなお、大皞《たいこう》の後にして風姓とされる任《じん》、須句《しゆく》、顓臾《せんゆ》などの古族がいた。それらの古族にも、おそらくそれぞれの伝承があったであろうが、春秋・戦国期の領土的国家の発展のなかで多くは滅亡し、黄帝説話の成立とともに、天下的世界の秩序にかかわることのないものとして消滅した。ただ抵抗の強かった羿や蚩尤の説話のみが、悪神として残されてゆくのである。蚩尤もまた羿と同じく、ツングース系ではないかと考えられるところがある。

敗北の神話の最もいたましいものは、犬首の神槃瓠《ばんこ》であろう。犬はかつて天帝の使者であった。あるいはまた、帝そのものであったであろう。狼を始祖とする説話はユーラシア北方族に一般にみられるところであり、他にもローマのような伝承がある。

『山海経』には半獣神が多くしるされており、槃瓠説話のごときもその一類型にすぎない。しかしこの犬神は、黄帝の飼犬とされ、黄帝の女はこの犬の背に乗って深山の石室の中にかくれ、犬の子を生むのである。そして渓《けい》族のように、渓狗の蔑称に甘んじて、孤絶の生活をつづけねばならない。かつて雲夢・洞庭の大沢に、銅鼓を載せた舟を走らせ、その武勇を誇った南人は、いま雲深い南山の谿谷に身をひそめるようにして生きている。『山海経』〔大荒北経〕には、苗民は黄帝の曾孫顓頊の六子のうち、その末子驩頭《かんとう》の子とされているが、〔五帝徳〕などの黄帝系譜にはそれは認められていない。このように黄帝系譜に参加しえなかった外族は、北狄南蛮のように非人間的な呼称でよばれる。いまは獞《どう》、猺《よう》の字を廃して僮、瑶のような好字を用いるが、先史時代のかれらの栄光はよみがえるすべもない。かれらがかつて、後インドやビルマへの交通路をもち、おそらく南方の文化を中原にもたらしたであろう偉大な足迹も、荒途のうちにたずねがたいものとなっている。単音節語をもつかれらは、先史時代の意味不明のことば、たとえば子、丑、寅など、十二支名を伝えたのではないかとも思われるが、それをあとづけることはむつかしい。十干は十日説話や日神十巫など、それなりの体系をもつが、もと十二月を示すらしい十二支は、早く農作の段階にあった南人のもたらす知識であったのではないかと推測される。単音節語で農作に関するものであるとすれば、南人との関係をいちおう想定することができよう。

四　華夏について

中国では、東夷、南蛮、西戎、北狄を四夷といい、異種族のものとしている。そのうち夷、蛮、戎についてはそれぞれすでにその消息を考えたが、北狄についてはまだほとんど語るところがない。しばらくこの北方の異族について考えよう。

夷、蛮、戎、狄を四夷というが、中国の古代には、これ以外に別に華夏の族がいたわけではない。夏はすでに述べたように、おそらく北狄系の種族であろう。狄、夷、戎のうちから夏、殷、周が興り、それらの混合の上に漢族が成立するのである。しかし西周・東周期を通じて、文化領域的な意味での中華が成立して、その圏外にあるものを夷狄とする観念が起った。河南を中心とする文化は、もと夷系の殷の文化であり、戎系と思われる周がこれを継承した。戎狄が夏をみだすというのは、春秋期以後の考えかたである。

中華のことを、古くは中夏、華夏といった。文化民族としての中国は、この夏をその称としているが、殷が夷、周が戎系とすると、夏は狄種のほかにはないことになる。すなわち中国の古代史は、狄系の夏にはじまり、夷、戎がそれを承けているわけである。この三者の混合によって、民族が形成される。そしてその文化領域に属しないで、いわゆる戎狄としてその故俗を守るものが、列国の間に多くとりのこされていた。それが戎狄である。それはたとえば、熟蕃と生蕃という関係にあるものとみてよい。

春秋期の狄には、上党（山西西南部）、済西（河北南部）の赤狄種である長狄潞《ろ》氏などの諸族、伊洛、晋南の諸狄、西河（陝西）の白狄、冀中《きちゅう》（山西）の白狄系の鮮虞《せんぐ》などをあげうる。王国維の「鬼方昆夷《こんい》玁狁《けんいん》考」に、周の東遷前後にはただ戎の名のみがみえ、狄は『春秋』の荘公、閔《びん》公以後の記事にはじめてみえることに注意し、それらはみな中国より称する名で、蔑称にすぎないという。その本来の名は、夏であったのである。

夏という名号について、楊寛氏は、その字形は中国人を示すとする説、舞容を示すとする説、禹の治水の状を示すとする説、動物トーテムとする説、および夏水の名によるとする説をあげ、みな信ずるに足らないとし、水名説も漢水が夏水の名をえたのは、楚の荘王以後のことであるという。また夏族の原住の地について、東方よりの西漸説、西方の大夏説をあげ、なお決しがたいものがあるとし、すすんで夏王朝の実在性を否定して、文献にみえる夏后は下后、夏民は下民の意にすぎないという見解を示されている。

しかし春秋期の斉の金文である叔《しゆく》夷《い》鏄《はく》には、叔夷の遠祖は伊尹より出ており、伊尹は湯が夏を滅ぼすのをたすけたとしているから、当時すでに夏王朝という観念があったはずであり、さらに遡っていえば、比較的に周初の原形を存しているとみられる『書』の〔周書〕には、〔召誥《しようこう》〕に「我は有夏に監《かんが》みざるべからず。また有殷に監みざるべからず」、「有夏、天命に服せり」などの語がみえ、他にも〔多士〕〔君奭《くんせき》〕〔多方〕〔立政〕の諸篇に、夏の君臣や夏殷の革命に言及しているところが多い。これら五誥を中心とする〔周書〕諸篇の文献としての信憑性からいえば、かつて夏とよばれる王朝が存在したこと、少なくとも夏とよばれる文化度の高い種族があったことを推定しうる。仰韶の前期文化に支配的にみられる魚形、人面魚身の文様が、そのトーテム的な表現であった。

山西南部の晋南の地は、古く唐とよばれたところである。『左伝』の〔定公四年〕

に周初の封建のことを述べ、魯の伯禽《はくきん》、衛の康叔につづいて、唐叔に懐《かい》姓九宗を与え、策命の書として〔唐誥〕を以て命じ、夏の遺址である夏虚、すなわち唐に封じたことをしるしている。〔唐誥〕はいま伝わらないが、そこに示されている統治の方針は、「啓《ひら》くに夏政を以てし、疆《かぎ》るに戎索を以てす」としており、その地の伝統である夏政による自治的原則の上に、戎索すなわち周的な規制を加えよという。懐姓は媿《かい》姓、字はまた隗《かい》ともしるし、狄種で白狄に属するものである。

貴種流離譚の説話をもつ晋の文公が、まだ公子重耳であったとき、讒言のため追われて狄地に奔ったが、そのとき狄人が赤狄の廧咎如《しょうきゅうじょ》を伐ち、その二女叔隗と季隗をえて、季隗を重耳の妻とした。重耳はこの狄地にあること十二年、それより諸国を歴遊する話となっている。唐叔に与えられた懐姓九宗は、夏虚に近い所在の狄人部族であり、夏虚はおそらくその狄人の故居である。その社会は、伯禽に与えられた殷民六族、康叔に与えられた殷民七族などの氏族制と異なるものがあり、おそらく北方的な部族形態のものであろう。そしてこの晋地の狄人の消息のうちに、夏の問題を解く鍵があるように思われる。

晋の初封については、春秋期の晋の金文晋公盦に、その祖の唐公が大命を受け、周の武王をたすけた功業をしるし、「大廷に至るまで、来王せざるなし」という語がみられる。大廷というのは、ひろく北方の狄地をさす語であろう。またこの銘文によると、晋は必ずしも周室の一族が分封されたものではない。晋は姫姓、すなわち周と同姓とされているが、それは呉が姫姓と称し、太伯の後というのと同じく、のちの系譜作りの結果にすぎない。おそらく夏虚によるこの種族は、夏とよばれる北方族の狄系に属し、前期彩陶文化をもつものであろう。その文化は早くから河南の地にも及んでおり、河南の全域に及ぶその文化遺址は、かつてかれらの残したものである。

山西は晋の本地であり、夏の根拠地であった。それで河南の地を、東夏とよぶことがある。『国語』〔楚語〕に「析《せき》公、晋に奔り、晋人これを用ふ。寔《まこと》に讒《ざん》して楚を敗《やぶ》り、東夏を規《ただ》さざらしむ」という。晋の韋昭の注に「東夏とは蔡《さい》・沈《しん》なり」とあり、河南の西南部の国である。また『左伝』〔襄公二十二年〕に「晋人、朝することを鄭に徴《もと》む。鄭人、少正〔官名〕公孫僑《けう》〔子産〕をして対へしめて曰く、……聞く、君まさに東夏を靖《やす》んぜんとす」という東夏は、鄭と斉とをさしている。これらは晋地の夏よりしていうものであり、諸夏という語もそれをひろく用いたものであろう。

この晋地の唐は、かつて帝尭が都したところとも伝えられている。その地が、春秋のときに至っても、なお狄人の居住地であったことは、『国語』〔晋語二〕に、景、霍《かく》〔山名〕を以て城とし、汾河などの諸水を堀とし、戎狄の民がこれをめぐって住むということからも知られよう。ここには白狄、赤狄の諸族があり、春秋期に最もよく知られているのは長狄である。

山西の狄種のうち、鬼方はすでに卜辞にみえ、殷の武丁がその討伐を行なっている。『周易』に「高宗（武丁）、鬼方を伐ち、三年にしてこれに克つ」〔既済〕というのは、その武丁の遠征をいうもので、卜辞には三年にわたるその討伐の記録が残されていて、董《とう》作賓氏の『殷暦譜』にその暦譜を作っている。鬼方の鬼はおそらく隗姓の隗であろう。『竹書紀年』にも武乙の三十五年、周の王季が鬼戎を伐ったという記事がある。この鬼戎を匈奴の祖とする説もあるが、狄は必ずしも塞北の種族ではない。先史文化からみても、北方の細石器の文化、またオルドスの文化と仰韶文化とは、かなり異質のところがある。

周初の康王期の二十三年の制作と思われる小盂鼎に、鬼方を伐って馘首四千八百、俘人一万三千に及ぶ戦果をえたことがしるされており、また三人の虜酋《りよしゆう》がとらえられた。その戦勝の報告が行なわれたとき、虜酋は廟門の前に引き出されて罪状の糾問を受けているが、かれらの弁明によると、攻撃は周が先に行なったのだという。周と鬼方とは、その地を相接していたのである。訊問ののち虜酋は首を斬られているが、斬首は異族を犠牲とするときの法であった。周と北方族との抗争は、のちにも周族と玁狁との間に行なわれ、宣王期の前後までつづき、ついに周は都を東に遷している。

春秋の中ごろ、山西の潞安《ろあん》地区に長狄の族がいて跳梁をほしいままにし、諸国をおそれさせた。はやく殷の武丁の時代に、殷都を襲うた北方の諸族も、この地区から太行山脈をこえて出撃してきたらしく、殷都へは長友角というものがいち早くそれを報じているが、その長友角は、この地に名をとどめる長子・長治の長と関係があろう。春秋期の長狄も、この方面に根拠していたものと考えてよい。

『左伝』の文公十一年に、その秋鄋瞞《そうまん》が斉を侵し、さらに魯にまで侵入してきたので、魯はこれを伐って敗り、虜酋の長狄喬如をえて、その首を魯の郭門に埋めた。宋では春秋の前二十六年、武公が鄋瞞を長丘に敗り、長狄縁斯《えんし》をえて、その首を耏《とう》門に埋めた。戦死した耏班を記念するためである。晋が潞を滅ぼしたときにも、喬如の弟である焚如《ふんじょ》を捕え、斉も鄋瞞の侵入するのを伐って、焚如の弟である栄如をえて、斉の周首の北門に埋め、衛も敗走する長狄を追うてその弟簡如をえた。喬如の兄弟はみなここにとらえられ、鄋瞞の国は滅びる。鄋瞞は長狄の国である。かれらは神話的伝承をもつ防風氏の後とされ、山西の潞安方面にいたようである。『説文』六下に鄋を「北方長狄の国なり」としている。

防風氏の子孫である長狄はまた汪芒《おうぼう》氏ともいい、大人ともよばれた。『国語』〔魯語下〕に、防風氏について孔子が述べた話を載せている。「むかし禹が群神を金稽山に招集したとき、防風氏が期におくれたので、禹は怒ってこれを殺したが、その骨節は一台の車に満つるほどであった。防風は汪芒氏の君で、封・嵎《ぐう》の山を守る神であり、漆姓の族である。虞夏、殷の時代には汪芒氏といったが、周では長狄《ちようてき》がそれである。いまは大人という」。これが四夷のことにも通じていた孔子の語である。骨節が車に満ちるというのは、古生物の象、竜の類であろう。大人というのは、種族的な特徴をいうもので、夏にも大の義がある。中国では、中支系、南支系はモンゴロイドに近いが、北支系だけが異なるとされている。それが狄系であるのかも知れない。夷夏東西というが、夏は北方系というのが事実に近い。

中国の民族は四夷の混合より成り、その文化は多元的であり、また複合的である。その点において、わが国と同じといえよう。しかしその神話がわが国のように多元的、複合的でありえなかったのは、神話が特定の歴史的時期にのみ形成されるものだからである。われわれは神話について、特にそのことを重視しなければならない。中国の歴史の上では、それは殷王朝の時代にあたるが、このとき中国は、なお民族的、文化的統一に達していなかった。また殷王朝の滅亡によって、その歴史的時期も失われている。その神話がC類型にとどまるのは、そのゆえであろう。それでその民族的、文化的な統一を達成した時期に、かれらは古帝王の系譜化によってその概念的整合を試みたが、そこにはロゴスもパトスもない。それはすでに神話ではなく、天下的世界のイデオロギー的反映である。そのようなイデオロギー的志向は、その後のかれらの歴史の上にも、たとえば華夷思想のような形態で、いく度も復活し、なお生きつづけている。われわれはいまもなお、その系譜に連なるものをみることができるのである。

第八章　神話と伝統

一　神話と祭儀

神話にも栄枯盛衰があり、神々の運命も安定したものではない。種族間の葛藤のなかで、神々もまた勝利に誇り、また敗北の怒りに狂うのである。神話の成立には、そのような種族のもつ原体験というべきものが反映している。しかし神話の体系は、その原体験のみによって成り立つのではない。中国の場合、北からも南からも、そして最も大きな流れは、西方からおとずれた。先進的な西方の文化が、新しい神々とその祭祀形式を伝えてくる。崑崙や西王母説話が、はるかな落日の国への憧憬を強め、やがて占星的な暦術や元素的な思考ももたらされて、五行説や分野説を生み、黄帝系譜を構成し、ここに神話は天下的世界観の最も大きな支柱となった。それは王朝の交替を超え、むしろそれを秩序づけるものである。天下とは鄒衍《すうえん》の九州説のように、中国をも九州の一つとするような、現実の地理的限界をも超えた世界である。神々のもつ神話的な具体性は否定され、神話は時間と空間とを整序する場となる。それは特殊を超えた全体の、統一の場である。古聖王や英賢の説話をも含む政治的、道徳的な伝統、道統観の基礎がそこに求められる。それは経書としての『書』において、また黄帝を首とする古帝王の系譜において完成される。宗教者もこれを否定することはできない。荘子はこれを思想的に昇華させるが、巫祝者はこのような抽象化になお深い懐疑を示す。その苦悩を、われわれは『楚辞』の〔天問〕篇に見出だすことができよう。

いまの〔天問〕篇には、いくらかの錯簡や脱誤があると考えられる。叙述の次序に前後するところがあり、また四句一章の形式がくずれているところもあるからである。ただそれが楚の先王の廟、公卿祠堂の壁画に題されたものであり、楚巫勢力の衰退のなかで、かれらがその依拠する神話的世界に対する根本的な懐疑を投げかける文学であるという条件のなかでは、それは決定的に重要なことではない。かれらはまず「遠い上つ代のことを、そも誰がいい伝えたのであろう。天地の形もない時代を、どうして考えることができたのであろう」という天地未発のときに疑問を向ける。深い暗黒のなかに、やがて明闇が交錯し、陰陽の二元を生ずる。天は九重のドームをなす。たれがそれを作ったのか。宇宙はめぐり動く。その支点はどこにあるのか。天の極を支える八柱はなぜ東南に傾いているのか。天は十二分され、そこに日月星辰がかかり、日はめぐり、月は兎をいだいて盈虚《えいきょ》する。人類の始祖である女岐は、夫なくして九子を生んだ。ついで鯀、禹の洪水説話より大地の造成に及び、崑崙県圃の九重の城、四方の門、燭竜が闇を照らし、冬夏もなく、奇獣怪神の住む世界を描く。それは明らかにジグラットである。羿はそこに太陽の烏を射た神としてあらわれる。次に禹、啓ののちに再び羿、寒浞、鯀など夏王朝の説話、湯、舜などの説話が歌われるが、女岐のような人類初生の説話がその間に交錯し、玄鳥説話や王亥、王恒、上甲微の説話がそのあとにつづく。周の昭王の南征、穆天子の周流、幽王の滅亡ののち、また稷《しょく》や文王の始祖の物語を加えるなど前後するところが多いのは、壁画の構成によるところもあるであろう。伊尹《いいん》や箕子《きし》、彭祖《ほうそ》、伯夷、叔斉のことなどもみえ、新しいところでは斉《せい》桓《かん》、呉王闔閭《こうりょ》のことにも及び、乳虎の伝説をもつ楚の令尹子文や、成王に弑殺された杜敖《とごう》など、楚の王室に関することもあったようである。かくて薄暮のはげしい雷電のうちに、帝が何かを求めて怒り狂うのをおそれながら、国事を憂えてただわが忠名のいよいよ彰われるのを歎いて、筆をとどめている。それは楚巫たちが神話との断絶を宣言するものでなく、神話に対する根本的な懐疑をかかげて、これを道徳的価値観に転換する苦渋を歌うものであろう。杜敖のような非命の人を最後に歌いおさめているところに、巫祝者としての運命への凝視があるともみられる。

このような壁画は、後漢の王延寿《おうえんじゅ》の「魯《ろ》の霊光殿の賦」にも山神怪霊の図画があることをしるし、上は遂古《すいこ》のはじめより「五竜八翼、人皇九頭、伏羲鱗身、女媧蛇軀《だく》」、黄帝、唐、虞より下は夏殷周三后に及び、賢愚成敗のあとをことごとく載せ、善悪を明らかにして鑑戒とするという。画像石の類は漢代のものに武氏祠、孝堂山石刻、沂南《きなん》画像石、安邱画像石などがあり、また帛画には戦国期の楚帛《そはく》、前漢の長沙馬王堆漢墓からは帛画のほか棺飾の漆画がある。これらはいずれも主

図48　馬王堆第一号墓棺漆画

として装飾的なものであるが、神話の伝統はこのような鑑戒的、あるいは装飾的な画像や文様のなかに伝えられている。しかしそれらは、神話の本来のありかたからいえば、その実修的意義において祭祀や信仰のなかに生きつづける姿ではない。天下的世界観のなかで成立した神話の体系は、すでに神話の原生的な基盤をはなれ、抽象化したものにすぎない。中国の神話は、こうしてその政治的な道統観のうちに自己を解消し、むしろ儒家的経典のうちに、新しい伝統をもつのである。これが中国を神話なき国とし、神話的に不毛の地とし、その神話を「枯れたる神話」とする理由であった。だがかれらがかつて、ゆたかな神話的伝承をもち、それぞれの種族神を奉じて、この広大な天地に角逐したその姿は、すでにその幾分を復原し、回復を試みた通りである。

神話は伝統のなかに生きる。しかし神話が伝統として生きるのには、実修的儀礼を伴うのでなければならない。すなわちその信仰が生きているのでなければならない。たとえば最近の騎馬族征服国家説において、いわゆる垂直式の降臨形式が問題とされている。それはもとより北方族の間において広く行なわれたものであるが、わが国では宇宙樹としての高木の神がその神格化されたものとみられることや、伊勢内宮の本殷に神梯という形式で、その祭儀的実修のなかに早くから存したものであり、その垂直的表象としての宇宙形態観は、単なる宇宙生成論としてでなく、祭儀実修の中に生きていたと考えられる。しかし最も重要な即位儀礼としての大嘗会《だいじようえ》は、必ずしも北方のシャーマニズム的な形態ではなく、真床覆衾《まとこおふすま》にしても、むしろ『書』の〔顧命《こめい》〕篇にみえる綴衣《ていい》形式が、その原態であったと思われる。

『書』のうちでも、周書の諸篇は成立の古いものであり、特に〔五誥《こう》〕を中心とする諸篇の原型は、おそらく周初の資料によるものと考えてよい。「洛誥《らくこう》」は、周がその征服した諸族を成周に会して、大一統の成功を宣言する儀礼をしるすものである。そのはじめに地の占卜のことがしるされており、それは「うらかた」によるものであった。「予《われ》はこれ乙卯《きのとう》、朝《あした》に洛の師（軍事基地）に至れり。我、河朔黎水《かさくれいすゐ》を卜す。我乃ち澗《かん》水の東、瀍《てん》水の西を卜せるに、ただ洛のみ食せり。我また瀍水の東を卜せるに、またただ洛のみ食せり」。かくてその卜の結果が献ぜられ、洛での造営が行なわれるのである。それはわが国の神社や神事関係者のうちに多く秘事として伝えられているうらかたの法と、おそらく相似たものであろう。

卜占の法は殷において盛行したものであり、周初のこのような儀礼は、殷の方法を承継したものであろう。「洛誥」「召誥」の儀礼は召公が聖職者としてそのことに当ったが、召公の家は殷の武丁期に「西史召」とよばれる聖職者であり、その職掌は殷周の革命後にも変ることはなかった。後にいう〔顧命〕の儀礼も、召公の主宰するところであった。殷代の卜占の法はその後東方に伝えられ、朝鮮を経て早くわが国にも伝来したようである。伴信友が対馬に残るその卜法を詳しく記録した『正卜考』は、おそらくその古法を伝えるものであろう。ただわが国では、主として太占《ふとまに》、すなわち鹿の肩胛骨を灼《や》く方法を用いた。それは材質の関係もあり、わが国では牛牲を用いなかった事情にもよるが、占卜によって神意を媒介するものは、やはり神獣であることを要したからである。

卜法のことに関してなお一事を加えるとすれば、わが国の王室で平安期以後にもなお行なわれていた「毎日招魂」の儀礼がある。信友の『鎮魂伝』に、「さて後醍醐天皇日中行事に、日毎《ごと》のせうこんの御祭、今は定まれる事なりとある、せうこんは招魂にて、こは鎮魂にあらず。陰陽家にて別に招魂祭とて為る方なるべし。撮攘集《さつじやうしふ》に、外典陰陽部に招魂祭と見えたる、此《これ》なるべし。これよりも、古書にも有《あり》しと覚ゆれど、今おもひ出ず」とみえ、陰陽家説とみているようであるが、卜辞には毎夕に王の安否をトする「ト夕《ぼくせき》」、また一時に十たびも連トして王を祓《はら》うものと思われる「ト王」の例などもあり、「毎日招魂」と同じく修祓の意味をもつものであろう。霊の修祓や授受の観念において、わが国の古俗には、殷代のそれとかなり似ているところがあるように思われる。

二　顧命と大嘗会

霊の授受の最も荘厳な形式は、即位式である。『書』の〔顧命〕篇は、周の康王即位の大典をしるすもので、おそらくその儀礼は聖職者召公によって殷代の儀礼が伝えられ、またその後にもこの儀礼が継承されたので、その典範として、『書』に残されたものと思われる。その儀礼を司るものは、周初の金文に皇天尹大保、『書』には君《くん》奭《せき》としてみえる聖職者、召公奭であった。殷には伊尹、保衡《ほこう》、巫咸など世襲の聖職者があったが、周では召公が、皇天尹大保君奭という名号によって、その地位と職能とを示している。王権の成立とその授受には、このような聖職者による承認の儀礼が必要とされた。わが国でいえば、斎部、中臣がそれに当るものであろう。

〔顧命〕は、成王の病篤く、後嗣に授霊を命ずるところから、その次第がはじまる。王はまず水で髪や顔を洗うて身を清め、礼装して玉机に身を寄せる。そこへ太保奭以下の百尹御事が列すると、王は「ああ、疾《やまひ》大いに漸《すす》み、これ幾《あや》ふし」と位を譲ることを宣言し、後継として太子釗《しよう》を指名する。そしてその霊を託した綴衣《ていい》を庭に出させ、翌日乙丑《きのとうし》に崩ずる。綴衣に霊を託したとき、王はすでに世に亡きものであった。綴衣は幄帳《とばり》の類とされているが、わが国でいえば高御座《たかみくら》ということになろう。しかし本来は、やはり身を覆うものであったのではないかと思われる。

太保は、諸卿に命じて二戈をもち、近衛の虎賁《こほん》（武臣）百人に守らせて、太子釗を南門の外に迎え、正殿の左室に入れ、そこでもの斎《い》みが行なわれる。癸酉《みずのととり》の日、式場が設営される。喪官である狄人《てき》が、さきの綴衣を王位のところにおき、後に斧依《ふい》という天子の飾りをつけた屛障《へいしよう》を立て、前にへり飾りのある敷物を布き、五色の玉を飾った王の机をすえる。式場の前面の東西に、中央に向って敷物や貝飾の机、また夷玉《いぎよく》、天球、河図《かと》など呪的な宝玉の類、衣裳や武具などを左右の壁よりにならべる。いずれも天子の位を象徴するものである。外には車を用意し、各所に武官が侍立する。その中を、王は正殿の賓階《ひんかい》（客の用いる階段）からのぼり、卿士《けいし》、邦君などもそれぞれの位置につく。

次に太保、太史、太宗が、みな礼装して主人ののぼる阼《そ》階《かい》よりのぼる。それは故王に代って新王に霊を授与すべきもので、太史が王の遺命として、太子に嗣位を命ずる策命をよみあげる。王はこれを受ける辞をのべ、神酒を三たび神に進めると、祝の長官である上宗が「神酒を饗《う》けられよ」と告げる。太保は別の酒器で宗人《そうじん》（官名）に酒を酌んでわたし、王に拝すると、王が答拝する。また太保が受けてそれを神に進めて口につけ、宗人にわたし、拝すると王がまた答拝する。神酒は太保と王との間でくみかわされるのである。それで授霊の式が終り、太保は退き、諸侯は廟門を出て、次の即位の礼をまつ。すなわち太保の主宰するこの儀礼は、継体受霊の意味をもつもので、王ははじめ賓階よりのぼり、客位に即き、神に酒を献ずるときはじめて玉座に入るのである。玉座には綴衣がおかれている。これははじめ庭に出されていたもので、継体の霊はこの綴衣のうちにある。すなわちわが国の真床覆衾にあたるものとみられる。

わが国の即位儀礼は大嘗会の形式で行なわれるのが古式であったらしく、そのとき諸族の食物供献儀礼や、八十嶋《やそじま》祭などが行なわれた。それは新嘗《にいなめ》と相似た次第のものであるが、その主とするところはもとより天皇霊の継承である。「敏達紀《びたつき》」の十年閏《うるう》二月、蝦夷《えみし》人の首領アヤカスが捕えられて都に連行されたとき、今後の服属を約して「臣らもし盟誓に違はば、天地の諸神及び天皇の霊、臣の種を絶滅せん」と誓った。大嘗会のとき、新帝は悠紀《ゆき》殿、主基《すき》殿の寝所にあって、この「天皇の霊」を継承するのである。それは他の神霊継承においても、一般にみられる形式であるが、岡田精司氏の『古代王権の祭祀と神話』によると、即位儀礼は古くは一月、二月に行なわれることが多く、農耕祈年の意味と重なるものであったという。すなわち生命の継承という観念をその基本に含み、本来は農耕儀礼に発するものである。

新嘗祭は神嘉殿で行なわれるが、その建物は月華門外の中和院内にあり、神饌《しんせん》の儀はその母屋で執行された。もとより秘事であるが、『江家次第』に、新儀式では内侍が縫司らを率いて寝具を神座《かみくら》に供して退出する。神座は八重畳を南北三行に敷いた中央にある。その東方に御座畳、またその東に短畳を設ける。主上は東に向って着御すとあるから、神座を後にして、別に短畳の神座と相対するわけである。この短畳の神座にあるものがおそらく新穀の霊で、中央の神座において穀霊の継承が行なわれるのであろう。

大嘗会の悠紀、主基両殿の舗設はやや複雑であるが、これとほぼ等しく、『江家次第』によると中央の神座の東に御座を半ば重なるようにおき、神座中央には打払筥《うちはらいばこ》と称する神衾と枕とをおく。また『兵範記《ひようはんき》』では、新嘗における御座とそれに相向う神座とを東南に連ねるように斜におき、中央神座には神衾をおくとしているが、基本的には新嘗形式によるものとしてよい。この東南に斜にならべる形式を、三谷栄一氏の『日本文学の民俗学的研究』に戌亥《いぬい》信仰と結合するものとしており、あるいは後起のものであろう。王が神座を避けるのは、『書』の〔顧命〕に継体受霊の新王が、中央神座の旁の客位に即き、太保が神座綴衣の東にあって主の位を占めるのと、ほとんど同じであると考えてよい。新王はあくまでも賓であり、太保は神の代位者であるが、神酒を献ずる礼が終って、王ははじめて神座に即く。神座は永遠霊の象徴である。大嘗会における神衾、すなわち打払筥が〔顧命〕の綴衣にあたり、それが受霊の行なわれる真床覆衾である。おそらく古儀においては、その衾中に受霊者がこもる儀礼があったはずである。

大嘗会ではまた、神と新王との共餐《きようさん》が行なわれている。共餐は霊的な一体化を意味する。神饌親供の儀礼に奉仕するものは、采女《うねめ》と内膳司の高橋、安曇《あずみ》両氏であった。

悠紀、主基の内庫には采女二人のみが参加しているが、岡田精司氏は、神座の神衾を、祖神と一体化した天皇と、国つ神としての采女との神婚という、古い形態の遺存したものであろうとする。新王即位の際の服属儀礼の遺存とみるのである。

大嘗会即位儀礼の一環として、八十嶋祭というのが行なわれる。『江家次第』では大嘗会の次年に行なわれるものとしているが、本来はその以前に行なわれる禊祓《けいふつ》の意義をもつ行事であろうとする説もあり、『文徳実録《もんとく》』では大嘗会の前年にその祭が記録されている。しかし記録上では大嘗会二十二例のうち、文徳を除く他のすべてが翌年のものであり、修禊の行事は『延喜式』では大嘗会当年の八月より十月までの毎月晦《みそか》に晦日大祓があり、八十嶋祭とは別のもののようである。むしろ八十嶋祭で注意すべきものは、神祇官が御琴を弾じ、女官が衣筥を披《ひら》いてこれを振るという儀礼であろう。信友の『鎮魂伝』に、これを鎮魂の儀礼と解している。岡田精司氏は、「仲哀記」に天皇が琴を弾いて神託を求めたという例をあげて、これは霊の憑依《ひょうい》を求める行為であり、衣を振うのはその憑依を象徴するものであるという。それが大嘗会に関して行なわれるのは、八十嶋とは八十嶋神であるから、国土支配の神事的表現であるとされる。このとき諸族から捧げられる多くの供献は、その神々へのものであろう。

即位継体の儀礼が、死とその復活の儀礼を基本の形式とすることは、いわゆる王権儀礼として一般的なものである。そのことはたとえば松前健氏の「古代王権祭式と神話」にも要約的に述べられていることであるが、神衾を用いて神と寝所をともにするという形式のものは、わが国の周辺にはその適例がないようである。強いて求めるとすれば、やはり『書』の〔顧命〕にしるすところが、最も近いように思われる。死すべき王が修禊をしてその綴衣をはずし、庭に出して新たな霊の器として天の気をうけ、それを霊継承の神座におく。その周囲には呪器としての多くの珠玉や、王位を象徴する伝世の器がならべられる。新王は神座を前にして別座を設けて客位に即き、巫祝の長である太保が神霊の媒介者となる。新王はおそらくその綴衣の中で霊を継承するのであろう。その後はじめて即位式に臨み、群臣に新しい受霊者であることを宣言する。この儀礼を司る太保は、保すなわち真床覆衾そのものを意味する。保の古い字形は、人の負う王子の頭上に玉を加え、下に覆衾をまとう姿であった。儀礼の次第は大嘗、新嘗、また八十嶋祭のそれと多くの類似をもっている。わが国の即位儀礼は、〔顧命〕にしるす継体の古儀と同源であるとしても不自然でないほどの、親近性をもつものといえよう。

律令期以後には、儒家的あるいは陰陽道的な儀礼が加わって、ときにはそれらが古儀と習合することもあった。しかし神事のうちには、律令制より遥かに古い時代からの外的な要素を含むと思われるものも多く、それらは農耕社会としての基礎体験の類同のゆえに、容易にわが国の古儀にも摂受されたのであろう。〔顧命〕篇にしるす儀礼は、おそらく即位式の典範として殷より周に伝承され、その伝承のうちに若干の附加あるいは変更をうけたところもあったであろうが、その起源的な形態の基本は、修祓と神人同牀という神婚形式であったと思われる。それはもと農耕族としての儀礼であり、おそらく必ずしも『書』の〔顧命〕を媒介することなしに、農耕社会的儀礼として新嘗形式のものがわが国にも存し、それがのち即位儀礼として特殊化されたものであろう。この新嘗、大嘗儀礼が、北方騎馬族の王権儀礼に発するという説は、むしろその征服国家説を前提として解釈されているところがある。王権儀礼の一般形式としての類似というだけでは、ただちに両者の関連を結論しがたいものと思われる。

三　神話と伝統

わが国の神話は、最も多く王室儀礼として、実修的意味をもつものであった。また神々の祭祀も、王朝との関連において伝承され、その古儀を伝えている。しかしそのような儀礼の基本にある、いわば原神話的な信仰は、地方的な形態でも多く遺存している。神話時代の伝承を、わが国ほどゆたかにもつものはない。そのような事実の上に立って、宣長も『古事記』のしるすところを、「みな上つ代の実《まこと》なり」（『古事記伝』巻一総論）と断言することができたのである。そして近代の民俗学でさえも、たとえば折口信夫氏のように「天と地と直通してゐる皇居だけが、天が下であつた」（『古代研究』中）という象徴的な表現をする。しかし神話が「上つ代の事実」であるとしても、それはあくまでも神話時代の神話としての事実性である。それは直接に、無媒介に伝統となりうるものではない。もちろん民俗的な遺存に、それなりの深い意味を認めうることは当然である。わが国の民俗的遺存は、フレーザーやタイラーが、その植民地から類集したような採集報告されたものではなく、神と人とを直通して深くその地の生活と密接する、生きている民俗である。それはおそらく、古い神話時代に起源を発しているものも多いであろう。しかし民族的伝統というべきものは、また新しい創出の場所でなくてはならない。伝統はそのまま保存されるというものではない。古代の農耕儀礼が死とその復活とを主題としているように、回帰と新生のうちに伝統は展開する。わが国の神話は、どのような意味において伝統でありえたのであろうか。それは果たして、民族の精神であり、倫理でありうるのであろうか。しかしいま、このように問うことは、必ずしも神話を否定するということではない。むしろそのように問うことは、神話を肯定することである。そこに神話としての意味を求め、その新しい認識に立とうとするためである。

わが国の神話は、ここにあらためていうまでもなく、いま問い直されている。神話学的なあらゆる方法に加えて、考古学も民族学も古代史学も、それぞれの立場から、神話の構成やその体系のうちに秘められているあらゆる問題の解明に、努力がはらわれている。しかし神話が、わが国の神話の構成にみられるように、多元的なものの統一として、終局的には民族的文化の統一を志向するものであるとすれば、その構成のモチーフに特定の意志がはたらくものであることはいうまでもない。問題はその神話的意志が何かを問うことであろう。中国の神話は、神話がその神話性を失った最終の段階において、『書』の〔虞夏の書〕、また黄帝系譜を通じて、その道統観的政治思想、天下的世界の理念を示そうとした。わが国の場合には、明らかに王室の絶対性を説く国家神話の形態をとっている。それはかつて、地方権力の形成過程においてその原型が用意されたものであることは、石母田正氏の『日本古代国家論』（第二部）に、国作りの物語の分析を通じて明らかにされたところであった。松村武雄博士の『神話学原論』（上巻）には、神話の種類が詳論されているが、道統観的神話、国家神話というような分類はみえない。神話の体系が包括的であり統一的なものを志向するものであるとすれば、神話体系の究極的な意図のうちにこそ、神話の意味があるとしなければならない。

中国の濶大な天地には、かつて多くの種族がそれぞれの神話をもち、その守護神を擁して相争った。東夷、南蛮、北狄、西戎といわれる諸種族が中原をめぐって角逐し、それぞれの適地を求めて漁撈、遊牧、牧畜、農耕の生活をつづけたが、そのような自然条件と生活のなかから、それぞれ異質の神話が生まれ、その闘争の過程は、神話的表象として展開した。敗れた神々は悪神として辺裔に放竄せられ、勝者の神々はまたその序列を争った。そして西方の影響を受けながら五行思想が成立するころ、戦国期の列国対峙の関係の上に、天下的世界観が形成され、神話もまた天下的世界観に対応するものとして組織される。五行の配当において中央を占める黄帝が、その組織の中心にすえられた。しかしそのときすでに、神話構成の主体となるべき王朝はなかった。五帝のような古帝王の系譜が、空間的にも、また時間的にも、この天下的世界を整序する組織の原理とされた。そこには国家神話の成立する機縁はなかった。国家神話の形成は、殷王朝の発展のなかで進められつつあったが、その古代王朝の崩壊とともに伝承を失った。そして祖祭の体系として伝えられた王統譜のみが残り、神話的系譜は、おそらく戦国期の五行的思考の上に再組織されたものが、〔殷本紀〕に加えられた。卜辞にみえる河・岳のような自然神の祭祀は、その高祖化の定着しないうちに滅びるのである。そしてこれに代った征服王朝である周は、ほとんど何らの神話体系をも持たなかった。わずかに始祖姜嫄《きょうげん》の感生帝説話と、后稷を農業神とする伝承のみが、詩篇の中に歌われている。このもと西方牧畜的な種族は、このときすでに完全な農耕民族であったが、現実的な征服国家にとって、被征服者の古い神話はもはや摂受しがたいものであり、また不必要でもあった。そのため天の思想が、その国家理念として成立するのである。殷の人格神的な上帝に代って、人格神的形象を持たない天が一般者とされた。それがいわば、かれらの国家神話であった。それで周王朝の衰退した東周期には、列国間の秩序はすなわち天下の秩序に外ならぬという政治的関係となる。神話はそのような天下的な世界の観念的な整合と統一を志向する。黄帝を中心とする古帝王の系譜は、秦、楚のような独自の伝承をもつ異質な国家をも、その体系のうちに包摂する。それは道徳的原理として道統説となり、五行の運旋の理法を示すものとして五帝徳説となり、さらには革命の理論とさえなる。それはもはや神話ではなく、政治的主題をもつ思想であり、神話としては観念の虚構にすぎない。それが中国を神話なき国と規定させた最も大きな理由であった。王朝の絶対性を説くわが国の神話と、革命の理論ともされる中国の古帝王説話は、それぞれの体系が樹立された時期における客観的条件の必然性にもとづいている。しかし神話が、本来はその神意の実現を永遠にわたって求めつづけるものであるとすれば、革命の理論に転化されるような神話の体系は、神話としての自己否定であるともいえよう。伝統という立場からいえば、中国の神話の本質は、むしろ経典化された神話、道徳的政治的規範としての経典のうちに求められるべきであろう。

中国とわが国の神話は、その経典化と歴史化という形で対比される。経典は民族文化の価値の根源であり、歴史は時間的継続のうちに生命の連続をみようとするものである。しかし神話は本来超時間的なものであるから、これをそのまま歴史的世界に延長しうるものではない。『記』『紀』の神話は、明らかに歴史への接続を試みている。当時の王朝政権に参加した氏族たちは、多くはその遠祖の物語を、神話のうちに残している。『記』『紀』の編纂には、王家の記録のみでなく、家々のもてる記録をも資料としたとされるが、それは王室と諸氏族との関係を、神話時代にまで遡らせてそれを基礎づけるためのものであった。そこには理念的なものがない。それは「みな上つ代の実なり」とする事実主義の上に立つ。そのような神話から理念的なものを求めるとしても、かつて一時となえられたような「事実主義」という以上のものは導かれない。事実主義というのは、単に経験的なものを超える、事実の具体的絶対性の主張としてのみ、はじめて意味をもちうるのである。それ以前のものは、単なる事実でもありえない。

中国の神話はまた、枯れたる神話の典型のようなものである。その神々は、ほとんどことばをもたない。共工が帝たることを争い、敗れて頭を天柱にふれ、天柱地維がために傾くという壮大な事件でさえも、神々のことばは何も残されておらず、事件としてそのことがしるされているのみである。そこにはロゴスの世界がない。また神々は人間的に行動することもなく、著しく非人間的である。ただ経典の世界においてのみ、神はことばを用いる。西周の後期に、王室が破滅的な危機に直面したとき、創業の王に哀告する詩篇が多く作られた。それは「文王曰くああ　ああなんぢ殷商　上帝のよからざるに非ず　殷の旧（老臣）を用ひざればなり」という大雅の「蕩《とう》」のように、殷周の革命を文王の語として回顧する。そしてそれは「殷鑑《いんかん》遠からず　夏后《かこう》の世に在り」という革命へのおそれを戒める語で結ばれている。神話的なものへの回帰は、現実へのおそれから発しており、神のことばは政治的訓戒として述べられている。

統一王朝としての周がその実体を失った列国期に至って、『書』の〔虞夏の書〕や〔周書〕の〔呂刑〕が作られた。それが古代神話の経書的な変改であることは、すでに述べた通りである。そこでも古聖王たちの言動と、それによって示される文化の起源が語られている。しかしそれはもはや神話ではない。すべては古聖王の示す規範の成立を説くための、虚構にすぎない。事実性は問題でなく、道統の成立過程と、政治の要諦を教える古聖王の格言的なことばを連ねることに、主たる目的があった。巫祝者の伝統の中にあって、このような『詩』や『書』の経書によってロゴス的なものを見出だし、そこに伝統の回復と樹立を試みようとしたものは、孔子であった。しかし孔子の思想のそのような意味は、おそらくその時代においても、理解されることが困難であった。中国における人格概念の樹立は、そのために蹉跌するのである。ただ荘周だけが、古代神話の世界をよく理解していたようである。かれはニーチェがツァラトゥストラをかりてその思想を語ったように、神話的表象のなかでその思想を語った。人はそれを寓言とよぶが、真実は事実性を超えたところにある。神話から思想が生まれるとすれば、それは神話の最もすぐれた発展であるといえよう。

神話を哲学の対象としたのは、いうまでもなくギリシャであった。クロノスを時の原則、ゼウスを生命の原則とするような初期的な解釈をはじめ、神話学的な課題とされる多くの問題は、すでにそこに提示されている。しかし神話について、ほとんど何らの発言をしていないソクラテスが、かえって真の神話的体験をもつものであったのではないかと考えるのは、単なる逆説ではない。ギリシャ神話は、神話学者の手で再建されるのではなく、むしろ文学、芸術として回復される。ルネサンスはもとより、それを通じてその精神的方向をえたと語る人は、例えばブルクハルトのような人の他にも限りなく多いのである。私がこのようなことにあえて言及するのは、わが国の神話と伝統という問題を、どのように考えてよいのかを摸索するためである。わが国の神話はゆたかであり美しい。アイヌのユーカラ、沖縄のオモロとともに、世界に誇りうるものである。しかしユーカラやオモロが近代にまで生きつづけたような意味で、わが国の神話はその神話的生命を生きつづけたであろうか。神話はその原生の地盤において、なお民俗的なものとして存するとしても、ひとたび神話として体系的に組織されたものは、その体系性のゆえにかえって生命を失ったのではないか。わが国にも文学や芸術の世界で神話に取材するものがないわけではないが、問題はそれらが、はたして民族的共感の中で生まれたものかどうかということである。さらにいえば、神話は民族的な共感の世界で語られることが、かつてあったのかどうかということである。神話を腑分けすること、神話を一、二の豪族の私物とし虚構とすることが、神話研究の方法であり目的であるとするならば、そのような神話研究は、古代史学の一問題たるにすぎないものであろう。わが国の神話における、神話と歴史との無媒介的な結合が、本来そのような危険性をもつ性格のものであるとしても、神話としての意味は、別の次元において考える必要があるように思われる。神話は民族固有の構想力の結果として、そこに認識と思想、美の理念を含むものでなければならない。そしてそれは、表現的に自己自身を形成する歴史的世界、すなわち伝統として、その行為的実践において把握されるべきものである。しかしそのような神話として最も純粋なものは、おそらく『旧約』のほかにはないようである。

松村武雄博士の『民族性と神話』には、エジプト、ギリシャなど多くの古代文化民族の神話が、その民族性との関連において語られているが、中国の神話は研究予定の対象にもされておらず、ヘブライについては『神話学原論』に多少の言及があるのみで、特に専論されたものはない。それは『旧約』が、神話というよりも、むしろ聖書研究という特殊な領域のものとされているからであろう。しかし神話と伝統ということからいえば、これほどきびしい今日的課題をもつものはない。イスラエルの民は、その『聖書』とともに生きてきたからである。神話が宗教であり、民族の運命がその予言によって決せられるという神人相即の関係は、おそらくこの民族が古くから独一的な神の信仰に生きることによって、生じたものであろう。予言者は、神によって与えられた聖なる一つの意志の貫徹を求めてやまない。そのために、民族の歴史が神の純一なる意志からいささかでも離れて堕落のおそれがあるとき、予言者はその歴史を否定する。それは神の究極の目的意志による、終末論的否定であるとされる。そのような否定的媒介を通じて、歴史は純化される。歴史が純化されるということは、その歴史が生命的世界であることを意味する。それが予言者的実存といわれるものであろうが、そこにはもはや神話を超えた問題があるようである。むしろきびしい宗教者としての体験、宗教者的な人格の問題に入るものであるといえよう。関根正雄氏の『古代イスラエル研究』にその詳しい論究があり、内村鑑三や高倉徳太郎をその伝統のなかにあげている。そこには神話と宗教とのみごとな統一があるが、それはすでに神話ではなく、宗教の世界である。

神話の伝統は、それぞれの民族の生きかたに関している。しかしどのような場合にも、それは歴史の生命的な伝承の形式として、歴史的世界の中で生きるのでなければならない。神話はもとより、遠い時代の物語である。しかしそれはただ、遥かな過去の記憶としてのみ存するものではない。神話の基盤をなしたところのものは、歴史的現在としてわれわれのうちにある。私はわが国の神話に対する私自身の関心をあらわすために、この書をかいた。それは民族の原体験ともいうべき神話時代のわが国の文化は、中国の農耕的な地域の古代文化と、基本的な類同をもつと考えるからである。漢字の形象のうちに存する古代的な思惟や習俗は、わが国の古俗ときわめて親近なものをもっている。私の漢字の起源についての研究は、もとよりそのことをも顧慮に加えて試みたものである。また『詩経』の研究においても、『万葉』のそれとの発想基盤に共通するところが多く、そのことについても若干の指摘を加えたことがある。神話については、中国神話の成立やその性格に関して、なお明らかにされていないところがはなはだ多い。わが国の神話との比較という問題を考える場合にも、ある程度の全体的知識が要求されるであろう。それはまた私自身への課題でもあった。

生活と習俗の類似にもかかわらず、中国の神話は、またある意味ではわが国のそれときわめて対蹠的である。その成立過程における神話的葛藤の深刻さは、わが国のきわめて融和的なそれと対比される。またその多元的な異質性においても、海洋をへだてて孤立的であったわが国の単純さと、事情を異にしている。二元的な対立はペルシアほどきびしく絶対的でないとしても、原理的にそれは二元的な世界観に立つものであったといえよう。大陸のきびしい自然条件のなかで、その神々は粗豪であり、意志的に行動する。象徴的であるよりも、概念的整合性を重んずるということも、その一特質をなしている。そのような神話の特質は、そのまま両者の民族性の問題におきかえることができよう。幼年期のそれのように、民族の成立期において、その神話表象に示された構想力の特質は、不変の原質として残されている。その意味でそれは、やはり民族の原点であり、その伝統の基点であったということができるのである。

参考文献　一般書を主とする

中国神話
　呂思勉他編　古史弁（第七冊）　開明書店　一九四一年
　聞一多　神話与詩　全集本　開明書店　一九四八年　専集本　一九五六年
　袁珂　中国古代神話　商務印書館　一九五〇年
　　　中国古代神話　中華書局　一九六〇年　訳本　みすず書房　一九六〇年
　鄭振鐸　湯禱篇　古典文学出版社　一九五七年
　杜而未　中国古代宗教研究　天道上帝之部　華明書局　一九五九年
　徐旭生　中国古史的伝説時代　科学出版社　一九六〇年
　〔雑誌〕民族学研究所集刊
　出石誠彦　支那神話伝説の研究　中央公論社　一九四三年　増補改訂版　一九七三年
　森三樹三郎　中国古代神話　大雅堂　一九四四年　再版本　大安書店　一九六九年
　貝塚茂樹　神々の誕生　筑摩書房　一九六三年
　森安太郎　黄帝伝説　京都女子大学人文学会　一九七〇年
神話学
　三木清　構想力の論理（第一）　岩波書店　一九三七年　全集本第八巻　一九六七年

高坂正顕　神話―解釈学的考察　岩波書店　一九四〇年
松村武雄　神話学原論　培風館　一九四一年
古代希臘における宗教的葛藤　培風館　一九四二年
儀礼及び神話の研究　培風館　一九四八年
高木敏雄　日本神話伝説の研究　荻原文星堂　一九四三年　平凡社東洋文庫　一九七三年
レヴィ・ブリュル　原始神話学　古野清人他訳　創元社　一九四六年
大林太良　神話学入門　中公新書　一九六六年

比較神話学

鳥居龍蔵　日本周囲民族の原始宗教　岡書院　一九二四年
松村武雄　民族性と神話　培風館　一九三四年
三品彰英　三品彰英論文集　平凡社　一九七一年～七四年
土居光知　古代伝説と文学　岩波書店　一九六〇年
神話・伝説の研究　岩波書店　一九七三年
吉田敦彦　ギリシャ神話と日本神話　みすず書房　一九七四年

日本神話

松本信広　日本神話の研究　同文館　一九二九年　平凡社東洋文庫　一九七一年
松村武雄　日本神話の研究（全四冊）　培風館　一九五五年
大林太良　日本神話の起源　角川新書　一九六一年

岡田精司　古代王権の祭祀と神話　塙書房　一九七〇年
石母田正　日本古代国家論（第二部　神話と文学）　岩波書店　一九七三年

民俗学・民族誌

樊圃　西北的少数民族　新知識出版社　一九五六年
向達　蛮書校注　中華書局　一九六二年
鳥居龍蔵　苗族調査報告　一九〇二年
人類学上より見たる西南支那　一九二六年
シロコゴロフ　北方ツングースの社会構成　川久保悌郎他訳　岩波書店　一九四一年
松本信広　印度支那の民族と文化　岩波書店　一九四二年
禰津正志　印度支那の原始文明　河出書房　一九四三年
中島健一　緬甸の自然と民族　養徳社　一九四四年
江上波夫　ユウラシア古代北方文化　全国書房　一九四八年
騎馬民族国家　中公新書　一九六七年
三谷栄一　日本文学の民俗学的研究　有精堂　一九六〇年
西田龍雄　生きている象形文字―モソ族の文化　中公新書　一九六六年
石田英一郎　石田英一郎全集　筑摩書房　一九七〇年
スタン　チベットの文化　山口瑞鳳他訳　岩波書店　一九七一年
護雅夫　中国文明と内陸アジア　講談社　一九七四年

考古学

アンダーソン　黄土地帯　松崎寿和訳注　座右宝　一九四二年
甘粛考古記　中国訳　一九二五年
鄭徳坤　中国考古学大系（三冊）　ケンブリッヂ　一九五九年　第一巻　松崎寿和訳
雄山閣　一九七四年
樋口隆康　北京原人から青銅器まで—沈黙の世界史九　新潮社　一九六九年
伊藤道治　中国の歴史（第一巻）　講談社　一九七四年
〔雑誌〕「考古」「文物」「考古学報」
〔叢書〕「世界考古学大系」平凡社　「図説世界文化史大系」角川書店

論文集
岑仲勉　両周文史論叢　商務印書館　一九五八年
劉節　古史考存　人民出版社　一九五八年
顧頡剛　史林雑識（初編）　中華書局　一九六三年
芮逸夫　中国民族及其文化論叢　商務印書館　一九七二年

甲骨文・金文・漢字
白川静　甲骨文集・金文集（五冊）　二玄社　一九六三年
甲骨文の世界　平凡社東洋文庫　一九七二年
甲骨金文学論集　朋友書店　一九七三年
金文の世界　平凡社東洋文庫　一九七一年
漢字　岩波新書　一九七〇年

図版解説

図1　武氏祠堂画像石。合歓樹をめぐって鳥が飛び、右上にこれを射る武人がいる。樹下に馬車を出すにあたって、犬牲を轢く車軷の儀礼を示し、下段に車馬の列をかく。
図2　鳳（凬）。卜文。上に冠飾をつけ、尾端に眼飾がある。凡は声符。
図3　竜形・虫形の文字。卜文。右上より、雲、虹（霓）、旬、左上より、壱、龔、祀。
図4　陟降。卜文。右上より、陟、降、左上より、阜（聖梯）、土（社）。
図5　保。右上二字卜文。他は金文。子字は左右の手を上下し、貴族の子を示す。
図6　蔑。左、卜文。右、金文。
図7　亞字形図象。亞は玄室、莫は墓、犬は犬牲。父丁を祀る器である。
図8　文。左、金文。右二つ、卜文。
図9　爽。卜文。
図10　貝。右、卜文。左、金文。
図11　顕。金文。
図12　攸。金文。
図13　法（灋）。金文。
図14　若。卜文。

図15　考古地図。

図16　彩陶人面魚身文。西安半坡の仰韶前期土器にみえ、他に魚文のみのものがある。

図17　禹。金文。雌雄の二虫（竜）を組み合わせた形。

図18　伏羲・女媧。武氏祠堂画像石。上段故事不明、中段は刺客荊軻が秦王を撃つところ。

図19　南（上）と㱿（下）。右、卜文。左、金文。

図20　銅鼓。第一式。鼓面に四蛙を付す。両鐶に紐をかけて懸けると、南の字形となる。藤井有鄰館蔵。

図21　銅鼓文様。銅鼓胴部の文様。武器を執るもの、敵首を携えるもの、銅鼓上で弩を放つものなどがある。

図22　乳虎卣。人物は異族。住友の泉屋博古館蔵。

図23　貯貝器蓋飾。銅鼓を重ねた形のものが多く、器蓋に獣飾、武人像などを加えるが、本器は器形、蓋飾の特異なもので、銅鼓を以て祀る祭儀を示す。屋形は南方系とみられ、他に四壁を校倉形式に作るものがある。

図24　反顧して射るもの。青銅尊の文様展開図。右端に反顧して射るものがかかれている。左方上部に西王母の姿がみえ、中国的なジグラットの図とみてよい。「東方学報」46の図による。

図25　伐羌。卜文。「丙子貞《と》ふ。丁丑、父丁に又（侑）するに、三十羌を伐し、三牢を歳《ころ》さんか。茲《これ》を用ひよ」。

図26　彩陶土器蓋人頭飾。蓋のつまみの飾。上は正面、下は後部。蛇が辮髪のような形でつけられている。

図27　山上羊の岳神図。最上の図は山上に羊をかき、おそらく岳神。その右下は卜文にみえる夔である。
図28　岳。卜文。
図29　高祖河。卜文。左上第二辞に「辛未貞《と》ふ。年を高祖河にもとむるに、辛巳においてせんか」とあり、中央左上に岳に卜する辞がある。中央に「三牛を沈む」とあり、沈は水中に牛を投ずる形である。
図30　岳、河、夔。卜文。釈文は本文にみえる。
図31　王亥。卜文。右下の一辞の釈文は本文にみえる。三片ともいずれも王亥の亥の上部に、冠飾のある鳥形を加えている。
図32　河伯。漢、武氏後石室画像石。おそらく馮夷、太丙の雲車に乗ずるさまをしるすものであろう。
図33　鳴鳥。卜文。卜骨の裏に刻してあり、事実としてあったことをしるしたものである。
図34　四方風神。卜文。いわゆる卜辞でなく、ただ方神と風神の名をしるす。他に卜辞中に神名のみえるものもある。
図35　帝史鳳。卜文。「帝の使鳳に、三犬を（用ひんか）」。
図36　風神、雷神。漢、武氏後石室画像石。左に風神、中央に雨壺をもつ雨神。右の虹形をめぐって、人の首をうつ雷神がいる。
図37　雲蜺。卜文。王が次の一旬に妖祥がおこると占ったところ、果たして八日庚戌に各《いた》れる雲あり、東よりあらわれ、その昃にまた出蜺あり、河に水を飲みに降ったという。雲や蜺は

図38　上甲微。卜文。上甲より六示に牛、小示（祖神）に羊をそなえることを卜する。羊上の一字は犠牲を用いる法で、上甲関係のものに多くみえる。

図39　邾公釛鐘。金文。文首（右上）に「陸終の孫邾公釛」の語がみえる。

図40　長沙出土戦国期楚帛書十二神。これらの神々は、『山海経』にみえる奇怪な神像を思わせるが、神名はほとんど他にみえないものである。

図41　獣形墓鎮。長沙出土、彩色。長い角をもち、長舌を垂れている怪獣。楚地特有の墓鎮。

図42　馬王堆第一号墓帛画。三層よりなる天地幽明の世界像。上層は天界、日月や神仙の像。下層は力士の支える地下の世界を描く。

図43　東王父、西王母。山東沂南北寨山古画像石墓、墓門支柱の画像。東門柱に東王父、上に伏義・女媧の神像があり、西門柱の上に西王母、怪獣や虎を配する。中央に弩を引くものの下に、神仙と怪神を描く。「東方学報」46による。

図44　歳星分野。

図45　『大戴礼』帝繫世系表。

図46　『山海経』黄帝世系表。

図47　三皇五帝。武氏祠堂画像石。右から伏羲、祝誦、神農より黄帝以下を列する。左端は禹、桀。

図48　馬王堆第一号墓棺漆画。棺の外側に、すべてこの形式の漆画をめぐらす。わき流れる雲間に怪獣奇鳥がおり、霊の上りゆく天界を示すものであろう。

あとがき

わが国の神話研究は、いま非常な高まりをみせている。神話の研究者のみでなく、関係領域からの研究や発言も多く、その状況は多彩を極めているといってよい。このような高まりをもたらしたものは、おそらく戦後のわが国のありかたについて、その根原的なものを問おうとする、心意のあらわれとみることができよう。すなわちその自己認識の方法として、民族の文化を国家形成の次元にまで遡って、考えるということであろう。各領域の研究者の関心が、期せずして神話の問題に赴いたのは、そのためであると思われる。

このような自己認識は、他者を通じていっそう深められる。そのためその研究には、比較的な方法が豊富にとり入れられ、研究の対象も東アジアの広汎な範囲に及んでいる。特に朝鮮や東南アジア、ときには太平洋諸島にまで探索の手がひろめられている。

東アジアの世界の中で、その自己認識を進めようとする場合、それは必要にして欠くことのできないものである。しかしそのなかで、最も重要なものが忘れられているように思う。それは中国の神話である。

東アジアの世界は、中国の文化を中心として展開した。東アジアにおける諸民族の文化や国家の形成は、その波動のなかで生まれたといってよい。東アジア的なものが、ふきだまりのようにうち寄せてきたわが国の古代のことを考えるのには、いわばその発源の地である中国の文化が、最も重要な関係をもつことはいうまでもない。しかしわが国の神話研究において、中国との関係がほとんど問われることがないのは、なぜであろうか。

その理由としては、いちおう次のような諸事情が考えられよう。中国の歴史の絶対年代があまりにも古く、歴史的なかかわりという関係において、両者の交渉を考えることができないこと、わが国の神話に、中国の神話の直接の影響とすべきものがほとんどみられないこと、そして何よりも、中国にはわが国でいうような意味での神話が見当らないということ、である。この最後の問題が、特に重要である。

中国は従来「神話なき国」といわれ、その物語性を失った断片的な神話は、「枯れたる神話」とよばれた。中国に、神話の体系がないことは事実である。しかし神話は、本来それに伴う祭式をもち、その祭式を通じて伝承されるものであるから、はじめから物語性をもたない神話はないはずである。中国の神話が、たとえば『楚辞』の〔天問〕篇に歌われているようなカタローグにとどまるのは、おそらくその神話発展の方向に、神話の物語性を拒否するような何らかの条件があったからであろう。中国の神話は、歴史や文化の典型とならずに、この民族の政治的道徳的な規範として、途中で経書に改編され、古聖王の物語として、『書』の中に埋没している。そのことをはじめて指摘したのは、フランスの東洋学者マスペロであった。ただその研究方法は、その後十分な展開をみせなかった。資料の不十分さが、これをはばんでいたようである。しかし今では、考古学的な知見も豊富となり、甲骨文・金文の研究も当時よりはるかに進んでいる。『書』のほかにも、中国の古文献のなかに埋没している神話を再発掘することも、いくらか可能となった。この書で試みようとしたものが、それである。

ここに再構成を試みた中国の神話は、わが国の神話とははなはだしく異質のものである。しかしその異質性のうちに、むしろ民族固有の様式を求めることができよう。またその異質性は、神話の展開の上にみられることであって、神話の形成過程には、東アジア世界の原質としてとらえうる、多くの類同性を指摘することができる。

神話の比較研究は、むしろこのような異同の間に、ゆたかな成果を期待することができよう。ただ私がそこに期待するものは、たとえば北方騎馬族征服国家説のような、性急な結論をえようとすることではない。むしろ数千年を経て、いまなお中国の民族を支配している諸観念が、民族の原始のときに、その生命的形式として、すでに神話のなかに脈々たる躍動を示しているということである。この民族のもつ本質的なものを理解するために、神話の世界は、その幼年期の率直さを以て、われわれにそれを示してくれるであろう。それは、現実の問題にも連なるものをもつはずである。

昭和五十年八月

白川　静

『白川静著作集6　神話と思想』平凡社、一九九九年十一月刊
（初出は『中国の神話』中央公論社、一九七五年九月刊）

中公文庫

中国《ちゅうごく》の神話《しんわ》

1980年2月10日　初版発行
2003年1月25日　改版発行
2020年6月25日　改版7刷発行

著　者　白《しら》川《かわ》　静《しずか》

発行者　松田陽三

発行所　中央公論新社
〒100-8152　東京都千代田区大手町1-7-1
電話　販売 03-5299-1730　編集 03-5299-1890
URL http://www.chuko.co.jp/

ＤＴＰ　ハンズ・ミケ
印　刷　三晃印刷
製　本　小泉製本

Published by CHUOKORON-SHINSHA, INC.
Printed in Japan　ISBN978-4-12-204159-2 C1120

各書目の下段の数字はＩＳＢＮコードです。978－4－12が省略してあります。

中公文庫既刊より

し-20-5
漢字百話 白川静
甲骨・金文に精通する著者が、漢字の造字法を読み解き、隠された意味を明らかにする。現代表記には失われた、漢字本来の姿が見事に著された好著。
204096-0

し-20-6
初期万葉論 白川静
それまでの通説を一新した、碩学の独創的万葉論。人麻呂の挽歌を中心に古代日本人のものの見方、神への祈りが、鮮やかに立ち現れる。待望の文庫化。
204095-3

し-20-7
後期万葉論 白川静
『初期万葉論』に続く、中国古代文学の碩学の独創的万葉論。人麻呂以降の万葉歌の諸相と精神の軌跡を描き、文学の動的な展開を浮かび上がらせる。
204129-5

し-20-9
孔子伝 白川静
今も世界中で生き続ける「論語」を残した哲人、孔子。挫折と漂泊のその生涯を、史実と後世の恣意的粉飾とを峻別し、愛情あふれる筆致で描く。
204160-8

し-20-10
中国の神話 白川静
従来ほとんど知られなかった中国の神話・伝説を、豊富な学識と資料で発掘し、その成立＝消失過程を体系的に論ずる。日本神話理解のためにも必読。
204159-2

し-20-11
中国の古代文学（一）神話から楚辞へ 白川静
中国文学の原点である詩経と楚辞の成立、発想、表現を、記紀万葉と対比し、民俗学的に考察する。神話への挽歌である古代歌謡に〈詩〉の根源を探る。
204240-7

し-20-12
中国の古代文学（二）史記から陶淵明へ 白川静
「歴史」を通じて運命への挑戦者を描く司馬遷、田園山水に孤絶の心を託す陶淵明・謝霊運らの文学活動を通して「創作詩」の成立過程をたどる。全二巻。
204241-4